Chaque jour, une idée pour le dîner, avec sa recette et sa liste de courses

De septembre 2016 à décembre 2017

On fait quoi pour le dîner ?

Recettes par Émilie Thuillez

Avec la participation des lecteurs-cuisiniers des Éditions 365

ISBN 978-2-35155-766-2 - Nuart 6766716 - Dépôt légal juillet 2016

éditions 365 editions365.com

11, rue Antoine-Bourdelle - 75015 Paris
www.editions365.com
Diffusion Hatier. Distribution Hachette. Imprimé en Chine en mars 2016

ÉDITO

Adieu les angoisses et les « qu'est-ce qu'on mange ? » sans réponse ! ***On fait quoi pour le dîner ?*** vous facilite la vie en vous proposant chaque jour une recette **simple**, **rapide** et **familiale**, avec la liste de courses détachable et pré-imprimée des ingrédients !

Pratique, ludique et simple d'utilisation, cet ouvrage se plie en quatre pour donner aux parents débordés des idées de repas faciles !

Chaque semaine, **détachez la liste des ingrédients** de tous les menus de la semaine et emportez-la pour faire votre marché. Plus besoin d'aller refaire des courses en courant après le bureau. Tout est prévu et programmé. Faire la cuisine tous les soirs est un jeu d'enfants !

On fait quoi pour le dîner ? vous donne des idées de recettes **simples**, **rapides** et **équilibrées**, qui proposent des produits de saison faciles à trouver. Les recettes ne nécessitent pas plus de 15 minutes de préparation en semaine, un peu plus parfois pour le week-end et les jours fériés. Chaque recette propose une touche de créativité qui fera la différence et qui plaira aux petits comme aux grands !

SOMMAIRE

ÉLABORER UN MENU

Réaliser un menu, quotidien ou de fête, ne consiste pas simplement à trouver de bonnes idées de recettes. Il s'agit également de prendre en compte les aspects nutritionnels dont il se compose. En effet, de nombreuses personnes ne savent pas équilibrer leurs repas afin que ceux-ci fournissent à leur corps non seulement un plaisir gustatif, mais aussi un apport harmonieux en nutriments essentiels. On ne parle pas ici de régime, ce terme qui revient trop souvent à l'esprit lorsque l'on parle d'« alimentation équilibrée ». Il s'agit plutôt de réflexes de bon sens à acquérir, jour après jour, pour un meilleur respect de son organisme et une alimentation plus intelligente. Et soyez sûr que vous n'en tirerez que plus de plaisir, car celui-ci fait indéniablement partie du menu ! Votre corps en général et vos organes en particulier dépensent continuellement de l'énergie pour vivre, même au repos. Cette énergie s'exprime en calories, une unité de mesure qui indique la quantité d'énergie qu'un aliment apporte à l'organisme. Pour les hommes, le besoin vital de base est de 1600 kcal, et de 1300 kcal pour les femmes. Plus précisément, ce besoin journalier d'énergie se mesure en fonction du poids, de la taille, de l'âge et du sexe. La pratique régulière ou non d'un sport et les antécédents familiaux (diabète, cholestérol…) sont également des éléments à prendre en compte. La quantité d'aliments que vous mangez est donc primordiale, même si vous avez tendance à l'oublier. Il faut l'allier également à la diversité des aliments qui ont chacun des propriétés bien précises. Varier et bien doser, voilà le secret d'une alimentation saine ! Or, savoir composer son menu n'est pas toujours évident. Pour vous guider, voici, par famille d'aliments, les quantités et conseils pour bien composer un menu.

Fruits et/ou légumes

5 portions (1 portion = 100 g) par jour, à répartir entre les trois repas.

Leurs apports nutritionnels : vitamines, fibres, minéraux. Ils participent à la prévention de certaines maladies.

Attention : les boissons aromatisées aux fruits, les nectars, jus de fruits qui ne sont pas « purs jus pressés », les yaourts aux fruits et les biscuits aux fruits ne peuvent pas être comptés comme des portions. Les soupes de légumes, les salades composées et les salades de fruits représentent une seule portion.

Produits laitiers

3 par jour à choisir parmi les aliments suivants :

1 yaourt (125 g)

1 fromage blanc (100 g)

Fromage (30 g)

1 verre de lait

Leurs apports nutritionnels : calcium et vitamine D, qui contribuent au bon fonctionnement du système osseux.

Attention : la crème fraîche et le beurre sont classés dans les matières grasses, car ils sont pauvres en calcium. Par ailleurs, les desserts lactés (crèmes dessert, flans) et le chocolat au lait en tablette ne sont constitués de lait qu'à un très faible pourcentage et ne forment donc pas une portion de produit laitier.

Les féculents

Cette famille d'aliments se compose du **pain** et de **tous les produits de la panification** (biscotte, pain grillé…), des **céréales** (riz, blé, orge, avoine, seigle) et des **légumineuses** (lentilles, fèves, pois chiches, haricots secs…).

À chaque repas et selon l'appétit.

Leurs apports nutritionnels : glucides dits « complexes » car ils peuvent être assimilés progressivement par l'organisme, contrairement aux glucides simples des produits sucrés.

Astuce : choisissez vos féculents en version complète, qui propose une concentration encore plus grande de fibres et de vitamines.

Viandes, poissons ou œufs

1 à 2 fois par jour.

1 portion de viande ou de poisson = 100 g,

1 portion d'œuf = 2 œufs.

Pour le poisson, il est recommandé d'en consommer au minimum deux fois par semaine.

Leurs apports nutritionnels : protéines d'origine animale, fer (pour la viande et le poisson). Les poissons dits « gras » (saumon, sardines…) fournissent également des matières grasses essentielles.

Matières grasses

L'huile, la margarine, le beurre ou la crème sont des matières grasses. Celles-ci peuvent être visibles si elles font partie de préparations que vous avez réalisées vous-même. Mais elles peuvent également exister de manière cachée dans les aliments à l'état naturel ou fabriqués (viennoiseries, glaces, certains plats cuisinés…).

À consommer de manière limitée.

Privilégier : huiles végétales (notamment de colza, d'olive et de tournesol), poissons gras, fruits oléagineux (avocats, noix, noisettes…).

Limiter : beurre, certaines charcuteries, viennoiseries et pâtisseries, produits frits ou panés, certains plats préparés contenant des acides gras saturés. Il est également conseillé d'éviter les acides gras trans (mention « huile (graisses) partiellement hydrogénée » sur les emballages).

Astuce : 10 g de graisses pour 100 g de produit font de celui-ci un aliment gras, à consommer avec modération.

Produits sucrés

À consommer de manière limitée.

Les gestes à privilégier : préférez un fruit en guise de dessert car il contient moins de sucre mais des fibres et des vitamines en plus ; apprenez à doser le sucre que vous ajoutez dans vos boissons chaudes ; remplacez le sucre dans votre yaourt ou fromage blanc par des fruits ou de la compote sans sucres ajoutés.

Sel

À consommer de manière limitée.

8 g par jour pour un adulte.

Les gestes à privilégier : décryptez les étiquettes des produits préparés lors de vos achats et évitez de manière générale les plats préparés, les charcuteries, les biscuits apéritif… Lorsque vous cuisinez, ne salez pas trop et préférez les épices pour relever vos plats. Et bannissez le réflexe de saler votre plat avant de le goûter !

Eau

À volonté pendant et entre les repas.

N'attendez pas d'avoir soif ! Et pour rendre la consommation d'eau plus attrayante, pensez aux tisanes et infusions ou à de l'eau additionnée de jus de citron.

Les menus

Menu intelligent

Pour une bonne répartition journalière des aliments, il faut veiller à respecter les trois repas classiques : petit déjeuner, déjeuner, dîner.

Un petit déjeuner copieux permet de bien mettre en marche notre organisme. Un dîner plus léger facilite la phase d'épuration que le corps opère pendant le sommeil. Le déjeuner reste le repas principal de la journée.

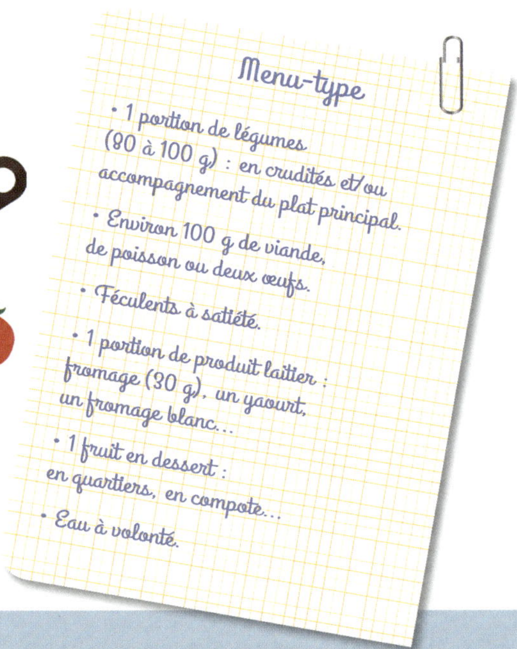

MENUS
DE LA SEMAINE

Et aussi

AOÛT-SEPT.

Lundi 29	Pâtes au thon et à la tapenade	10 mn	15 mn
Mardi 30	Plateau d'été	15 mn	
Mercredi 31	Papeton d'aubergines	10 mn	30 mn
Jeudi 1	Saumon en papillote	10 mn	25 mn
Vendredi 2	Poêlée de riz végétarienne	15 mn	25 mn
Samedi 3	Poulet à la bière	15 mn	1 h 10
Dimanche 4	Steaks hachés et lentilles corail au curry	10 mn	25 mn

8

Recettes
Pour 4 personnes

Porter à ébullition 20 cl de crème liquide avec 1 boîte de thon au naturel + 2 c. à s. de tapenade + 12 olives vertes émincées + 1 c. à s. de romarin + 1 c. à s. de thym. Mélanger avec 400 g de linguine al dente.

Disposer sur 1 plateau : 1 melon en tranches + 8 figues coupées en 2 + 200 g de mozzarella en rondelles + 200 g de jambon de Parme + 400 g de tomates cerises + 1 bocal d'artichauts marinés. Accompagner d'1 salade mesclun assaisonnée de 2 c. à s. de vinaigre de cidre + 1 c. à c. de moutarde et de miel + 4 c. à s. d'huile d'olive.

Mélanger 1 pot de 500 g d'aubergines cuisinées + 4 œufs + 25 cl de crème fraîche + 1 c. à s. de basilic + 1 c. à s. de ciboulette. Enfourner au bain-marie 30 mn à 180 °C. Servir froid avec 1 sauce (1 yaourt + 2 c. à s. de fromage blanc + 1 c. à s. de basilic, de ciboulette et de thym + le jus d'1/2 citron) + 1 concombre épépiné et 1 carotte taillés en bâtonnets.

Dans 4 feuilles d'aluminium, répartir 4 pavés de saumon + 1 sauce (mélanger 80 g de gingembre frais râpé + le zeste de 2 citrons bio et 4 c. à s. de leur jus + 4 c. à c. de sauce soja + 2 c. à s. d'huile d'olive). Refermer les papillotes et enfourner 25 mn à 180 °C. Servir avec 600 g de purée de légumes au choix surgelée cuite au micro-ondes.

Poêler 2 oignons émincés + 1 gousse d'ail pilée dans 3 c. à s. d'huile d'olive. Ajouter 1 poivron rouge, 1 vert et 1 jaune épépinés et en lanières. Cuire 10 mn. Ajouter 400 g de champignons de Paris émincés + 800 g de tomates pelées + 12 olives vertes + 1 c. à c. de basilic, d'origan et de thym. Cuire 5 mn. Ajouter 200 g de riz cuit et cuire 2 mn.

Dans 1 plat allant au four, mettre 1 poulet en morceaux + 200 g de lardons fumés + le zeste et la pulpe (coupée en dés) d'1 citron bio + 4 gousses d'ail en chemise + 8 feuilles de sauge + 2 c. à s. de baies de genièvre. Arroser d'1 canette de bière blonde. Cuire 1 h-1 h 10 à 210 °C en retournant plusieurs fois les morceaux de poulet. Servir avec 250 g de polenta.

Mettre 2 carottes épluchées et en dés dans 1 grand volume d'eau. Cuire 10 mn après ébullition. Ajouter 250 g de lentilles corail + 1 c. à c. de curry. Couvrir et cuire encore 10-15 mn. Saupoudrer d'1 c. à s. de coriandre. Servir avec 4 steaks hachés poêlés dans 1 c. à s. d'huile d'olive. Accompagner de 4 c. à c. de moutarde douce.

Courses
Pour 4 personnes

☐ **Pâtes au thon et à la tapenade**

400 g de linguine, 1 boîte de thon au naturel, 12 olives vertes, 20 cl de crème liquide, 2 c. à s. de tapenade, 1 c. à s. de romarin, 1 c. à s. de thym.

☐ **Plateau d'été**

1 melon, 8 figues, 400 g de tomates cerises, 1 salade mesclun, 1 bocal d'artichauts marinés, 200 g de mozzarella, 200 g de jambon de Parme, 1 c. à c. de moutarde et de miel, 4 c. à s. d'huile d'olive, 2 c. à s. de vinaigre de cidre.

☐ **Papeton d'aubergines**

1 pot de 500 g d'aubergines cuisinées, 1 concombre, 1 carotte, 4 œufs, 1/2 citron, 2 c. à s. de fromage blanc, 1 yaourt, 25 cl de crème fraîche, 2 c. à s. de basilic et de ciboulette, 1 c. à s. de thym.

☐ **Saumon en papillote**

4 pavés de saumon, 80 g de gingembre frais, 2 citrons bio, 600 g de purée de légumes surgelée au choix, 4 c. à c. de sauce soja, 2 c. à s. d'huile d'olive.

☐ **Poêlée de riz végétarienne**

200 g de riz, 400 g de champignons de Paris, 12 olives vertes, 1 poivron rouge, 1 vert et 1 jaune, 2 oignons, 1 gousse d'ail, 800 g de tomates pelées, 1 c. à c. de basilic, d'origan et de thym, 3 c. à s. d'huile d'olive.

☐ **Poulet à la bière**

1 poulet, 200 g de lardons fumés, 250 g de polenta, 4 gousses d'ail, 1 citron bio, 1 canette de bière blonde, 8 feuilles de sauge, 2 c. à s. de baies de genièvre.

☐ **Steaks hachés et lentilles corail au curry**

4 steaks hachés, 250 g de lentilles corail, 2 carottes, 4 c. à c. de moutarde douce, 1 c. à c. de curry, 1 c. à s. de coriandre, 1 c. à s. d'huile d'olive.

Et aussi

SEPTEMBRE

Lundi **5**

Pâtes forestières

5 mn — 20 mn

Mardi **6**

Rôti de porc froid et aubergines en purée

5 mn — 15 mn

Mercredi **7**

Tartines des enfants

10 mn

Jeudi **8**

Filets de rouget aux aromates

10 mn — 20 mn

Vendredi **9**

Blettes poêlées

10 mn — 10 mn

Samedi **10**

Mini-roulés au fromage frais

10 mn

Dimanche **11**

Poulet en cocotte aux olives

15 mn — 45 mn

Recettes

Pour 4 personnes

Dans 1 sauteuse, poêler 5 mn 500 g de mélange de champignons décongelés au micro-ondes + 2 c. à s. d'huile d'olive + 1 c. à s. de persil. Égoutter si besoin. Ajouter 400 g de pâtes al dente + 2 c. à s. de crème liquide et cuire encore 1 mn.

Cuire 14 mn au micro-ondes 700 g d'aubergines coupées en 1/2 rondelles d'1 cm d'épaisseur. Les retourner à mi-cuisson. Mixer avec 2 c. à s. d'huile d'olive + 2 c. à c. de jus de citron + 1 gousse d'ail épluchée + 3 pincées de cumin. Servir cette purée froide avec 8 tranches de rôti de porc cuit.

Mélanger 1 concombre épépiné et en petits dés avec 100 g de Vache qui rit + 100 g de fromage blanc + 1 c. à s. de ciboulette. En tartiner 4 tranches de pain. Servir avec 4 tranches de jambon + 500 g de tomates cerises + 1 vinaigrette.

Dans 1 plat allant au four, disposer 700 g de filets de rouget + 8 gousses d'ail émincées + 8 feuilles de sauge et de laurier + 2 c. à c. de romarin + 24 olives noires + 1 pincée de piment diluée dans 4 c. à s. d'huile d'olive. Enfourner 15-20 mn à 250 °C. Servir avec 8 palets de légumes surgelés cuits au micro-ondes.

Laver et émincer 600 g de blettes en coupant les tiges à 3 cm des feuilles. Faire blondir 4 gousses d'ail émincées dans 2 c. à s. d'huile d'olive + 1 pincée de paprika, puis ajouter les blettes. Cuire à feu vif 5 mn en mélangeant. Servir avec 6 œufs cuits à la coque (après ébullition, cuire 3 mn).

Découper 8 tranches de jambon de Parme en 3 dans la longueur. Répartir dessus 250 g de fromage frais (Madame Loïk ou brousse) mélangé à 2 c. à s. de basilic + 1 c. à s. d'huile d'olive. Rouler les tranches de jambon et servir avec 1 l de soupe froide (betterave ou autre) + 400 g de tomates cerises à la croque au sel.

Dans 1 cocotte allant au four, déposer 1 poulet en morceaux + 1 boîte de tomates pelées + 1 petit bocal d'olives vertes et 1 d'olives noires + 2 oignons émincés + 1/2 bouquet garni + 1 petite boîte de champignons de Paris + 10 petites pommes de terre épluchées + 1 morceau de sucre. Enfourner 45 mn à 210 °C à couvert la 1/2 du temps.

Courses

Pour 4 personnes

☐ Pâtes forestières

400 g de pâtes, 500 g de mélange de champignons surgelés, 1 c. à s. de persil, 2 c. à s. de crème liquide, 2 c. à s. d'huile d'olive.

☐ Rôti de porc froid et aubergines en purée

8 tranches de rôti de porc cuit, 700 g d'aubergines, 1 gousse d'ail, 3 pincées de cumin, 2 c. à c. de jus de citron, 2 c. à s. d'huile d'olive.

☐ Tartines des enfants

4 tranches de pain, 4 tranches de jambon, 500 g de tomates cerises, 1 concombre, 100 g de Vache qui rit, 100 g de fromage blanc, 1 c. à s. de ciboulette, 1 vinaigrette.

☐ Filets de rouget aux aromates

700 g de filets de rouget, 8 palets de légumes surgelés, 24 olives noires, 8 gousses d'ail, 8 feuilles de sauge et de laurier, 2 c. à c. de romarin, 1 pincée de piment, 4 c. à s. d'huile d'olive.

☐ Blettes poêlées

600 g de blettes, 4 gousses d'ail, 6 œufs, 1 pincée de paprika, 2 c. à s. d'huile d'olive.

☐ Mini-roulés au fromage frais

8 tranches de jambon de Parme, 250 g de fromage frais (Madame Loïk ou brousse), 400 g de tomates cerises, 1 l de soupe froide (betterave ou autre), 2 c. à s. de basilic, 1 c. à s. d'huile d'olive.

☐ Poulet en cocotte aux olives

1 poulet, 1 petit bocal d'olives vertes + 1 d'olives noires, 10 petites pommes de terre, 2 oignons, 1 boîte de tomates pelées, 1 petite boîte de champignons de Paris, 1/2 bouquet garni, 1 morceau de sucre.

Et aussi

SEPTEMBRE

Lundi 12 — Ravioles au potiron
10 mn — 25 mn

Mardi 13 — Salade de crevettes au pamplemousse
15 mn

Mercredi 14 — Tarte aux tomates cerises
10 mn — 20 mn

Jeudi 15 — Dinde en rouge et blanc
15 mn — 35 mn

Vendredi 16 — Flan de poivrons
5 mn — 45 mn

Samedi 17 — Côtes de porc aux abricots
15 mn — 1 h — 25 mn

Dimanche 18 — Paëlla
20 mn — 45 mn

Recettes
Pour 4 personnes

Cuire à l'eau 20 mn après ébullition 800 g de pulpe de potiron en dés + 1 pomme de terre sans la peau en morceaux + 1 bouillon cube de volaille. Mixer les légumes et ajouter 10 cl de crème liquide + 1 c. à c. de muscade. Ajouter 8 plaques de ravioles fraîches et servir lorsqu'elles remontent à la surface.

Mélanger 1 roquette avec 400 g de crevettes roses décortiquées + la chair de 2 pamplemousses roses et la chair de 2 avocats en morceaux + 80 g de graines de grenade. Assaisonner avec 4 c. à s. d'huile d'olive + 2 c. à s. de vinaigre balsamique. Servir avec 4 tranches de pain de campagne + 40 g de beurre 1/2 sel.

Sur 1 pâte feuilletée, étaler 6 c. à s. de caviar d'aubergines + 400 g de tomates cerises coupées en 2 (côté peau vers le bas) + 2 tranches de jambon cru en morceaux + 150 g de comté râpé. Enfourner 20 mn à 200 °C. Servir avec 1 salade.

Enfourner 15 mn à 200 °C 500 g de tomates cerises coupées en 2 + 4 c. à s. d'huile d'olive + 1 c. à s. d'herbes de Provence. Ajouter 4 fines escalopes de dinde (poêlées 2 mn/côté dans 1 c. à s. d'huile d'olive), recouvertes de 200 g de feta en morceaux. Cuire encore 20 mn à 180 °C. Servir avec 400 g de pâtes fraîches cuites + 20 cl de coulis de tomates réchauffé au micro-ondes.

Mixer 600 g de poivrons grillés décongelés avec 4 œufs + 20 cl de crème fraîche. Ajouter 1 boîte de fromage de chèvre (type Chavroux) émietté + 1 c. à c. de thym. Verser dans 1 plat à cake et enfourner 45 mn à 160 °C. Servir chaud ou froid avec 6 tranches de jambon.

Mariner 1 h 4 côtes de porc + 2 c. à c. de moutarde et de sauce Worcestershire + 6 c. à s. de vinaigre de Xérès et d'huile + 40 g de sucre. Poêler 1 oignon émincé + 1 gousse d'ail pilée + 1 c. à s. d'huile. Ajouter 1 c. à c. de cumin + 1 boîte d'abricots au sirop + le sirop. Mijoter 5 mn. Ajouter le porc + la marinade. Cuire 10 mn/côté. Servir avec 600 g de purée de patates douces.

Poêler 2 blancs de poulet en morceaux dans 3 c. à s. d'huile d'olive. Ajouter 1 oignon émincé + 250 g de calamars. Cuire 1 mn. Ajouter 600 g de tomates pelées + 1 poivron + 1 gousse d'ail hachée + 2 doses de safran. Cuire 5 mn. Verser 250 g de riz + 1/2 chorizo en rondelles + 1 bouillon cube dilué dans 50 cl d'eau + 1/2 l de moules lavées + 10 grosses crevettes. Faire bouillir. Cuire 30 mn env.

Courses
Pour 4 personnes

- [ ] Ravioles au potiron

8 plaques de ravioles fraîches, 800 g de pulpe de potiron, 1 pomme de terre, 10 cl de crème liquide, 1 bouillon cube de volaille, 1 c. à c. de muscade.

- [ ] Salade de crevettes au pamplemousse

400 g de crevettes roses décortiquées, 2 pamplemousses roses, 2 avocats, 1 roquette, 80 g de graines de grenade, 4 tranches de pain de campagne, 40 g de beurre 1/2 sel, 2 c. à s. de vinaigre balsamique, 4 c. à s. d'huile d'olive.

- [ ] Tarte aux tomates cerises

1 pâte feuilletée, 400 g de tomates cerises, 2 tranches de jambon cru, 150 g de comté râpé, 6 c. à s. de caviar d'aubergines, 1 salade.

- [ ] Dinde en rouge et blanc

4 fines escalopes de dinde, 400 g de pâtes fraîches, 200 g de feta, 500 g de tomates cerises, 20 cl de coulis de tomates, 1 c. à s. d'herbes de Provence, 5 c. à s. d'huile d'olive.

- [ ] Flan de poivrons

600 g de poivrons grillés surgelés, 1 boîte de fromage de chèvre type Chavroux, 6 tranches de jambon, 4 œufs, 20 cl de crème fraîche, 1 c. à c. de thym.

- [ ] Côtes de porc aux abricots

4 côtes de porc, 1 boîte d'abricots au sirop, 600 g de purée de patates douces, 1 oignon, 1 gousse d'ail, 40 g de sucre, 1 c. à c. de cumin, 2 c. à c. de moutarde et de sauce Worcestershire, 6 c. à s. de vinaigre de Xérès, 7 c. à s. d'huile.

- [ ] Paëlla

250 g de riz, 2 blancs de poulet, 250 g de calamars, 1/2 l de moules, 10 grosses crevettes, 1/2 chorizo, 600 g de tomates pelées, 1 poivron, 1 oignon, 1 gousse d'ail, 2 doses de safran, 1 bouillon cube, 3 c. à s. d'huile d'olive.

Et aussi

2016 SEPTEMBRE

Lundi 19 — Salade de pâtes différente — 15 mn / 10 mn

Mardi 20 — Soupe aux deux céleris — 15 mn / 30 mn

Mercredi 21 — Tarte aux champignons — 15 mn / 45 mn

Jeudi 22 — Moules au roquefort — 15 mn / 20 mn

Vendredi 23 — Tomates à la provençale — 10 mn / 35 mn

Samedi 24 — Rôti de bœuf au poivre — 10 mn / 35 mn

Dimanche 25 — Salade de bœuf aux pommes de terre — 10 mn / 20 mn

Recettes
Pour 4 personnes

Mélanger 250 g de farfalles al dente avec 200 g de thon au naturel + 2 tomates en dés. Ajouter 1 sauce (4 c. à s. de mayonnaise + 1 c. à s. de curry + 1 c à s. de jus de citron). Mélanger et ajouter 1 bocal d'asperges vertes en tronçons. Servir frais.

Dans 1 cocotte, poêler 5 mn dans 2 c. à s. d'huile d'olive 1 céleri-rave pelé et en morceaux + 1/2 céleri-branche émincé + 2 pommes de terre pelées et émincées. Ajouter 1 l d'eau + 1 bouillon cube de légumes. Cuire 20-25 mn. Mixer avec tout ou partie de l'eau de cuisson + 2 c. à s. de St Môret + 1 c. à c. de paprika. Servir avec 6 Knacki cuites au micro-ondes.

Poêler 125 g de lardons fumés. Réserver. Dans la même poêle, poêler 5 mn 3 oignons émincés. Ajouter 500 g de champignons émincés + 1 c. à s. de persil. Sur 1 pâte feuilletée, répartir les légumes égouttés + les lardons. Ajouter 3 œufs battus avec 20 cl de crème fraîche + 10 cl de lait. Ajouter 80 g de gruyère râpé. Enfourner 30 mn à 180 °C. Servir avec 1 salade.

Dans 1 casserole, faire suer 3 échalotes dans 1 noix de beurre. Ajouter 40 cl de crème fraîche + 125 g de roquefort émietté + 2 c. à s. de persil. Dans 1 cocotte, cuire 2 kg de moules nettoyées avec 25 cl de vin blanc. À leur ouverture, ôter la 1/2 du jus, ajouter la sauce roquefort et cuire encore 3-4 mn. Servir avec 8 palets de légumes surgelés cuits au micro-ondes.

Dans 1 plat, déposer 12 tomates coupées en 2. Parsemer de 2 c. à s. d'herbes de Provence + 4 c. à s. d'huile d'olive + 2 c. à s. de sucre. Enfourner 35 mn à 200 °C. Servir avec 4 tranches de jambon + 4 tranches de pain tartinées de 100 g de fromage frais.

Enduire 1 rôti de bœuf d'1,2 kg d'1 c. à s. d'huile. Le rouler dans 2 c. à s. de 3 poivres concassés. Le faire dorer 5 mn dans 1 poêle et enfourner 25 mn à 200 °C. Déglacer avec 1/2 verre de cognac. Poêler 12 cl de crème fraîche + 1 c. à s. de moutarde + le jus au cognac. Servir le rôti tranché + la sauce + 1 kg de haricots verts à la vapeur. **Conserver les restes pour demain.**

Mélanger 1 salade avec 300 g de haricots verts cuits (restes de la veille) + 6 pommes de terre cuites à l'eau, refroidies et coupées en rondelles + 1 sauce (mélanger 1 échalote émincée à 2 c. à s. de vinaigre de vin + 1 c. à c. de moutarde + 4 c. à s. d'huile d'olive). Parsemer d'1 c. à s. de ciboulette. Servir avec 4 tranches de rôti de bœuf cuit (restes de la veille).

Courses
Pour 4 personnes

☐ Salade de pâtes différente

250 g de farfalles, 200 g de thon au naturel, 1 bocal d'asperges vertes, 2 tomates, 1 c. à s. de curry, 4 c. à s. de mayonnaise, 1 c à s. de jus de citron.

☐ Soupe aux deux céleris

1 céleri-rave, 1/2 céleri-branche, 2 pommes de terre, 6 Knacki, 2 c. à s. de St Môret, 1 bouillon cube de légumes, 1 c. à c. de paprika, 2 c. à s. d'huile d'olive.

☐ Tarte aux champignons

1 pâte feuilletée, 500 g de champignons, 3 oignons, 1 salade, 125 g de lardons fumés, 80 g de gruyère râpé, 3 œufs, 20 cl de crème fraîche, 10 cl de lait, 1 c. à s. de persil.

☐ Moules au roquefort

2 kg de moules, 125 g de roquefort, 8 palets de légumes surgelés, 3 échalotes, 40 cl de crème fraîche, 25 cl de vin blanc, 2 c. à s. de persil, 1 noix de beurre.

☐ Tomates à la provençale

12 tomates, 4 tranches de pain, 4 tranches de jambon, 100 g de fromage frais, 2 c. à s. de sucre, 2 c. à s. d'herbes de Provence, 4 c. à s. d'huile d'olive.

☐ Rôti de bœuf au poivre

1 rôti de bœuf d'1,2 kg, 1 kg de haricots verts, 1/2 verre de cognac, 12 cl de crème fraîche, 1 c. à s. de moutarde, 2 c. à s. de 3 poivres, 1 c. à s. d'huile.

☐ Salade de bœuf aux pommes de terre

4 tranches de rôti de bœuf cuit et 300 g de haricots verts (restes de la veille), 1 salade, 6 pommes de terre, 1 échalote, 1 c. à s. de ciboulette, 1 c. à c. de moutarde, 2 c. à s. de vinaigre de vin, 4 c. à s. d'huile d'olive.

Et aussi

SEPT.-OCT.

Lundi **26**

Risotto aux champignons

15 mn — 45 mn

Mardi **27**

Salade d'automne

15 mn

Mercredi **28**

Bricks de saumon sauce cocktail

15 mn — 20 mn

Jeudi **29**

Cordons bleus et petits pois

10 mn — 20 mn

Vendredi **30**

Petits roulés de jambon tout chou

15 mn — 5 mn

Samedi **1**

Poulet aux citrons confits

20 mn — 1 h 15

Dimanche **2**

Steaks au chèvre

20 mn — 10 mn

Recettes
Pour 4 personnes

Poêler 1 oignon et 2 gousses d'ail émincés dans 2 c. à c. d'huile d'olive. Ajouter 300 g de riz à risotto pour qu'il devienne translucide + 600 g de champignons émincés (décongelés ou frais). Incorporer progressivement le bouillon (1 l d'eau + 2 cubes de bouillon) en remuant sans cesse. En fin de cuisson, incorporer 1 c. à s. de persil + 50 g de parmesan. Arroser du jus d'1 citron.

Mélanger 1 laitue romaine lavée et effeuillée à 40 g de cerneaux de noix + 2 endives émincées + 1 pomme en quartiers + 100 g de raisin coupé en 2 + 150 g de cantal en dés + 6 tranches de jambon sec en morceaux + 1 sachet de croûtons + 1 sauce (2 c. à s. de vinaigre de cidre + 1 c. à c. de moutarde + 4 c. à s. d'huile de noix).

Disposer 4 pavés de saumon sur 4 feuilles de brick et verser 1 mélange fait d'1 petit pot de sauce cocktail + 25 cl de crème liquide + 1 c. à s. d'aneth + 1 c. à s. de ciboulette. Refermer les bricks. Enfourner 20 mn à 180 °C. Servir avec 600 g de courgettes cuites 3 mn au micro-ondes et poêlées 5 mn dans 1 c. à s. d'huile d'olive.

Poêler 5 mn 4 escalopes de poulet dans 20 g de beurre. Les couper en 2 dans l'épaisseur et farcir avec 1 tranche de comté + 2 tranches de bacon + 1 tranche de comté. Les tremper 1 à 1 dans 4 c. à s. de farine, puis 1 œuf battu, puis 4 c. à s. de chapelure. Mettre dans 1 plat et enfourner env. 15 mn à 200 °C, en retournant à mi-cuisson. Servir avec 600 g de petits pois.

Farcir 4 tranches de jambon avec 400 g de chou à choucroute émincé mélangé à 1 sauce (le jus d'1 orange + 2 c. à s. d'huile d'olive + 1 c. à s. d'estragon + 1 c. à s. de sauce soja) + 4 c. à s. de pignons de pin poêlés à sec. Enrouler les tranches de jambon et servir avec 1 salade verte.

Dans 1 cocotte, dorer à feu vif 1 poulet en morceaux dans 4 c. à s. d'huile d'olive. Réserver. Y cuire 10 mn à feu doux 4 oignons émincés + 4 carottes en rondelles. Ajouter 3 citrons confits en dés + 1 c. à c. de graines de coriandre + 1 c. à s. de 4 épices + 100 g de raisins secs + 4 c. à s. de miel + le poulet + 1 verre d'eau. Couvrir et mijoter 1 h. Servir avec 200 g de semoule.

Cuire 2 mn avec 30 cl de crème fraîche 1 bûche de chèvre de 300 g écroûtée + 3 c. à s. de fond de veau. Ajouter 500 g de champignons de Paris (rissolés dans 1 noix de beurre + 1/2 c. à c. d'ail + 1 c. à s. de persil). Faire suer 1 oignon émincé dans 1 noix de beurre. Ajouter 4 steaks de bœuf. Servir avec la sauce + 600 g de purée de brocolis.

Courses
Pour 4 personnes

☐ Risotto aux champignons

300 g de riz à risotto, 600 g de champignons émincés (surgelés ou frais), 50 g de parmesan, 1 citron, 1 oignon, 2 gousses d'ail, 2 cubes de bouillon, 1 c. à s. de persil, 2 c. à c. d'huile d'olive.

☐ Salade d'automne

1 laitue romaine, 2 endives, 1 pomme, 100 g de raisin, 150 g de cantal, 6 tranches de jambon sec, 40 g de cerneaux de noix, 1 sachet de croûtons, 2 c. à s. de vinaigre de cidre, 1 c. à c. de moutarde, 4 c. à s. d'huile de noix.

☐ Bricks de saumon sauce cocktail

4 feuilles de brick, 4 pavés de saumon, 600 g de courgettes, 1 petit pot de sauce cocktail, 25 cl de crème liquide, 1 c. à s. d'aneth, 1 c. à s. de ciboulette, 1 c. à s. d'huile d'olive.

☐ Cordons bleus et petits pois

4 escalopes de poulet, 8 tranches de bacon, 8 grandes tranches de comté, 600 g de petits pois, 20 g de beurre, 4 c. à s. de farine, 4 c. à s. de chapelure, 1 œuf.

☐ Petits roulés de jambon tout chou

4 tranches de jambon, 400 g de chou à choucroute, 1 orange, 1 salade verte, 4 c. à s. de pignons de pin, 1 c. à s. d'estragon, 1 c. à s. de sauce soja, 2 c. à s. d'huile d'olive.

☐ Poulet aux citrons confits

1 poulet, 3 citrons confits, 100 g de raisins secs, 4 carottes, 4 oignons, 200 g de semoule, 1 c. à c. de graines de coriandre, 1 c. à s. de 4 épices, 4 c. à s. de miel, 4 c. à s. d'huile d'olive.

☐ Steaks au chèvre

4 steaks de bœuf, 1 bûche de chèvre de 300 g, 600 g de purée de brocolis, 500 g de champignons de Paris, 1 oignon, 30 cl de crème fraîche, 3 c. à s. de fond de veau, 1/2 c. à c. d'ail, 1 c. à s. de persil, 2 noix de beurre.

Et aussi

OCTOBRE 2016

Lundi 3 — Tagliatelles aux poivrons — 15 mn / 30 mn

Mardi 4 — Salade céleri/champignons — 15 mn

Mercredi 5 — Acras de potiron — 15 mn / 10 mn

Jeudi 6 — Œufs brouillés aux deux tomates — 10 mn / 5 mn

Vendredi 7 — Brandade de cabillaud rapide — 15 mn / 20 mn

Samedi 8 — Galettes de bœuf aux épices — 15 mn / 15 mn

Dimanche 9 — Colombo de veau — 10 mn / 50 mn

18

Recettes
Pour 4 personnes

Poêler 1 oignon émincé dans 1 c. à s. d'huile d'olive. Ajouter 1 gousse d'ail émincée + 3 poivrons rouges épépinés et en lamelles. Cuire 10 mn. Ajouter 20 cl de vin blanc et cuire encore 15 mn. Mixer avec 3 c. à s. de St Môret + 1 pincée de paprika. Mélanger avec 400 g de tagliatelles al dente avec 1 bouillon cube de volaille. Servir avec 80 g de gruyère râpé.

Mélanger 400 g de champignons de Paris lavés et émincés avec le jus d'1 citron. Ajouter 2 branches de céleri émincé + 250 g de mozzarella en rondelles + 12 olives noires + 2 pommes vertes en fins quartiers. Arroser de 4 c. à s. d'huile d'olive et d'1 c. à s. de basilic. Servir avec 4 tranches de pain grillées + 1 pot de tapenade.

Mélanger 200 g de farine + 1/2 c. à c. de sucre + 1 œuf + 8 c. à s. de lait. Ajouter 200 g de chair de potiron râpée + 1 pincée de piment + 1 c. à s. de persil + le zeste d'1/2 citron vert. Former les acras et les plonger dans 6 c. à s. d'huile très chaude. Cuire jusqu'à ce qu'ils soient dorés. Les égoutter sur de l'essuie-tout. Servir avec 600 g de betteraves cuites + 1 vinaigrette.

Mélanger 8 œufs avec un fouet. Ajouter 8 tomates séchées et 12 tomates cerises coupées en 2 + 2 c. à s. de crème fraîche. Chauffer 1 noix de beurre dans 1 poêle, ajouter les œufs et les mélanger régulièrement pendant 2-5 mn. Saupoudrer de 60 g de gruyère râpé + 1 c. à s. de ciboulette. Servir sur 4 tranches de pain de campagne toastées. Accompagner d'1 salade verte.

Cuire 15 mn au court-bouillon avec 1 bouillon cube de poisson 4 filets de cabillaud. Mélanger le poisson égoutté à 600 g de purée de pommes de terre et tout écraser à la fourchette. Ajouter 3 gousses d'ail hachées + 4 c. à s. d'huile d'olive + 1 bouquet de persil ciselé. Mettre dans 1 plat à gratin et parsemer de 60 g de parmesan râpé mélangé à 3 c. à s. de chapelure. Passer 5 mn au gril.

Faire bouillir 15 cl de lait. Ajouter 50 g de chapelure + 1 c. à c. de muscade, de cannelle et de cumin. Cuire 3 mn en mélangeant pour obtenir 1 pâte onctueuse. Mélanger avec 600 g de bœuf haché + 1 oignon haché + le zeste d'1 citron. Façonner 12 boulettes et les aplatir. Les poêler 2-3 mn/côté dans 2 c. à s. d'huile. Servir avec 600 g de légumes verts à la vapeur.

Dans 1 cocotte, poêler 2 oignons émincés dans 1 c. à s. d'huile. Ajouter 800 g de filet mignon de veau + 1 c. à s. de colombo en poudre + 1 bouillon cube de volaille + 20 cl d'eau + 1 piment oiseau émincé. Mijoter 30 mn. Ajouter 500 g d'épinards en branches décongelés et égouttés + 2 c. à s. de crème liquide. Cuire 15 mn. Servir avec 600 g de patates douces à la vapeur.

Courses
Pour 4 personnes

☐ Tagliatelles aux poivrons

400 g de tagliatelles, 3 poivrons rouges, 1 oignon, 1 gousse d'ail, 80 g de gruyère râpé, 3 c. à s. de St Môret, 20 cl de vin blanc, 1 bouillon cube de volaille, 1 pincée de paprika, 1 c. à s. d'huile d'olive.

☐ Salade céleri/champignons

400 g de champignons de Paris, 2 branches de céleri, 2 pommes vertes, 12 olives noires, 1 citron, 250 g de mozzarella, 1 pot de tapenade, 4 tranches de pain, 1 c. à s. de basilic, 4 c. à s. d'huile d'olive.

☐ Acras de potiron

200 g de chair de potiron, 600 g de betteraves cuites, 1/2 citron vert, 200 g de farine, 1/2 c. à c. de sucre, 1 œuf, 8 c. à s. de lait, 1 c. à s. de persil, 1 pincée de piment, 1 vinaigrette, 6 c. à s. d'huile.

☐ Œufs brouillés aux deux tomates

8 œufs, 8 tomates séchées, 12 tomates cerises, 1 salade verte, 60 g de gruyère râpé, 4 tranches de pain de campagne, 2 c. à s. de crème fraîche, 1 c. à s. de ciboulette, 1 noix de beurre.

☐ Brandade de cabillaud rapide

4 filets de cabillaud, 600 g de purée de pommes de terre, 3 gousses d'ail, 60 g de parmesan râpé, 1 bouillon cube de poisson, 1 bouquet de persil, 3 c. à s. de chapelure, 4 c. à s. d'huile d'olive.

☐ Galettes de bœuf aux épices

600 g de bœuf haché, 600 g de légumes verts, 1 oignon, 1 citron, 50 g de chapelure, 15 cl de lait, 1 c. à c. de muscade, 1 c. à c. de cannelle, 1 c. à c. de cumin, 2 c. à s. d'huile.

☐ Colombo de veau

800 g de filet mignon de veau, 600 g de patates douces, 500 g d'épinards en branches surgelés, 2 oignons, 1 c. à s. de colombo en poudre, 1 piment oiseau, 1 bouillon cube de volaille, 2 c. à s. de crème liquide, 1 c. à s. d'huile.

Et aussi

OCTOBRE

Lundi 10

Macaronis à la courge

10 mn – 15 mn

Mardi 11

Soupe de pois cassés à la Cocotte-Minute

15 mn – 30 mn

Mercredi 12

Tarte brocolis/jambon

15 mn – 45 mn

Jeudi 13

Filets de merlan au sésame

5 mn – 10 mn

Vendredi 14

Poêlée de champignons

15 mn – 15 mn

Samedi 15

Filet mignon aux lardons

20 mn – 45 mn

Dimanche 16

Bœuf sauté au raisin frais

20 mn – 1 h 10

Recettes

Pour 4 personnes

Poêler 10-15 mn 600 g de chair de courge en lamelles + 2 pincées de muscade + 2 pincées de cannelle dans 4 c. à s. d'huile d'olive. Ajouter 350 g de macaronis al dente et cuire encore 1 mn à feu doux. Servir avec 60 g de parmesan râpé.

Dans 1 Cocotte-Minute, poêler 3 oignons et 1 gousse d'ail émincés dans 2 c. à s. d'huile d'olive. Ajouter 1 branche de céleri émincée + 2 carottes en rondelles + 400 g de pois cassés + 1 bouquet de persil + 2 feuilles de laurier + 1 l d'eau. Cuire 25 mn après rotation de la soupape. Mixer avec tout ou partie de l'eau + 10 cl de lait. Servir avec 200 g de lardons poêlés à sec.

Sur 1 pâte brisée, répartir 1 bouquet de brocolis en fleurettes (lavé et cuit 5 mn au micro-ondes avec 1 peu d'eau, puis égoutté) + 100 g d'allumettes de jambon fumé + 1/2 bûche de chèvre en rondelles. Verser 1 mélange fait de 3 œufs battus avec 10 cl de lait + 10 cl de crème liquide + 1 c. à c. de muscade. Enfourner 40 mn à 180 °C.

Poêler 1 mn/côté 4 filets de merlan dans 1 c. à s. d'huile. Réserver et jeter l'huile. Dans la poêle, faire bouillir 1 mélange de 4 c. à s. de sauce soja + 4 c. à s. de muscat + 2 c. à c. de sucre + 30 g de gingembre frais râpé + 6 gouttes d'huile de sésame. Remettre le merlan. Cuire 1-2 mn/côté. Servir avec 600 g de purée de carottes surgelée cuite au micro-ondes.

Poêler à feu vif 1,2 kg de champignons frais mélangés, nettoyés et émincés + 1 c. à s. de persil dans 2 c. à s. d'huile d'olive. Lorsque l'eau des champignons s'est évaporée, cuire encore 8-10 mn, jusqu'à ce qu'ils soient croustillants. Servir avec 6 tranches de jambon de dinde.

Dans 1 plat allant au four, mettre 1 filet mignon de 800 g arrosé d'1 c. à s. de fond de veau délayé dans 4 c. à s. d'eau + 150 g d'allumettes de lardons + 2 c. à s. d'huile d'olive + 1 c. à s. d'herbes de Provence + 800 g de petites pommes de terre épluchées coupées en 2. Enfourner 45 mn à 180 °C. Servir avec 1 salade verte.

Dans 1 sauteuse, dorer 10 mn 800 g de bœuf maigre en dés dans 2 c. à s. d'huile d'olive. Ajouter 1 oignon émincé + 3 gousses d'ail pilées + 3 courgettes en rondelles + 2 tomates en quartiers. Cuire 5 mn. Ajouter 15 cl de vin rouge. Faire bouillir, couvrir et mijoter 45 mn. Ajouter 150 g de raisin + 1 bouillon cube de légumes + 15 cl d'eau + 1 branche de sauge. Cuire encore 10 mn.

Courses

Pour 4 personnes

☐ Macaronis à la courge

350 g de macaronis, 600 g de chair de courge, 60 g de parmesan râpé, 2 pincées de muscade, 2 pincées de cannelle, 4 c. à s. d'huile d'olive.

☐ Soupe de pois cassés à la Cocotte-Minute

400 g de pois cassés, 2 carottes, 1 branche de céleri, 3 oignons, 1 gousse d'ail, 200 g de lardons, 10 cl de lait, 1 bouquet de persil, 2 feuilles de laurier, 2 c. à s. d'huile d'olive.

☐ Tarte brocolis/jambon

1 pâte brisée, 1 bouquet de brocolis, 100 g d'allumettes de jambon fumé, 1/2 bûche de chèvre, 3 œufs, 10 cl de lait, 10 cl de crème liquide, 1 c. à c. de muscade.

☐ Filets de merlan au sésame

4 filets de merlan, 600 g de purée de carottes surgelée, 30 g de gingembre frais, 2 c. à c. de sucre, 4 c. à s. de sauce soja, 4 c. à s. de muscat, 6 gouttes d'huile de sésame, 1 c. à s. d'huile.

☐ Poêlée de champignons

1,2 kg de champignons frais mélangés, 6 tranches de jambon de dinde, 1 c. à s. de persil, 2 c. à s. d'huile d'olive.

☐ Filet mignon aux lardons

1 filet mignon de 800 g, 150 g d'allumettes de lardons, 800 g de petites pommes de terre, 1 salade verte, 1 c. à s. de fond de veau, 1 c. à s. d'herbes de Provence, 2 c. à s. d'huile d'olive.

☐ Bœuf sauté au raisin frais

800 g de bœuf maigre, 150 g de raisin, 3 courgettes, 2 tomates, 3 gousses d'ail, 1 oignon, 15 cl de vin rouge, 1 bouillon cube de légumes, 1 branche de sauge, 2 c. à s. d'huile d'olive.

Et aussi

OCTOBRE

Lundi 17
Spaghettis de mamie
5 mn | 10 mn

Mardi 18
Salade de lentilles au comté
10 mn | 25 mn

Mercredi 19
Tartines comme une pizza
10 mn | 15 mn

Jeudi 20
Côtes de porc aux pommes
15 mn | 20 mn

Vendredi 21
Chou-fleur en couscous
15 mn | 20 mn

Samedi 22
Saumon aux échalotes
10 mn | 20 mn

Dimanche 23
Steaks hachés persil et parmesan
5 mn | 10 mn

Recettes
Pour 4 personnes

Mélanger 400 g de spaghettis al dente à 2 noix de beurre. Servir avec 100 g d'emmental râpé + 4 c. à s. de ketchup.

Cuire env. 25 mn après ébullition 300 g de lentilles vertes dans 1 l d'eau froide avec 1 bouillon cube de légumes. Les mélanger, égouttées et refroidies, avec 100 g de comté en dés + 8 tomates séchées. Ajouter 1 sauce (2 c. à s. de vinaigre de cidre + 1 c. à c. de moutarde + 4 c. à s. d'huile de noix) + 1 c. à s. de persil + 40 g de noisettes concassées.

Sur 8 tranches de pain de campagne, répartir 8 c. à s. de coulis de tomates + 4 tranches de jambon en morceaux + 8 olives coupées en 2 + 8 cœurs d'artichauts à l'huile en morceaux + 200 g de mozzarella en rondelles + 8 c. à c. de basilic. Enfourner 10-15 mn à 180 °C et servir avec 1 roquette.

Poêler 5 mn/côté 4 côtes de porc dans 1 c. à s. d'huile. Réserver. Déglacer avec 4 c. à s. de jus de citron. Verser 3 c. à s. de miel et caraméliser 2 mn. Y réchauffer la viande 10 sec/côté. Servir avec 600 g de purée de pommes de terre + 2 pommes en quartiers (cuites 5 mn au micro-ondes et poêlées 3 mn dans 15 g de beurre).

Mixer 1 chou-fleur pour obtenir des morceaux comme des graines de couscous. Poêler 5 mn 2 branches de céleri et 1 oignon émincés + 1 pincée d'ail, de cumin et de coriandre dans 15 g de beurre. Ajouter 1 pomme en dés + 25 cl d'eau + 1 bouillon cube de légumes + 30 g d'amandes effilées. Faire bouillir. Ajouter le chou-fleur. Cuire 5-10 mn. Mettre 2 c. à s. de jus de citron.

Poêler 6 échalotes émincées dans 1 noix de beurre. Ajouter 4 pavés de saumon et cuire 2 mn/côté. Réserver le saumon. Déglacer avec les échalotes avec 4 c. à s. de vinaigre balsamique + 1 c. à s. d'eau. Ajouter 1 c. à c. de moutarde. Mijoter 2-3 mn. Ajouter 4 c. à s. de crème fraîche. Remettre le saumon et servir avec 250 g de riz basmati.

Poêler 4 steaks hachés dans 1 c. à s. d'huile. Parsemer de 8 c. à s. de parmesan + 4 c. à c. de persil. Servir avec 600 g d'épinards surgelés cuits au micro-ondes et mélangés à 2 c. à s. de crème fraîche.

Courses
Pour 4 personnes

- [ ] Spaghettis de mamie

400 g de spaghettis, 100 g d'emmental râpé, 4 c. à s. de ketchup, 2 noix de beurre.

- [ ] Salade de lentilles au comté

300 g de lentilles vertes, 100 g de comté, 40 g de noisettes, 8 tomates séchées, 1 bouillon cube de légumes, 1 c. à s. de persil, 1 c. à c. de moutarde, 2 c. à s. de vinaigre de cidre, 4 c. à s. d'huile de noix.

- [ ] Tartines comme une pizza

8 tranches de pain de campagne, 4 tranches de jambon, 200 g de mozzarella, 8 cœurs d'artichauts à l'huile, 8 olives, 8 c. à s. de coulis de tomates, 8 c. à c. de basilic, 1 roquette.

- [ ] Côtes de porc aux pommes

4 côtes de porc, 2 pommes, 600 g de purée de pommes de terre, 15 g de beurre, 3 c. à s. de miel, 4 c. à s. de jus de citron, 1 c. à s. d'huile.

- [ ] Chou-fleur en couscous

1 chou-fleur, 2 branches de céleri, 1 pomme, 1 oignon, 30 g d'amandes effilées, 15 g de beurre, 1 pincée d'ail, de cumin et de coriandre, 1 bouillon cube de légumes, 2 c. à s. de jus de citron.

- [ ] Saumon aux échalotes

4 pavés de saumon, 6 échalotes, 250 g de riz basmati, 4 c. à s. de crème fraîche, 4 c. à s. de vinaigre balsamique, 1 c. à c. de moutarde, 1 noix de beurre.

- [ ] Steaks hachés persil et parmesan

4 steaks hachés, 600 g d'épinards surgelés, 8 c. à s. de parmesan, 4 c. à c. de persil, 2 c. à s. de crème fraîche, 1 c. à s. d'huile.

Et aussi

OCTOBRE

Lundi
24
Linguine aux cèpes
15 mn 15 mn

Mardi
25
Thonade et petits bouquets verts
10 mn 15 mn

Mercredi
26
Tarte tomates cerises/gorgonzola
10 mn 30 mn

Jeudi
27
Filets de limande aux câpres
10 mn 15 mn

Vendredi
28
Crumble de potiron aux lardons
15 mn 45 mn

Samedi
29
Poulet laqué au gingembre
5 mn 25 mn

Dimanche
30
Blanquette de poisson
10 mn 35 mn

Recettes

Pour 4 personnes

Poêler env. 5 mn 500 g de cèpes émincés dans 1 c. à s. d'huile d'olive + 1 noix de beurre. Ajouter 1 c. à s. de persil + 400 g de linguine al dente + 1 c. à s. de l'eau de cuisson des pâtes + 4 c. à s. de crème fraîche. Cuire 2 mn. Servir chaud.

Mélanger 1 boîte de thon au naturel avec 1/2 Boursin ail & fines herbes. En tartiner 4 tranches de pain grillées. Servir avec 600 g de brocolis en fleurettes cuits 5-10 mn au micro-ondes, puis disposés dans 1 plat et grillés 5 mn au four avec l'autre 1/2 du Boursin.

Sur 1 pâte brisée, étaler 300 g de tomates cerises coupées en 2, côté peau vers le bas. Ajouter 1 mélange fait de 4 œufs battus + 10 cl de crème liquide + 10 cl de lait + 1 pincée de muscade + 250 g de gorgonzola émietté. Enfourner env. 30 mn à 210 °C. Servir avec 1 salade.

Cuire à feu très doux en mélangeant 1 c. à c. de moutarde + 40 g de beurre + le zeste et 1 c. à s. du jus d'1 citron vert. Hors du feu, ajouter 2 c. à s. de câpres. Poêler env. 8 mn 4 filets de limande côté peau dans 1 c. à s. d'huile d'olive. Répartir la sauce sur le poisson chaud. Servir avec 600 g de mélange de légumes surgelés cuits à la vapeur.

Cuire à l'eau 15 mn après ébullition 800 g de chair de potiron en dés et l'écraser à la fourchette avec 1 c. à c. de muscade. Poêler à sec 100 g de lardons. Réserver. Blondir 2 oignons émincés dans 1 c. à s. d'huile d'olive. Déposer le potiron dans 1 plat à gratin, parsemer de lardons, d'oignons et de crumble (mixer 150 g de farine + 100 g de parmesan râpé + 60 g de beurre). Enfourner 30 mn à 200 °C.

Dans 1 plat à gratin, napper 4 blancs de poulet d'1 sauce (1 c. à c. de gingembre frais râpé + 4 c. à c. de moutarde + 1 c. à s. de miel + 2 c. à s. de sauce soja + 1 c. à s. d'huile). Enfourner 25 mn à 210 °C en retournant plusieurs fois. Ajouter 1 c. à s. d'eau + 1 c. à c. de gingembre frais râpé pour délayer la sauce. Servir avec 250 g de polenta.

Dans 1 cocotte, poêler 1 oignon émincé dans 1 noix de beurre. Ajouter 400 g de champignons de Paris en boîte + 4 carottes en rondelles + 25 cl de vin blanc et faire bouillir. Ajouter 25 cl de crème liquide + 1 bouquet garni. Faire réduire. Ajouter 600 g de filets de cabillaud en dés passés dans 2 c. à s. de farine. Mijoter 20 mn. Servir avec 200 g de riz.

Courses

Pour 4 personnes

- [ ] **Linguine aux cèpes**

400 g de linguine, 500 g de cèpes, 1 noix de beurre, 1 c. à s. de persil, 4 c. à s. de crème fraîche, 1 c. à s. d'huile d'olive.

- [ ] **Thonade et petits bouquets verts**

1 boîte de thon au naturel, 600 g de brocolis, 1 Boursin ail & fines herbes, 4 tranches de pain.

- [ ] **Tarte tomates cerises/gorgonzola**

1 pâte brisée, 250 g de gorgonzola, 300 g de tomates cerises, 1 salade, 4 œufs, 10 cl de crème liquide, 10 cl de lait, 1 pincée de muscade.

- [ ] **Filets de limande aux câpres**

4 filets de limande avec la peau, 600 g de mélange de légumes surgelés, 2 c. à s. de câpres, 1 citron vert, 40 g de beurre, 1 c. à c. de moutarde, 1 c. à s. d'huile d'olive.

- [ ] **Crumble de potiron aux lardons**

800 g de chair de potiron, 2 oignons, 100 g de lardons, 150 g de farine, 100 g de parmesan râpé, 60 g de beurre, 1 c. à c. de muscade, 1 c. à s. d'huile d'olive.

- [ ] **Poulet laqué au gingembre**

4 blancs de poulet, 250 g de polenta, 2 c. à c. de gingembre frais râpé, 4 c. à c. de moutarde, 2 c. à s. de sauce soja, 1 c. à s. de miel, 1 c. à s. d'huile.

- [ ] **Blanquette de poisson**

600 g de filets de cabillaud, 200 g de riz, 400 g de champignons de Paris en boîte, 4 carottes, 1 oignon, 25 cl de crème liquide, 25 cl de vin blanc, 2 c. à s. de farine, 1 noix de beurre, 1 bouquet garni.

Et aussi

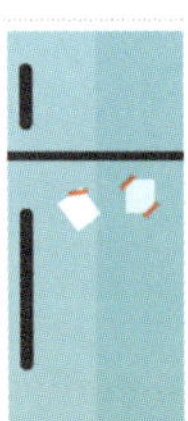

2016

OCT.-NOV.

Lundi 31
Lasagnes express
15 mn – 45 mn

Mardi 1
Toussaint
Velouté tout doux
15 mn – 30 mn

Mercredi 2
Wraps au poulet
10 mn – 15 mn

Jeudi 3
Cabillaud à la crème de roquefort
15 mn – 30 mn

Vendredi 4
Escalopes de dinde aux lardons
5 mn – 15 mn

Samedi 5
Mousses de choux au parmesan
15 mn – 55 mn

Dimanche 6
Légumes d'hiver rôtis
15 mn – 50 mn

26

Recettes
Pour 4 personnes

Blondir 1 oignon émincé + 1 c. à s. d'herbes de Provence dans 2 c. à s. d'huile d'olive. Ajouter 500 g de bœuf haché. Cuire 2-3 mn. Étager sur 2-3 couches 50 cl de sauce tomates, 12 feuilles de lasagnes, la viande et 20 cl de crème fraîche + 4 c. à s. de lait. Finir avec 100 g de mozzarella en rondelles + 100 g de gruyère râpé. Enfourner 35 mn à 200 °C. Servir avec 1 salade.

Cuire à l'eau env. 30 mn 4 carottes en rondelles + 3 courgettes en dés + 2 poivrons rouges épépinés + 1 pomme de terre épluchée en morceaux + 1 oignon et 1 gousse d'ail émincés + 1 cube de bouillon de volaille + 1 c. à c. de curry + 1 c. à c. de curcuma. Mixer avec tout ou partie de l'eau de cuisson + 2 Kiri. Servir avec 6 tranches de jambon + 1 sachet de croûtons + 80 g de mimolette en tranches.

Sur 8 tortillas de blé, répartir 400 g de julienne de légumes surgelée (poêlée 5 mn dans 1 c. à s. d'huile d'olive) mélangée à 300 g de blancs de poulet (poêlés 7-8 mn dans 1 c. à s. d'huile d'olive) + 8 c. à s. de moutarde douce + 100 g de gruyère râpé. Fermer les wraps, enfourner 5 mn à 180 °C.

Chauffer à feu doux 100 g de roquefort émietté + 20 cl de crème liquide. Servir sur 4 filets de cabillaud cuits 10-15 mn à la vapeur. Accompagner de 600 g de pommes de terre cuites à l'eau, puis coupées en rondelles et rissolées 10 mn dans 2 noix de beurre.

Poêler 10 mn 4 escalopes de dinde émincées + 200 g de lardons fumés dans 2 c. à s. d'huile d'olive. Une fois dorés, ajouter 25 cl de crème fraîche + 2 c. à s. de fond de veau. Ajouter 1 boîte de champignons de Paris et mijoter 3 mn. Servir avec 250 g de blé.

Cuire séparément à l'eau 20 mn 500 g de brocolis et 500 g de choux-fleurs en fleurettes avec 2 bouillons cubes. Égoutter et mixer séparément. Dans chaque purée, ajouter 2 œufs battus + 1 jaune + 5 cl de crème fleurette + 50 g de parmesan râpé. Remplir des ramequins et enfourner env. 35 mn à 180 °C. Servir avec 12 tranches de bacon poêlées à sec + 1 salade.

Dans 1 plat à gratin, disposer 300 g de panais, 300 g de carottes, 200 g de topinambours épluchés et coupés en morceaux. Verser 4 c. à s. d'huile d'olive + 40 g de sucre roux + 1 c. à c. de muscade et de cumin. Enfourner 50 mn à 220 °C. Servir avec 6 tranches de jambon et 100 g de fromage frais.

Courses
Pour 4 personnes

☐ Lasagnes express

12 feuilles de lasagnes, 500 g de bœuf haché, 100 g de mozzarella, 100 g de gruyère râpé, 1 salade, 1 oignon, 50 cl de sauce tomates, 20 cl de crème fraîche, 4 c. à s. de lait, 1 c. à s. d'herbes de Provence, 2 c. à s. d'huile d'olive.

☐ Velouté tout doux

4 carottes, 3 courgettes, 2 poivrons rouges, 1 pomme de terre, 1 oignon, 1 gousse d'ail, 6 tranches de jambon, 1 sachet de croûtons, 80 g de mimolette, 2 Kiri, 1 cube de bouillon de volaille, 1 c. à c. de curry, 1 c. à c. de curcuma.

☐ Wraps au poulet

8 tortillas de blé, 300 g de blancs de poulet, 400 g de julienne de légumes surgelée, 100 g de gruyère râpé, 8 c. à s. de moutarde douce, 2 c. à s. d'huile d'olive.

☐ Cabillaud à la crème de roquefort

4 filets de cabillaud, 100 g de roquefort, 600 g de pommes de terre, 20 cl de crème liquide, 2 noix de beurre.

☐ Escalopes de dinde aux lardons

4 escalopes de dinde, 200 g de lardons fumés, 250 g de blé, 1 boîte de champignons de Paris, 25 cl de crème fraîche, 2 c. à s. de fond de veau, 2 c. à s. d'huile d'olive.

☐ Mousses de choux au parmesan

500 g de choux-fleurs, 500 g de brocolis, 1 salade, 200 g de lardons, 100 g de parmesan râpé, 12 tranches de bacon, 50 g de cerneaux de noix, 2 bouillons cubes, 4 œufs + 2 jaunes, 10 cl de crème fleurette.

☐ Légumes d'hiver rôtis

300 g de panais, 300 g de carottes, 200 g de topinambours, 6 tranches de jambon, 100 g de fromage frais, 40 g de sucre roux, 1 c. à c. de muscade et de cumin, 4 c. à s. d'huile d'olive.

Et aussi

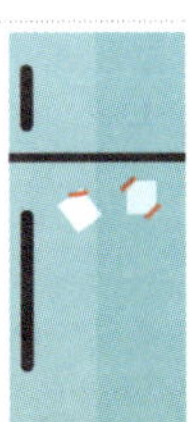

NOVEMBRE

Lundi 7 — Pâtes carbonara aux poireaux
15 mn · 15 mn

Mardi 8 — Velouté de potimarron
15 mn · 45 mn

Mercredi 9 — Tarte au fromage
15 mn · 45 mn

Jeudi 10 — Boudins blancs aux pommes
15 mn · 35 mn

Vendredi 11 (Armistice de 1918) — Bœuf au citron vert
10 mn · 1 h · 10 mn

Samedi 12 — Poulet à la moutarde
10 mn · 50 mn

Dimanche 13 — Parmentier de poisson
20 mn · 50 mn

Recettes

Pour 4 personnes

Faire suer 1 oignon émincé dans 1 c. à s. d'huile d'olive. Ajouter 1 poireau émincé et cuire 10 mn. Mélanger avec 400 g de pâtes al dente + 1 jaune d'œuf + 10 cl de crème fraîche. Servir chaud.

Blondir 2 échalotes et 1 gousse d'ail hachées dans 40 g de beurre. Ajouter 1 potimarron d'1 kg en dés + 20 g de gingembre émincé. Verser 60 cl de lait. Couvrir à 1/2. Cuire à feu doux 45 mn en remuant. Mixer avec 1 c. à c. de muscade. Servir avec 300 g de noix de Saint-Jacques (poêlées 1 mn dans 1 c. à s. d'huile d'olive) parsemées d'1 c. à s. de ciboulette.

Dans 1 casserole, délayer 2 c. à s. de Maïzena avec 25 cl de lait froid. Porter à feu doux et remuer jusqu'à ébullition. Ajouter 150 g de fromage au choix (bleu, chèvre, comté...), remuer et attendre qu'il fonde. Laisser le mélange refroidir, puis ajouter 3 œufs cassés 1 à 1. Étaler sur 1 pâte brisée. Enfourner 30 mn à 200 °C. Servir avec 1 salade.

Faire dorer 4 boudins blancs en rondelles dans 1 c. à s. d'huile d'olive. Réserver. Faire suer 2 oignons émincés dans 2 c. à s. d'huile d'olive. Ajouter 6 pommes en quartiers et cuire 5 mn. Ajouter 15 cl de vin blanc + les boudins et mijoter 20 mn. Servir avec 600 g de purée de céleri.

Mariner 1 h 600 g de filet de bœuf émincé dans 1 c. à s. d'huile de sésame + 1 c. à c. de gingembre + le jus et le zeste d'1 citron vert + 4 c. à s. de sauce soja. Poêler 2 oignons émincés dans 2 c. à s. d'huile. Réserver. Saisir 3 mn à feu vif le bœuf sans la marinade, puis ajouter les oignons et la marinade. Servir chaud avec 600 g de purée de carottes.

Faire blondir 2 oignons émincés dans 2 c. à s. d'huile d'olive. Ajouter 4 cuisses de poulet et les faire dorer. Ajouter 1 bouillon cube de volaille + 20 cl d'eau + 1 bouquet garni. Mijoter 35 mn. Ajouter 20 cl de crème semi-épaisse + 2 c. à s. de moutarde. Mijoter encore 5 mn. Servir avec 500 g d'épinards hachés surgelés cuits au micro-ondes.

Mélanger 800 g de pommes de terre (cuites 30 mn à l'eau) écrasées à 20 cl de lait chaud. Dans 1 plat à gratin, verser 1 kg de filets de cabillaud (cuits 15 mn à la vapeur), émiettés et mélangés à 2 c. à s. d'huile d'olive + 1 bouquet de persil mixé avec 2 gousses d'ail. Recouvrir de purée. Parsemer de 40 g de beurre en dés + 4 c. à s. de chapelure. Enfourner 20 mn à 180 °C.

Courses

Pour 4 personnes

☐ Pâtes carbonara aux poireaux

400 g de pâtes, 1 poireau, 1 oignon, 1 jaune d'œuf, 10 cl de crème fraîche, 1 c. à s. d'huile d'olive.

☐ Velouté de potimarron

1 potimarron d'1 kg, 2 échalotes, 1 gousse d'ail, 20 g de gingembre, 300 g de noix de Saint-Jacques, 40 g de beurre, 60 cl de lait, 1 c. à s. de ciboulette, 1 c. à c. de muscade, 1 c. à s. d'huile d'olive.

☐ Tarte au fromage

1 pâte brisée, 150 g de fromage au choix (bleu, chèvre, comté...), 1 salade, 2 c. à s. de Maïzena, 3 œufs, 25 cl de lait.

☐ Boudins blancs aux pommes

4 boudins blancs, 6 pommes, 2 oignons, 600 g de purée de céleri, 15 cl de vin blanc, 3 c. à s. d'huile d'olive.

☐ Bœuf au citron vert

600 g de filet de bœuf, 600 g de purée de carottes, 1 citron vert, 2 oignons, 1 c. à c. de gingembre, 4 c. à s. de sauce soja, 2 c. à s. d'huile, 1 c. à s. d'huile de sésame.

☐ Poulet à la moutarde

4 cuisses de poulet, 500 g d'épinards hachés surgelés, 2 oignons, 20 cl de crème semi-épaisse, 1 bouillon cube de volaille, 1 bouquet garni, 2 c. à s. de moutarde, 2 c. à s. d'huile d'olive.

☐ Parmentier de poisson

1 kg de filets de cabillaud, 800 g de pommes de terre, 2 gousses d'ail, 40 g de beurre, 4 c. à s. de chapelure, 20 cl de lait, 1 bouquet de persil, 2 c. à s. d'huile d'olive.

Et aussi

NOVEMBRE 2016

Lundi 14
Pizza aux légumes grillés
10 mn – 20 mn

Mardi 15
Soupe de choux-fleurs au lait de coco
15 mn – 25 mn

Mercredi 16
Tartines saumon fumé/ Leerdammer
5 mn – 15 mn

Jeudi 17
Saucisses et poêlée de légumes
5 mn – 20 mn

Vendredi 18
Salade de haricots rouges
10 mn

Samedi 19
Tartare de saumon à la mangue
15 mn – 1 h 30

Dimanche 20
Foies de veau au poivre
10 mn – 15 mn

Recettes
Pour 4 personnes

Sur 1 pâte à pizza, répartir 25 cl de coulis de tomates + 125 g de lardons allumettes + 300 g de légumes grillés décongelés et émincés + 8 olives noires + 200 g de mozzarella en rondelles. Parsemer d'1 c. à s. de basilic + d'1 filet d'huile d'olive. Enfourner env. 15 mn à 220 °C.

Faire suer 1 oignon émincé dans 1 c. à s. d'huile d'olive. Ajouter 800 g de choux-fleurs + 1 bouillon cube de volaille. Couvrir d'eau. Cuire 15 mn. Mixer avec 1 partie du jus de cuisson. Ajouter 20 cl de lait de coco + 1 c. à c. de curry et de cumin. Réchauffer 5 mn. Servir avec 8 œufs à la coque (cuits 3 mn 30 après ébullition) + 1/2 baguette tartinée de 40 g de beurre.

Sur 8 tranches de pain de campagne, répartir 8 c. à s. de crème fraîche mélangées à 8 c. à c. de moutarde + 4 c. à s. d'aneth. Poser dessus 8 tranches de saumon fumé + 8 tranches de Leerdammer. Enfourner 10-15 mn à 180 °C. Servir avec 1 salade + 1/4 de bocal de cornichons.

Poêler 8 saucisses dans 1 c. à s. d'huile d'olive. Réserver. Faire revenir 600 g de poêlée de légumes surgelée dans 1 c. à s. d'huile d'olive. En fin de cuisson, ajouter 1 c. à s. d'herbes au choix. Réchauffer les saucisses et servir avec 4 c. à c. de moutarde.

Mélanger 1 petite boîte de haricots rouges + 1 petite boîte de maïs + 1 barquette de dés de jambon + 200 g de gruyère en dés + 1 c. à s. de ciboulette + 4 tomates en dés. Assaisonner avec 1 c. à s. de mayonnaise. Servir frais.

Mélanger délicatement 400 g de saumon frais, 1 mangue et 2 tomates en dés + 1 échalote émincée + 1 c. à c. de gingembre + 30 g de noisettes concassées. Assaisonner avec le jus d'1 citron vert + 3 c. à s. d'huile de noix. Parsemer d'1 c. à s. de coriandre. Mariner 1 h 30 minimum au frais. Servir avec 4 tranches de pain aux noix + 100 g de fromage frais.

Poêler 2 mn/côté 4 tranches de foie de veau dans 25 g de beurre. Réserver. Déglacer avec 2 c. à s. de vin blanc. Ajouter 1 c. à s. de poivre concassé, puis de miel et caraméliser. Ajouter 1 c. à s. de vinaigre balsamique. Faire réduire de 1/2. Ajouter 3 c. à s. de jus de citron. Remettre la viande 10 sec. Servir avec 600 g de purée de pommes de terre.

Courses
Pour 4 personnes

☐ Pizza aux légumes grillés

1 pâte à pizza, 300 g de légumes grillés surgelés, 8 olives noires, 200 g de mozzarella, 125 g de lardons allumettes, 25 cl de coulis de tomates, 1 c. à s. de basilic, 1 filet d'huile d'olive.

☐ Soupe de choux-fleurs au lait de coco

800 g de choux-fleurs, 1 oignon, 1/2 baguette, 8 œufs, 20 cl de lait de coco, 40 g de beurre, 1 bouillon cube de volaille, 1 c. à c. de curry et de cumin, 1 c. à s. d'huile d'olive.

☐ Tartines saumon fumé/ Leerdammer

8 tranches de pain de campagne, de saumon fumé et de Leerdammer, 1 salade, 1/4 de bocal de cornichons, 8 c. à s. de crème fraîche et de moutarde, 4 c. à s. d'aneth.

☐ Saucisses et poêlée de légumes

8 saucisses, 600 g de poêlée de légumes surgelée, 1 c. à s. d'herbes au choix, 4 c. à c. de moutarde, 2 c. à s. d'huile d'olive.

☐ Salade de haricots rouges

1 petite boîte de haricots rouges, 1 petite boîte de maïs, 4 tomates, 1 barquette de dés de jambon, 200 g de gruyère, 1 c. à s. de ciboulette, 1 c. à s. de mayonnaise.

☐ Tartare de saumon à la mangue

400 g de saumon frais, 1 mangue, 2 tomates, 1 citron vert, 1 échalote, 4 tranches de pain aux noix, 100 g de fromage frais, 30 g de noisettes, 1 c. à c. de gingembre, 1 c. à s. de coriandre, 3 c. à s. d'huile de noix.

☐ Foies de veau au poivre

4 tranches de foie de veau, 600 g de purée de pommes de terre, 25 g de beurre, 3 c. à s. de jus de citron, 2 c. à s. de vin blanc, 1 c. à s. de miel, de vinaigre balsamique, de poivre concassé.

Et aussi

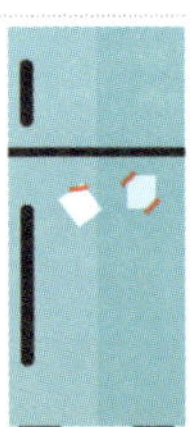

NOVEMBRE

Lundi
21
Pâtes à la bolognaise express
10 mn — 15 mn

Mardi
22
Salade d'endives surprise
15 mn

Mercredi
23
Saumon à l'oseille
15 mn — 15 mn

Jeudi
24
Côtes de porc et fenouil braisés
15 mn — 40 mn

Vendredi
25
Dahl de lentilles
15 mn — 40 mn

Samedi
26
Quiche sans pâte aux poireaux
10 mn — 1 h

Dimanche
27
Chili con carne à la cocotte
15 mn — 45 mn

32

Recettes
Pour 4 personnes

Poêler 2 oignons émincés + 2 gousses d'ail hachées dans 2 c. à s. d'huile d'olive. Ajouter 50 g de jambon cru haché, puis 500 g de steak haché émietté + 3 pincées de muscade, de cannelle, de cumin + 35 cl de coulis de tomates + 1 sucre + 3 c. à s. de vin rouge et mijoter 5 mn. Mélanger avec 350 g de tagliatelles al dente + 20 g de beurre.

Mélanger 6 endives en fines lamelles + 2 pommes épluchées et en dés + 100 g de comté et 2 kiwis en dés + 20 cerneaux de noix concassés + 100 g de dés de jambon. Ajouter 1 sauce : 1 c. à s. de vinaigre balsamique et de miel + 1 c. à c. de moutarde + 6 c. à s. d'huile de noix. Parsemer d'1 c. à s. de ciboulette.

Faire suer 2 échalotes émincées dans 1 noix de beurre. Ajouter 25 cl de vin blanc + 1 bouquet d'oseille + 1 tablette de court-bouillon. Faire réduire de 1/2. Ajouter 4 c. à s. d'eau et réduire encore. Ajouter 20 cl de crème fraîche et faire épaissir. Mixer et servir sur 4 pavés de saumon cuits 8-10 mn à la vapeur. Accompagner de 600 g de haricots verts cuits 15 mn à la vapeur.

Poêler 5 mn 4 bulbes de fenouil émincés dans 3 c. à s. d'huile d'olive. Ajouter 2 gousses d'ail hachées. Cuire encore 5 mn et ajouter le jus d'1 citron + 15 cl de vin blanc + 1 c. à s. de thym + 15 g de sucre. Cuire à couvert env. 30 mn en remuant souvent. Servir avec 4 côtes de porc poêlées 2 mn/côté à feu vif dans 1 c. à s. d'huile d'olive, puis 5 mn/côté à feu moyen.

Cuire à l'eau env. 20 mn 250 g de lentilles corail + 2 carottes en rondelles + 1/2 chou-fleur en fleurettes. Faire suer 5 mn 1 oignon émincé dans 1 c. à s. d'huile d'olive. Ajouter 1 tomate en dés + 2 gousses d'ail hachées + 2 c. à c. de curry + 1 c. à c. de gingembre + 2 pincées de graines de cumin. Mélanger et verser 20 cl de lait de coco. Mijoter 10 mn et servir avec 200 g de riz.

Cuire 10 mn au micro-ondes 4 blancs de poireaux émincés. Les poêler env. 15 mn dans 20 g de beurre. Ajouter 1 c. à c. de muscade. Réserver. Mélanger 3 œufs + 60 g de farine + 20 cl de crème fraîche + 30 cl de lait. Ajouter les poireaux + 100 g de lardons allumettes (poêlés 2 mn à sec). Mettre dans 1 plat et enfourner 35 mn à 200 °C.

Dans 1 cocotte en fonte, faire suer 3 oignons émincés + 2 gousses d'ail hachées dans 40 g de beurre. Ajouter 500 g de bœuf haché. Cuire 10 mn à feu doux. Ajouter 2 c. à c. de cumin + 1 c. à c. de chili + 70 g de concentré de tomates. Mélanger. Ajouter 500 g de haricots rouges en boîte + 1 bouillon cube de bœuf + 35 cl d'eau. Enfourner la cocotte pour 25 mn à 180 °C.

Courses
Pour 4 personnes

☐ **Pâtes à la bolognaise express**

350 g de tagliatelles, 500 g de steak haché, 50 g de jambon cru, 35 cl de coulis de tomates, 2 oignons, 2 gousses d'ail, 20 g de beurre, 3 pincées de muscade, de cannelle, de cumin, 1 sucre, 3 c. à s. de vin rouge, 2 c. à s. d'huile d'olive.

☐ **Salade d'endives surprise**

6 endives, 2 pommes, 2 kiwis, 100 g de dés de jambon, 100 g de comté, 20 cerneaux de noix, 1 c. à s. de ciboulette, 1 c. à s. de vinaigre balsamique et de miel, 1 c. à c. de moutarde, 6 c. à s. d'huile de noix.

☐ **Saumon à l'oseille**

4 pavés de saumon, 600 g de haricots verts, 2 échalotes, 1 bouquet d'oseille, 20 cl de crème fraîche, 25 cl de vin blanc, 1 tablette de court-bouillon, 1 noix de beurre.

☐ **Côtes de porc et fenouil braisés**

4 côtes de porc, 4 bulbes de fenouil, 1 citron, 2 gousses d'ail, 15 g de sucre, 15 cl de vin blanc, 1 c. à s. de thym, 4 c. à s. d'huile d'olive.

☐ **Dahl de lentilles**

250 g de lentilles corail, 2 carottes, 1/2 chou-fleur, 1 tomate, 1 oignon, 2 gousses d'ail, 200 g de riz, 20 cl de lait de coco, 2 c. à c. de curry, 1 c. à c. de gingembre, 2 pincées de graines de cumin, 1 c. à s. d'huile d'olive.

☐ **Quiche sans pâte aux poireaux**

4 blancs de poireaux, 100 g de lardons allumettes, 60 g de farine, 20 g de beurre, 3 œufs, 30 cl de lait, 20 cl de crème fraîche, 1 c. à c. de muscade.

☐ **Chili con carne à la cocotte**

500 g de bœuf haché, 500 g de haricots rouges en boîte, 3 oignons, 2 gousses d'ail, 70 g de concentré de tomates, 40 g de beurre, 1 bouillon cube de bœuf, 2 c. à c. de cumin, 1 c. à c. de chili.

Et aussi

NOV.-DÉC.

Lundi **28** — Pâtes champignons/ saumon fumé — 10 mn / 15 mn

Mardi **29** — Purée de carottes au poulet — 15 mn / 15 mn

Mercredi **30** — Galettes de l'Ouest — 10 mn / 20 mn

Jeudi **1** — Papillotes de rouget aux agrumes — 10 mn / 15 mn

Vendredi **2** — Gratin de courgettes au reblochon — 15 mn / 40 mn

Samedi **3** — Filet mignon exotique — 10 mn / 25 mn

Dimanche **4** — Pintade au chou — 20 mn / 1 h 10

Recettes
Pour 4 personnes

Mélanger 250 g de penne al dente avec 1 noix de beurre + 200 g de saumon fumé en dés + 300 g de mélange de champignons surgelés (poêlés 3 mn dans 1 c. à s. d'huile) + 1 sauce (cuire à feu doux env. 2 mn 2 échalotes hachées + 2 c. à s. de vin blanc. Ajouter 15 cl de crème liquide + 2 pincées de muscade et faire bouillir 1 mn).

Mélanger 600 g de purée de carottes surgelée chauffée au micro-ondes avec 2 c. à s. de St Môret. Ajouter 4 escalopes de poulet en dés poêlées 10-15 mn dans 2 c. à s. d'huile d'olive et mélanger. Parsemer de 4 c. à s. de parmesan râpé et servir chaud.

Faire fondre 1 noix de beurre à la poêle et réchauffer 1 galette de sarrasin. Ajouter 1 tranche de bacon + 1/4 de bocal de ratatouille + 20 g de gruyère râpé. Recommencer l'opération pour les 3 autres galettes. Servir au fur et à mesure.

Dans 1 feuille de papier sulfurisé, déposer 2 filets de rouget + 1 rondelle d'1 orange, d'1 citron jaune et d'1 vert + 1 pincée de gingembre + 1 c. à c. d'huile d'olive + 1 c. à c. de coriandre. Recommencer dans 3 autres feuilles. Recueillir les zestes + les jus des agrumes et les répartir. Fermer et enfourner 15 mn à 180 °C. Servir avec 800 g de fondue de poireaux.

Faire suer 2 oignons émincés dans 1 c. à s. d'huile d'olive. Ajouter 200 g de lardons. Mélanger avec 6 courgettes en dés cuites 9 mn à la vapeur. Répartir dans 1 plat à gratin avec 2 tranches de jambon blanc en lanières, puis 1/2 reblochon en tranches. Enfourner 30 mn à 180 °C. Servir avec 1 salade.

Faire suer 1 oignon émincé + 1 gousse d'ail hachée dans 2 c. à s. d'huile. Y faire dorer 600 g de filet mignon en morceaux. Ajouter 1 poivron épépiné et en lanières + 1 petite boîte de tomates pelées + 1/2 petite boîte d'ananas en dés + 4 c. à s. de sauce soja + 1 c. à c. de gingembre et de cannelle + 2 gouttes de Tabasco. Mijoter 15 mn. Servir avec 200 g de riz.

Dans 1 cocotte, faire suer 1 oignon émincé dans 1 c. à s. d'huile + 40 g de beurre. Y faire dorer 1 pintade. Ajouter 175 g de lardons fumés + 1 bouillon cube de volaille + 15 cl de vin blanc + 6 carottes et 6 pommes de terre en rondelles + 1 chou vert frisé en morceaux. Fermer la cocotte et cuire 1 h à l'étouffée. **Conserver les restes pour mardi.**

Courses
Pour 4 personnes

☐ **Pâtes champignons/saumon fumé**

250 g de penne, 200 g de saumon fumé, 300 g de mélange de champignons surgelés, 2 échalotes, 15 cl de crème liquide, 1 noix de beurre, 2 pincées de muscade, 2 c. à s. de vin blanc, 1 c. à s. d'huile.

☐ **Purée de carottes au poulet**

600 g de purée de carottes surgelée, 4 escalopes de poulet, 2 c. à s. de St Môret, 4 c. à s. de parmesan râpé, 2 c. à s. d'huile d'olive.

☐ **Galettes de l'Ouest**

4 galettes de sarrasin, 4 tranches de bacon, 1 bocal de ratatouille, 80 g de gruyère râpé, 4 noix de beurre.

☐ **Papillotes de rouget aux agrumes**

8 filets de rouget, 1 orange, 1 citron jaune, 1 citron vert, 800 g de fondue de poireaux, 4 c. à c. de coriandre, 4 pincées de gingembre, 4 c. à c. d'huile d'olive.

☐ **Gratin de courgettes au reblochon**

6 courgettes, 1/2 reblochon, 200 g de lardons, 2 tranches de jambon blanc, 2 oignons, 1 salade, 1 c. à s. d'huile d'olive.

☐ **Filet mignon exotique**

600 g de filet mignon, 200 g de riz, 1 poivron, 1 oignon, 1 gousse d'ail, 1 petite boîte de tomates pelées, 1/2 petite boîte d'ananas, 1 c. à c. de gingembre et de cannelle, 4 c. à s. de sauce soja, 2 gouttes de Tabasco, 2 c. à s. d'huile.

☐ **Pintade au chou**

1 pintade, 1 chou vert frisé, 6 carottes, 6 pommes de terre, 1 oignon, 175 g de lardons fumés, 40 g de beurre, 15 cl de vin blanc, 1 bouillon cube de volaille, 1 c. à s. d'huile.

Et aussi

DÉCEMBRE

Lundi **5**
Tagliatelles poires/gorgonzola
10 mn 10 mn

Mardi **6**
Soupe de topinambours
15 mn 45 mn

Mercredi **7**
Œufs au plat et duo de carottes
15 mn 40 mn

Jeudi **8**
Boudins en feuilles de brick
15 mn 25 mn

Vendredi **9**
Gratin d'endives de mamie Suzanne
15 mn 45 mn

Samedi **10**
Poêlée de brocolis aux noisettes
15 mn 15 mn

Dimanche **11**
Poulet rôti et purée de panais
20 mn 1 h 20

Recettes
Pour 4 personnes

Chauffer à feu doux 5 mn 2 poires (épépinées, sans la peau et en fins quartiers) avec 200 g de gorgonzola en dés + 10 cl de crème liquide. Mélanger avec 450 g de tagliatelles fraîches al dente. Ajouter 1 c. à s. de basilic. Servir chaud.

Dans 1 faitout, faire suer 1 oignon émincé dans 2 c. à s. d'huile. Ajouter 700 g de topinambours lavés et coupés en dés avec la peau. Verser 1 l d'eau + 1 cube de bouillon de volaille + 1 c. à c. de bicarbonate de soude. Faire bouillir, puis cuire 1/2 h à feu moyen. Mixer avec 1 partie de l'eau de cuisson + 15 cl de crème liquide. Servir avec les restes de pintade au chou.

Dans 1 sauteuse, faire dorer 2 c. à c. de graines de cumin dans 2 c. à s. d'huile d'olive. Ajouter 400 g de carottes en dés et cuire 5 mn. Ajouter 400 g de panais en dés et cuire encore 5 mn. Ajouter 1 c. à c. de curcuma, 1 c. à c. de coriandre et mouiller avec de l'eau. Mijoter à couvert et à feu doux 20 à 25 mn. Servir avec 6 œufs poêlés dans 1 noix de beurre.

Poêler 3 pommes en dés dans 1 noix de beurre. Réserver une fois dorées. Poêler 2 boudins noirs en rondelles. Garnir 4 feuilles de brick des pommes + du boudin et refermer. Enfourner 10-15 mn à 180 °C. Servir avec 1 sachet de salade mélangée + 1 sauce (1 c. à s. de vinaigre balsamique + 1 c. à s. de miel + 3 c. à s. d'huile de noix) + 2 c. à s. de pignons.

Faire dorer 8 endives entières sans leur base dans 15 g de beurre. Ajouter 10 g de sucre + 1 peu d'eau lorsqu'elles sont dorées. Couvrir et mijoter 20 mn. Bien les égoutter, les enrouler dans 1/2 tranche de jambon. Les placer dans 1 plat à gratin et recouvrir d'1 béchamel + 2 c. à s. de chapelure + 80 g d'emmental râpé. Enfourner 20 mn à 200 °C.

Cuire 8 mn au micro-ondes avec 1 peu d'eau 600 g de brocolis. Poêler 1 oignon émincé + 1 gousse d'ail hachée dans 2 c. à s. d'huile d'olive. Ajouter 200 g de champignons de Paris. Cuire 2-3 mn. Ajouter 1 boîte de tomates pelées. Cuire 5 mn. Ajouter les brocolis égouttés + 12 tranches de bacon émincées. Mijoter 2 mn. Saupoudrer de 30 g de noisettes concassées.

Cuire env. 1 h 20 à 200 °C 1 poulet d'1,2 kg dans 4 c. à s. d'huile d'olive + 4 gousses d'ail pilées + 4 brins de thym et de romarin. Servir avec 1 purée de panais (600 g de panais et 2 pommes de terre, épluchés et cuits 20 mn à l'eau, puis mixés avec 20 cl de lait + 1 c. à c. de muscade + 1 noix de beurre).

Courses
Pour 4 personnes

☐ **Tagliatelles poires/gorgonzola**

450 g de tagliatelles fraîches, 2 poires, 200 g de gorgonzola, 10 cl de crème liquide, 1 c. à s. de basilic.

☐ **Soupe de topinambours**

700 g de topinambours, 1 oignon, les restes de pintade au chou, 15 cl de crème liquide, 1 cube de bouillon de volaille, 1 c. à c. de bicarbonate de soude, 2 c. à s. d'huile.

☐ **Œufs au plat et duo de carottes**

400 g de carottes, 400 g de panais, 6 œufs, 1 noix de beurre, 2 c. à c. de graines de cumin, 1 c. à c. de curcuma, 1 c. à c. de coriandre, 2 c. à s. d'huile d'olive.

☐ **Boudins en feuilles de brick**

2 boudins noirs, 4 feuilles de brick, 3 pommes, 1 sachet de salade mélangée, 1 noix de beurre, 2 c. à s. de pignons, 1 c. à s. de miel, 1 c. à s. de vinaigre balsamique, 3 c. à s. d'huile de noix.

☐ **Gratin d'endives de mamie Suzanne**

8 endives, 4 tranches de jambon, 80 g d'emmental râpé, 10 g de sucre, 15 g de beurre, 1 béchamel, 2 c. à s. de chapelure.

☐ **Poêlée de brocolis aux noisettes**

600 g de brocolis, 30 g de noisettes, 200 g de champignons de Paris, 1 oignon, 1 gousse d'ail, 12 tranches de bacon, 1 boîte de tomates pelées, 2 c. à s. d'huile d'olive.

☐ **Poulet rôti et purée de panais**

1 poulet d'1,2 kg, 600 g de panais, 2 pommes de terre, 4 gousses d'ail, 20 cl de lait, 1 noix de beurre, 4 brins de thym et de romarin, 1 c. à c. de muscade, 4 c. à s. d'huile d'olive.

Et aussi

DÉCEMBRE

Lundi **12**
Risotto de coquillettes au chorizo
10 mn — 20 mn

Mardi **13**
Salade Tamara
15 mn

Mercredi **14**
Quiche au potiron
15 mn — 45 mn

Jeudi **15**
Aumônières aux saint-jacques
15 mn — 30 mn

Vendredi **16**
Gratin de choux-fleurs au bleu
15 mn — 35 mn

Samedi **17**
Veau à la mangue
15 mn — 1 h 05

Dimanche **18**
Bœuf bourguignon
20 mn — 1 h 45

38

Recettes
Pour 4 personnes

Dans 1 faitout, faire suer 1 oignon émincé dans 40 g de beurre. Ajouter 400 g de coquillettes, mélanger 1 mn et ajouter progressivement 80 cl de bouillon de volaille + 10 cl de vin blanc. Cuire 8-10 mn à feu doux. Verser 150 g de chorizo en rondelles. Cuire 2 mn. Mélanger avec 80 g de parmesan râpé.

Mélanger 2 pommes en dés avec la chair d'1 pamplemousse rose + 1 boîte de maïs + 100 g de gruyère en dés + 1 sachet de chou rouge + 12 grosses crevettes roses décortiquées. Assaisonner de 2 c. à s. de mayonnaise + 1 c. à s. de vinaigre de framboise. Servir avec 4 tranches de pain de campagne tartinées de 80 g de fromage frais.

Cuire 1 pâte brisée à blanc 10 mn à 200 °C. Mélanger 500 g de chair de potiron en dés (cuite 20 mn à la vapeur et réduite en purée) + 3 œufs battus + 2 c. à s. de crème fraîche + 1 c. à c. de muscade + 150 g de dés de jambon. Verser sur la pâte, ajouter 100 g de gruyère râpé. Enfourner 25 mn. Servir avec 1 salade.

Dans 8 feuilles de brick, répartir 400 g de fondue de poireaux décongelée + 16 grosses noix de Saint-Jacques ou 32 petites (poêlées 1 mn dans 1 noix de beurre + 1 c. à s. d'aneth) + 200 g de petites crevettes roses décortiquées. Fermer et enfourner 15-20 mn à 200 °C. Servir avec 200 g de riz + 2 c. à s. de crème fraîche + 1 citron en quartiers.

Dans 1 plat à gratin, disposer 800 g de choux-fleurs en fleurettes cuits 15 mn à la vapeur. Recouvrir d'1 béchamel. Répartir dessus 1 mélange fait de 60 g de chapelure + 100 g de bleu de Bresse émietté + 6 cerneaux de noix en poudre. Enfourner 20 mn à 200 °C.

Faire suer 2 oignons émincés dans 2 c. à s. d'huile. Ajouter 800 g d'épaule de veau désossée en morceaux et faire dorer. Ajouter 25 cl d'eau + 1 c. à s. de concentré de tomates + 3 c. à s. de fond de veau. Couvrir et mijoter 45 mn. Ajouter 2 mangues épluchées et en dés. Cuire encore 10 mn. Parsemer de 1 c. à s. de ciboulette. Servir avec 600 g de haricots verts.

Dans 1 cocotte en fonte, faire suer 2 oignons émincés dans 50 g de beurre. Ajouter 1,2 kg de bœuf pour bourguignon. Faire dorer 5 mn. Ajouter 6 carottes et 6 pommes de terre en rondelles. Verser 30 g de farine. Cuire 3 mn. Verser 75 cl de vin rouge + 1 bouillon cube + 1 bouquet garni + 1 boîte de champignons de Paris. Mijoter 1 h 30. **Conserver les restes pour mardi.**

Courses
Pour 4 personnes

- [ ] Risotto de coquillettes au chorizo

400 g de coquillettes, 150 g de chorizo, 80 g de parmesan râpé, 1 oignon, 40 g de beurre, 80 cl de bouillon de volaille, 10 cl de vin blanc.

- [ ] Salade Tamara

12 grosses crevettes roses, 2 pommes, 1 pamplemousse rose, 1 sachet de chou rouge, 1 boîte de maïs, 100 g de gruyère, 4 tranches de pain de campagne, 80 g de fromage frais, 2 c. à s. de mayonnaise, 1 c. à s. de vinaigre de framboise.

- [ ] Quiche au potiron

1 pâte brisée, 500 g de chair de potiron, 1 salade, 150 g de dés de jambon, 100 g de gruyère râpé, 3 œufs, 2 c. à s. de crème fraîche, 1 c. à c. de muscade.

- [ ] Aumônières aux saint-jacques

8 feuilles de brick, 16 grosses noix de Saint-Jacques ou 32 petites, 200 g de petites crevettes roses, 400 g de fondue de poireaux surgelée, 200 g de riz, 1 citron, 1 c. à s. d'aneth, 1 noix de beurre, 2 c. à s. de crème fraîche.

- [ ] Gratin de choux-fleurs au bleu

800 g de choux-fleurs, 100 g de bleu de Bresse, 6 cerneaux de noix, 60 g de chapelure, 1 béchamel.

- [ ] Veau à la mangue

800 g d'épaule de veau désossée, 2 mangues, 600 g de haricots verts, 2 oignons, 1 c. à s. de concentré de tomates, 3 c. à s. de fond de veau, 1 c. à s. de ciboulette, 2 c. à s. d'huile.

- [ ] Bœuf bourguignon

1,2 kg de bœuf pour bourguignon, 6 pommes de terre, 6 carottes, 2 oignons, 1 boîte de champignons de Paris, 30 g de farine, 50 g de beurre, 75 cl de vin rouge, 1 bouquet garni, 1 bouillon cube.

Et aussi

DÉCEMBRE 2016

Lundi **19** — Mugs cakes surprise — 15 mn / 5 mn

Mardi **20** — Soupe de brocolis — 10 mn / 45 mn

Mercredi **21** — Cake aux noix et au roquefort — 10 mn / 40 mn

Jeudi **22** — Poulet à l'ananas — 15 mn / 20 mn

Vendredi **23** — Wok de légumes — 15 mn / 15 mn

Samedi **24** — Tagliatelles aux cèpes et au foie gras — 15 mn / 15 mn

Dimanche **25** Noël — Dorade sauce passion — 20 mn / 15 mn

40

Recettes
Pour 4 personnes

Dans 1 mug, fouetter 1 c. à s. de mascarpone + 1 c. à s. de crème liquide + 1 pincée de muscade. Ajouter 1 œuf. Fouetter encore. Verser 20 g de farine en mélangeant + 50 g de coquillettes cuites + 1/2 tranche de jambon en dés. Parsemer de 15 g de comté râpé. Cuire 1 mn 20 au micro-ondes. Recommencer 3 fois et servir avec 500 g de betteraves sous vide + 1 vinaigrette.

Dans 1 sauteuse, faire suer 2 oignons émincés dans 10 g de beurre. Ajouter 800 g de brocolis surgelés en morceaux + 1 bouillon cube + 1 l d'eau. Porter à ébullition. Ajouter 1 bouquet garni et cuire 1/2 h à feu moyen. Mixer avec 1 partie de l'eau de cuisson + 3 c. à s. de St Môret. Servir avec les restes de bœuf bourguignon.

Mélanger 3 œufs battus + 150 g de farine + 1 sachet de levure + 3 c. à s. d'huile de noix + 12 cl de lait. Ajouter 100 g de gruyère râpé + 150 g de roquefort émietté + 50 g de noix concassées + 80 g de lardons. Verser dans 1 moule à cake et enfourner 40 mn à 180 °C. Servir tiède avec 1 salade.

Dorer 800 g de blancs de poulet en dés dans 6 c. à s. d'huile. Ajouter 1 gousse d'ail hachée + 1 poivron et 2 cm de gingembre en dés. Cuire 2 mn. Verser 2 c. à s. de vinaigre de vin et de Maïzena + 4 c. à s. de concentré de tomates et de sauce soja + le jus de 600 g d'ananas au sirop. Mijoter 3 mn. Ajouter les ananas en dés. Cuire 5 mn. Servir avec 400 g de riz. **Conserver les restes pour demain.**

Faire suer 1 oignon émincé dans 2 c. à s. d'huile d'arachide. Ajouter 4 carottes et 3 panais en rondelles + 1 petit bocal de mini-maïs en morceaux + 200 g de brocolis en fleurettes. Cuire 5 mn. Ajouter 1 c. à s. de sauce soja + 2 cm de gingembre en dés + 1 c. à s. de persil et de coriandre. Servir avec les restes de riz et de poulet à l'ananas.

Poêler env. 2 mn dans 1 c. à s. d'huile neutre 300 g de cèpes brossés. Égoutter et jeter l'huile. Poêler à nouveau 7 mn dans 40 g de beurre moussant. Ajouter 15 cl de crème liquide et faire bouillir. Frémir 2 mn, retirer du feu et ajouter 50 g de foie gras en dés. Mélanger avec 250 g de tagliatelles fraîches al dente + encore 50 g de foie gras en dés.

Dans 1 plat, mettre 4 filets de dorade. Y poser 1 citron vert en fines tranches et arroser d'1 filet d'huile d'olive. Enfourner 12-15 mn à 180 °C. Poêler 2 échalotes émincées dans 10 g de beurre. Ajouter 15 cl de crème liquide + le jus de 4 fruits de la passion. Réduire le feu, mijoter 5 mn. Servir sur le poisson avec 600 g de purée de patates douces.

Courses
Pour 4 personnes

Mugs cakes surprise
4 œufs, 200 g de coquillettes cuites, 500 g de betteraves sous vide, 2 tranches de jambon, 80 g de farine, 60 g de comté râpé, 4 c. à s. de mascarpone, 4 c. à s. de crème liquide, 4 pincées de muscade, 1 vinaigrette.

Soupe de brocolis
800 g de brocolis surgelés, 2 oignons, les restes de bœuf bourguignon, 10 g de beurre, 3 c. à s. de St Môret, 1 bouillon cube, 1 bouquet garni.

Cake aux noix et au roquefort
50 g de noix, 150 g de roquefort, 100 g de gruyère râpé, 80 g de lardons, 150 g de farine, 3 œufs, 12 cl de lait, 1 salade, 1 sachet de levure, 3 c. à s. d'huile de noix.

Poulet à l'ananas
800 g de blancs de poulet, 600 g d'ananas au sirop, 1 poivron, 2 cm de gingembre, 1 gousse d'ail, 400 g de riz, 4 c. à s. de concentré de tomates et de sauce soja, 2 c. à s. de Maïzena et de vinaigre de vin, 6 c. à s. d'huile.

Wok de légumes
4 carottes, 3 panais, 200 g de brocolis, 1 oignon, 2 cm de gingembre, 1 petit bocal de mini-maïs, les restes de poulet à l'ananas, 1 c. à s. de sauce soja, de persil et de coriandre, 2 c. à s. d'huile d'arachide.

Tagliatelles aux cèpes et au foie gras
250 g de tagliatelles fraîches, 300 g de cèpes, 100 g de foie gras, 15 cl de crème liquide, 40 g de beurre, 1 c. à s. d'huile neutre.

Dorade sauce passion
4 filets de dorade, 4 fruits de la passion, 1 citron vert, 2 échalotes, 600 g de purée de patates douces, 15 cl de crème liquide, 10 g de beurre, 1 filet d'huile d'olive.

Et aussi

DÉC.-JANV.

Lundi **26**
Pizza feuilletée au chorizo
5 mn — 15 mn

Mardi **27**
Mousseline de céleri
10 mn — 30 mn

Mercredi **28**
Galettes complètes aux oignons fondants
15 mn — 20 mn

Jeudi **29**
Soupe aux lentilles corail
10 mn — 25 mn

Vendredi **30**
Spaghettis au citron
5 mn — 10 mn

Samedi **31**
Magrets de canard aux figues
15 mn — 20 mn

Dimanche **1**
Jour de l'An
Œufs cocotte et salade de champignons
10 mn — 15 mn

Recettes
Pour 4 personnes

Sur 1 pâte feuilletée, étaler 1 boîte de concentré de tomates + 1 chorizo en fines rondelles + 1 boîte de cœurs d'artichauts coupés en 2. Recouvrir de 125 g de mozzarella en rondelles et parsemer d'1 filet d'huile d'olive. Enfourner 15 mn à 180 °C. Servir avec 1 salade de mâche.

Cuire à l'eau env. 30 mn avec 1 bouillon cube 450 g de céleri-rave émincé + 200 g de pommes de terre épluchées et en morceaux. Égoutter et mixer avec 20 cl de crème fraîche + 2 brins de cerfeuil. Servir avec 6 tranches de jambon roulées.

Faire suer 2 oignons émincés dans 2 noix de beurre. Réserver. Faire fondre 1 noix de beurre et poêler 1 galette de sarrasin. Ajouter 1 tranche de jambon + 1/4 des oignons + 1 œuf cassé délicatement dessus + 25 g de gruyère râpé. Recommencer l'opération pour les 3 autres galettes. Servir au fur et à mesure.

Dans 1 faitout, faire suer 1 oignon émincé dans 1 c. à s. d'huile d'olive. Ajouter 250 g de lentilles corail (lavées) + 1 carotte en rondelles + 1 l d'eau. Cuire 15-20 mn après ébullition. Mixer avec 1 partie de l'eau + 10 cl de lait de coco + 1 pincée de cannelle. Saupoudrer de 1 c. à s. de coriandre et de persil. Servir avec 6 tranches de pain de campagne + 1 bûche de chèvre.

Dans 1 casserole, faire bouillir 25 cl de crème fraîche + le jus et le zeste de 2 citrons bio. Mélanger avec 500 g de spaghettis al dente. Servir chaud avec 100 g de parmesan râpé.

Inciser la peau de 2 magrets de canard de 300 g, les poêler 8 mn côté peau + 3 mn côté chair. Réserver. Déglacer avec 4 c. à s. de miel et d'eau + 1 c. à s. de fond de veau + 2 c. à c. de vinaigre balsamique + le jus d'1 orange + 20 g de beurre + 8 figues en morceaux. Mijoter 5 mn. Ôter les figues et faire réduire 5 mn. Servir sur les magrets tranchés avec 600 g de pommes duchesse.

Beurrer 8 ramequins. Dans chacun d'entre eux, mettre 1 c. à s. de crème fraîche et ajouter délicatement 1 œuf extra-frais + 10 g de gruyère râpé + 1 pincée de persil. Cuire 10 à 15 mn au bain-marie dans 1 four préchauffé à 180 °C. Servir avec 500 g de champignons de Paris nettoyés et émincés + 1 vinaigrette.

Courses
Pour 4 personnes

☐ Pizza feuilletée au chorizo

1 pâte feuilletée, 1 chorizo, 1 boîte de cœurs d'artichauts, 125 g de mozzarella, 1 salade de mâche, 1 boîte de concentré de tomates, 1 filet d'huile d'olive.

☐ Mousseline de céleri

450 g de céleri-rave, 200 g de pommes de terre, 6 tranches de jambon, 20 cl de crème fraîche, 1 bouillon cube, 2 brins de cerfeuil.

☐ Galettes complètes aux oignons fondants

4 galettes de sarrasin, 2 oignons, 4 tranches de jambon, 100 g de gruyère râpé, 4 œufs, 6 noix de beurre.

☐ Soupe aux lentilles corail

250 g de lentilles corail, 1 carotte, 1 oignon, 6 tranches de pain de campagne, 1 bûche de chèvre, 10 cl de lait de coco, 1 pincée de cannelle, 1 c. à s. de coriandre et de persil, 1 c. à s. d'huile d'olive.

☐ Spaghettis au citron

500 g de spaghettis, 2 citrons bio, 100 g de parmesan râpé, 25 cl de crème fraîche.

☐ Magrets de canard aux figues

2 magrets de canard de 300 g, 8 figues, 1 orange, 600 g de pommes duchesse, 20 g de beurre, 4 c. à s. de miel, 2 c. à c. de vinaigre balsamique, 1 c. à s. de fond de veau.

☐ Œufs cocotte et salade de champignons

8 œufs extra-frais, 8 c. à s. de crème fraîche, 8 pincées de persil, 80 g de gruyère râpé, 500 g de champignons de Paris, 1 vinaigrette, 1 noix de beurre.

Et aussi

JANVIER 2017

Lundi
2
Pizza poireaux/champignons
15 mn — 30 mn

Mardi
3
Potage au chou-fleur très simple
15 mn — 35 mn

Mercredi
4
Mousses aux deux légumes et salade au chèvre
15 mn — 55 mn

Jeudi
5
Boulettes de poulet citronnées
15 mn — 10 mn

Vendredi
6
Riz complet aux haricots plats
10 mn — 25 mn

Samedi
7
Raclette aux cinq fromages
20 mn — 20 mn

Dimanche
8
Rôti de porc pruneaux et orange
25 mn — 1 h 40

Recettes
Pour 4 personnes

Poêler 3 blancs de poireaux émincés avec 25 g de beurre. Cuire à feu moyen avec 1 tasse d'eau, jusqu'à évaporation. Saisir à feu vif 250 g de champignons de Paris émincés avec 1 c. à s. d'huile d'olive. Napper 500 g de pâte à pizza de 10 cl de crème épaisse + des poireaux + des champignons. Parsemer de 100 g de gruyère râpé. Enfourner 15 mn à 180 °C.

Mettre dans 1 marmite remplie d'eau 1 chou-fleur en fleurettes + 1 oignon émincé + 1 bouillon cube de poulet. Faire bouillir, puis cuire env. 25 mn. Le chou-fleur doit être très tendre. Mixer avec 1 c. à s. de St Môret. Servir avec des sandwiches : 1 baguette tartinée de 40 g de beurre + 8 tranches de jambon de dinde + 8 tranches d'emmental.

Cuire séparément à l'eau (15-20 mn) avec 2 bouillons cubes 500 g de carottes et 500 g de panais en rondelles. Égoutter et mixer séparément. Dans chacun, ajouter 2 œufs battus + 1 jaune + 5 cl de crème fleurette. Remplir des ramequins et enfourner 35 mn à 180 °C. Servir avec 1 salade + 50 g de cerneaux de noix + 200 g de lardons grillés à sec + 100 g de fromage de chèvre émietté.

Mélanger 4 escalopes de poulet hachées + 1 jaune d'œuf + 4 c. à s. de chapelure + le zeste et le jus d'1/2 citron + 2 c. à s. de moutarde + 4 feuilles de menthe hachées. Façonner des boulettes de 3 cm de diamètre et les poêler avec 1 c. à s. d'huile jusqu'à ce qu'elles dorent. Servir avec 800 g de purée de légumes surgelée réchauffée au micro-ondes.

Cuire 300 g de riz complet dans de l'eau avec 1 bouillon cube. Faire blondir 1 oignon émincé dans 1 c. à s. d'huile d'olive. Rajouter 300 g de haricots plats décongelés + 1 c. à s. de persil et d'huile d'olive. Après 10-12 mn, ajouter 200 g d'allumettes de jambon + 4 c. à s. de crème épaisse. Réchauffer. Mélanger avec le riz + 80 g de gruyère râpé.

Réaliser une raclette avec 200 g de fromage à raclette, de comté, de tomme de Savoie, de chèvre et de bleu. Accompagner de 200 g de viande des Grisons, de jambon fumé, de bacon, de jambon blanc, d'1 petit bocal de cornichons et d'oignons, d'1 kg de pommes de terre cuites à l'eau et d'1 salade.

Poêler 1 rôti de porc d'1,5 kg (au préalable farci de 10 pruneaux dénoyautés) avec 1 noix de beurre. Le mettre dans 1 plat avec 4 gousses d'ail pelées + 20 cl de vin blanc + 1 c. à s. de fond de veau. Cuire 1 h à 200 °C en mouillant si besoin. Ajouter 10 pruneaux + le zeste d'1 orange + 2 carottes en dés. Cuire encore 30 mn. Servir avec 250 g de semoule. **Garder les restes pour mardi.**

Courses
Pour 4 personnes

☐ Pizza poireaux/champignons

500 g de pâte à pizza, 3 blancs de poireaux, 250 g de champignons de Paris, 100 g de gruyère râpé, 10 cl de crème épaisse, 25 g de beurre, 1 c. à s. d'huile d'olive.

☐ Potage au chou-fleur très simple

1 chou-fleur, 1 oignon, 8 tranches de jambon de dinde, 8 tranches d'emmental, 1 baguette de pain, 1 bouillon cube de poulet, 1 c. à s. de St Môret, 40 g de beurre.

☐ Mousses aux deux légumes et salade au chèvre

500 g de carottes, 500 g de panais, 1 salade, 100 g de chèvre, 200 g de lardons, 50 g de cerneaux de noix, 4 œufs + 2 jaunes, 10 cl de crème fleurette, 2 bouillons cubes.

☐ Boulettes de poulet citronnées

4 escalopes de poulet, 800 g de purée de légumes surgelée, 1/2 citron, 4 c. à s. de chapelure, 4 feuilles de menthe, 1 jaune d'œuf, 2 c. à s. de moutarde, 1 c. à s. d'huile.

☐ Riz complet aux haricots plats

300 g de riz complet, 300 g de haricots plats surgelés, 1 oignon, 200 g d'allumettes de jambon, 80 g de gruyère râpé, 1 bouillon cube, 4 c. à s. de crème épaisse, 1 c. à s. de persil, 2 c. à s. d'huile d'olive.

☐ Raclette aux cinq fromages

200 g de : fromage à raclette, comté, tomme de Savoie, chèvre, bleu, viande des Grisons, jambon fumé, bacon, jambon blanc, 1 petit bocal de cornichons et d'oignons, 1 kg de pommes de terre, 1 salade.

☐ Rôti de porc pruneaux et orange

1 rôti de porc d'1,5 kg, 250 g de semoule, 20 pruneaux dénoyautés, 2 carottes, 1 orange, 4 gousses d'ail, 20 cl de vin blanc, 1 c. à s. de fond de veau, 1 noix de beurre.

Et aussi

JANVIER

Lundi **9** — Penne en gratin, coppa et champignons — 15 mn / 20 mn

Mardi **10** — Salade au porc — 10 mn / 10 mn

Mercredi **11** — Tarte comme une flammekueche — 10 mn / 20 mn

Jeudi **12** — Endives toutes douces au jambon — 15 mn / 40 mn

Vendredi **13** — Hachis parmentier rapide — 15 mn / 40 mn

Samedi **14** — Curry de saumon à la mangue — 20 mn / 10 mn

Dimanche **15** — Poulet sauté aux champignons sauce au poivre — 5 mn / 20 mn

Recettes
Pour 4 personnes

Poêler 5 mn 1 oignon émincé avec 1 c. à s. d'huile d'olive. Ajouter 1 grosse boîte de champignons de Paris + 150 g de coppa en morceaux + 150 g de ricotta + 40 g de parmesan râpé. Cuire 2 mn. Mélanger avec 400 g de penne al dente + 2 c. à s. de crème épaisse + 2 c. à s. de persil. Mettre dans 1 plat, recouvrir de 150 g de gruyère râpé. Enfourner 10 mn à 180 °C.

Mélanger 400 g de légumes grillés décongelés + 1 salade verte + 60 g de pignons grillés à sec + 100 g de parmesan en copeaux. Servir avec 400 g de restes de rôti de porc + 1 sauce (6 c. à s. d'huile d'olive + 4 c. à s. de vinaigre balsamique + 1 c. à s. de moutarde à l'ancienne).

Préchauffer le four à 250 °C. Sur 1 pâte à pizza, étaler 20 cl de crème épaisse mélangée à 100 g de fromage blanc + 1 c. à c. de muscade. Ajouter 2 oignons émincés (précuits 5 mn au micro-ondes et poêlés 5 mn dans 1 c. à s. d'huile d'olive) + 125 g de lardons fumés sans couenne. Enfourner 10-15 mn et servir avec 1 salade frisée.

Cuire à l'eau 8 endives effeuillées. Les égoutter, les poêler avec 10 g de beurre et faire caraméliser avec 20 g de sucre + 1 jus de citron. Mélanger 2 gousses d'ail émincées + 20 cl de crème épaisse. Dans 1 plat à gratin, disposer la 1/2 des endives + 2 tranches de jambon blanc + la 1/2 de la crème et recommencer. Terminer par 125 g de gruyère râpé. Enfourner 30 mn à 180 °C.

Faire 1 purée avec 1 kg de pommes de terre cuites 30 mn à l'eau + 20 g de beurre + 10 cl de lait chaud. Poêler 5 mn 2 oignons + 1 c. à s. d'huile d'olive + 600 g de bœuf haché + 1 pot de sauce tomate aux champignons. Dans 1 plat, mettre la viande, puis la purée et parsemer de 100 g de gruyère râpé. Enfourner 10 mn à 180 °C. Servir avec 1 salade.

Poêler 2 mn 600 g de saumon en dés avec 2 c. à s. d'huile. Réserver. Poêler 3 mn 1 oignon émincé + 1 gousse d'ail pressée + 1 c. à s. de curry et de gingembre + 1 mangue en dés. Ajouter 20 cl de lait de coco + 1 yaourt nature brassé + 1 c. à s. de fumet de poisson. Faire réduire à feu vif. Remettre le saumon. Cuire 3 mn à feu doux. Ajouter 1 c. à s. de coriandre. Servir avec 250 g de riz.

Poêler 4 escalopes de poulet avec 2 c. à s. d'huile d'olive. Une fois dorées, ajouter 1 boîte de champignons en conserve et cuire encore 3 mn, puis ajouter 1 Boursin au poivre. Laisser le fromage fondre et servir avec 800 g de poêlée de légumes surgelée cuite au micro-ondes.

Courses
Pour 4 personnes

- [ ] **Penne en gratin, coppa et champignons**

400 g de penne, 150 g de coppa, 1 grosse boîte de champignons de Paris, 150 g de gruyère râpé, 150 g de ricotta, 40 g de parmesan râpé, 1 oignon, 2 c. à s. de persil, 2 c. à s. de crème épaisse, 1 c. à s. d'huile d'olive.

- [ ] **Salade au porc**

400 g de restes de rôti de porc, 400 g de légumes grillés surgelés, 1 salade verte, 100 g de parmesan, 60 g de pignons, 1 c. à s. de moutarde à l'ancienne, 4 c. à s. de vinaigre balsamique, 6 c. à s. d'huile d'olive.

- [ ] **Tarte comme une flammekueche**

1 pâte à pizza, 125 g de lardons fumés sans couenne, 100 g de fromage blanc, 20 cl de crème épaisse, 2 oignons, 1 salade frisée, 1 c. à c. de muscade, 1 c. à s. d'huile d'olive.

- [ ] **Endives toutes douces au jambon**

8 endives, 4 tranches de jambon blanc, 125 g de gruyère râpé, 20 cl de crème épaisse, 10 g de beurre, 20 g de sucre, 1 citron, 2 gousses d'ail.

- [ ] **Hachis parmentier rapide**

1 kg de pommes de terre, 600 g de bœuf haché, 2 oignons, 100 g de gruyère râpé, 1 pot de sauce tomate aux champignons, 10 cl de lait, 20 g de beurre, 1 salade, 1 c. à s. d'huile d'olive.

- [ ] **Curry de saumon à la mangue**

600 g de saumon, 250 g de riz, 1 mangue, 1 oignon, 1 gousse d'ail, 20 cl de lait de coco, 1 yaourt nature brassé, 1 c. à s. de curry, gingembre et coriandre, 1 c. à s. de fumet de poisson, 2 c. à s. d'huile.

- [ ] **Poulet sauté aux champignons sauce au poivre**

4 escalopes de poulet, 800 g de poêlée de légumes surgelée, 1 boîte de champignons en conserve, 1 Boursin au poivre, 2 c. à s. d'huile d'olive.

Et aussi

2017

JANVIER

Lundi 16
Pâtes au comté et aux légumes d'hiver
15 mn — 25 mn

Mardi 17
Salade d'endives au roquefort
15 mn — 5 mn

Mercredi 18
Wraps nordiques
15 mn — 5 mn

Jeudi 19
Saucisses aux lentilles
10 mn — 50 mn

Vendredi 20
Champignons farcis
15 mn — 50 mn

Samedi 21
Nage de poisson et crevettes
15 mn — 15 mn

Dimanche 22
Boulettes d'agneau aux pignons
10 mn — 1 h 05

48

Recettes

Pour 4 personnes

Poêler à feu moyen 1 panais + 1 carotte + 1/2 brocoli en fleurettes avec 1 c. à s. d'huile d'olive + 1/2 c. à c. de cumin + 1/2 c. à c. de muscade. Laisser confire 20 mn à feu doux. Mélanger avec 500 g de tagliatelles fraîches al dente + 1 c. à s. d'huile de noix + 40 g de noisettes concassées + 100 g de comté en dés.

Mélanger 4 endives lavées et émincées avec 100 g de roquefort émietté + 100 g de gruyère, 8 tranches de bacon et 1 poire en dés. Assaisonner avec 2 c. à s. de vinaigre de cidre + 1 c. à c. de miel + 1 c. à c. de moutarde + 4 c. à s. d'huile de noix. Servir avec 4 œufs à la coque (cuits 3 mn après ébullition) et 4 tranches de pain de campagne tartinées de 40 g de beurre.

Mélanger 250 g de fromage frais + 3 c. à s. de crème épaisse + 3 c. à s. de ciboulette + 1 c. à s. d'aneth + 1 pomme verte coupée en mini-dés. En tartiner 6 tortillas de blé poêlées à sec et y répartir 6 tranches de saumon fumé + le jus d'1/2 citron + 1 concombre épépiné et coupé en lanières. Enrouler, couper en 2 et servir avec 1 salade.

Cuire à l'eau 45 mn après ébullition à feu doux 250 g de lentilles vertes + 4 saucisses entières + 2 carottes en rondelles + 1 oignon émincé + 1 bouquet garni + 1 bouillon cube. Égoutter et ajouter 1 c. à s. de persil + 125 g d'allumettes de lardons poêlées à sec.

Poêler 10 mn 2 oignons émincés + 400 g de chair à saucisse avec 1 c. à s. d'huile d'olive. Poêler 10 mn avec 10 g de beurre les pieds lavés et hachés de 24 gros champignons. Mélanger avec la farce + 2 œufs battus + 1/2 bouquet de persil + 1 c. à c. d'ail + 5 cl de lait. Farcir les champignons. Mettre dans un plat, parsemer de 100 g de gruyère râpé + 10 cl de bouillon. Enfourner 30 mn à 200 °C.

Poêler 1 oignon émincé avec 1 c. à s. d'huile neutre. Ajouter 500 g de poisson blanc en morceaux + 1 c. à c. de citronnelle et de gingembre + 200 g de crevettes roses décortiquées. Cuire 4-5 mn. Déglacer avec le jus d'1 citron vert, ajouter 30 cl de lait de coco + 1 poignée de coriandre, mijoter 5 mn. Servir avec 250 g de riz blanc.

Mélanger 600 g d'agneau et 3 oignons hachés + 4 c. à s. de persil + 30 g de pignons. Faire des boulettes. Dans 1 cocotte, faire chauffer 20 g de beurre + 2 c. à s. d'huile d'olive, y poêler 5 mn les boulettes. Ajouter 400 g de tomates concassées + 2 c. à s. de concentré de tomates + 15 cl d'eau + 30 g de pignons. Couvrir et mijoter 1 h. Servir avec 300 g de semoule.

Courses

Pour 4 personnes

☐ Pâtes au comté et aux légumes d'hiver

500 g de tagliatelles fraîches, 100 g de comté, 1 panais, 1 carotte, 1/2 brocoli, 40 g de noisettes, 1/2 c. à c. de cumin, 1/2 c. à c. de muscade, 1 c. à s. d'huile d'olive, 1 c. à s. d'huile de noix.

☐ Salade d'endives au roquefort

4 endives, 1 poire, 8 tranches de bacon, 100 g de roquefort, 100 g de gruyère, 4 œufs, 4 tranches de pain de campagne, 1 c. à c. de miel, 1 c. à c. de moutarde, 2 c. à s. de vinaigre de cidre, 4 c. à s. d'huile de noix, 40 g de beurre.

☐ Wraps nordiques

6 tortillas de blé, 6 tranches de saumon fumé, 250 g de fromage frais, 3 c. à s. de crème épaisse, 1 concombre, 1 pomme verte, 1 salade, 1/2 citron, 3 c. à s. de ciboulette, 1 c. à s. d'aneth.

☐ Saucisses aux lentilles

250 g de lentilles vertes, 2 carottes, 1 oignon, 4 saucisses, 125 g d'allumettes de lardons, 1 bouquet garni, 1 bouillon cube, 1 c. à s. de persil.

☐ Champignons farcis

24 gros champignons, 400 g de chair à saucisse, 100 g de gruyère râpé, 2 oignons, 10 g de beurre, 2 œufs, 10 cl de bouillon, 5 cl de lait, 1/2 bouquet de persil, 1 c. à c. d'ail, 1 c. à s. d'huile d'olive.

☐ Nage de poisson et crevettes

500 g de poisson blanc, 200 g de crevettes roses décortiquées, 250 g de riz blanc, 30 cl de lait de coco, 1 oignon, 1 citron vert, 1 poignée de coriandre, 1 c. à c. de citronnelle et de gingembre, 1 c. à s. d'huile neutre.

☐ Boulettes d'agneau aux pignons

600 g d'agneau haché, 60 g de pignons, 400 g de tomates concassées, 300 g de semoule, 3 oignons, 20 g de beurre, 2 c. à s. de concentré de tomates, 4 c. à s. de persil, 2 c. à s. d'huile d'olive.

Et aussi

JANVIER

Lundi 23

Pizza lardons et champignons

15 mn – 40 mn

Mardi 24

Salade de pâtes au poulet

15 mn – 10 mn

Mercredi 25

Crumble de poisson et purée rose

15 mn – 30 mn

Jeudi 26

Omelette au fromage de brousse

10 mn – 10 mn

Vendredi 27

Pommes de terre au chèvre

15 mn – 50 mn

Samedi 28

Curry de porc aux abricots secs

15 mn – 1 h 05

Dimanche 29

Papillotes de saumon et poireaux fondants

15 mn – 40 mn

Recettes
Pour 4 personnes

Poêler 20 mn 800 g de tomates pelées + 2 oignons émincés + 1 gousse d'ail pilée + 2 brins de basilic dans 2 c. à s. d'huile d'olive. Laisser réduire. En recouvrir 500 g de pâte à pizza. Ajouter 250 g de mozzarella en rondelles + 100 g de lardons fumés + 6 champignons de Paris émincés. Enfourner env. 20 mn à 230 °C. Servir avec 1 roquette.

Mélanger 350 g de penne al dente refroidies sous l'eau avec 2 escalopes de poulet émincées (poêlées 10 mn avec 1 c. à s. d'huile d'olive) + 250 g de tomates cerises + 1 boîte de tomates confites + 2 c. à s. de basilic + 2 gousses d'ail écrasées + 1 c. à s. d'huile d'olive + 150 g de parmesan en copeaux.

Cuire à la vapeur env. 15 mn 200 g de pommes de terre + 2 carottes. Ajouter 200 g de betteraves cuites après 10 mn. Réduire en purée et ajouter 10 g de beurre. Mettre dans 1 plat et ajouter 4 pavés de cabillaud. Saupoudrer de crumble (4 c. à s. de farine + 4 c. à s. de parmesan + 30 g de beurre en copeaux + 1 pincée de curcuma + 1 c. à c. d'aneth). Enfourner 15 mn à 230 °C.

Battre 8 œufs. Ajouter 250 g de fromage de brousse grossièrement écrasé + 1 bouquet de menthe hachée. Verser dans 1 poêle chaude avec 2 c. à s. d'huile d'olive. Cuire à feu moyen. Servir avec 1 petit chou rouge haché mélangé avec 1 pomme granny smith en dés + 40 g de cerneaux de noix + 3 c. à s. d'huile de noix + 2 c. à s. de vinaigre balsamique.

Poêler 1 oignon émincé dans 1 c. à s. d'huile d'olive. Dans 1 plat, mettre 6 grosses pommes de terre épluchées incisées dans la largeur à 3-4 endroits. Y insérer 120 g de crottin de chèvre et ajouter 10 g de beurre sur chaque pomme de terre. Mettre dans le plat l'oignon + 20 cl de crème épaisse. Enfourner 45 mn à 200 °C. Servir avec 1 salade + 6 tranches de jambon.

Dans 1 cocotte, poêler 2 oignons émincés + 1 gousse d'ail pilée dans 1 c. à s. d'huile d'olive. Ajouter 800 g de porc en morceaux + 1 c. à s. de 4 épices + 12 abricots secs + 30 cl de lait de coco + 2 c. à s. de concentré de tomates. Cuire 1 h à feu très doux. Parsemer d'1 c. à s. de coriandre et servir avec 200 g de riz.

Dans 1 cocotte, faire cuire (25 mn à feu doux et à couvert, en remuant parfois) 2 oignons émincés + 1 carotte et 3 poireaux coupés finement dans 25 g de beurre. Dans chacune des 4 feuilles d'aluminium, déposer la fondue + 1 pavé de saumon + 1 c. à c. de crème épaisse + 1 c. à c. d'aneth + 5 baies roses. Fermer et enfourner 15 mn à 180 °C. Servir avec 350 g de riz.

Courses
Pour 4 personnes

☐ **Pizza lardons et champignons**

500 g de pâte à pizza, 800 g de tomates pelées, 6 champignons de Paris, 1 roquette, 2 oignons, 1 gousse d'ail, 100 g de lardons fumés, 250 g de mozzarella, 2 brins de basilic, 2 c. à s. d'huile d'olive.

☐ **Salade de pâtes au poulet**

350 g de penne, 2 escalopes de poulet, 250 g de tomates cerises, 2 gousses d'ail, 150 g de parmesan, 1 boîte de tomates confites, 2 c. à s. de basilic, 2 c. à s. d'huile d'olive.

☐ **Crumble de poisson et purée rose**

4 pavés de cabillaud, 200 g de betteraves cuites, 200 g de pommes de terre, 2 carottes, 4 c. à s. de farine, 4 c. à s. de parmesan, 1 pincée de curcuma, 1 c. à c. d'aneth, 40 g de beurre.

☐ **Omelette au fromage de brousse**

8 œufs, 250 g de fromage de brousse, 1 petit chou rouge, 1 pomme granny smith, 40 g de cerneaux de noix, 1 bouquet de menthe, 2 c. à s. de vinaigre balsamique, 3 c. à s. d'huile de noix, 2 c. à s. d'huile d'olive.

☐ **Pommes de terre au chèvre**

6 grosses pommes de terre, 1 oignon, 120 g de crottin de chèvre, 6 tranches de jambon, 1 salade, 20 cl de crème épaisse, 60 g de beurre, 1 c. à s. d'huile d'olive.

☐ **Curry de porc aux abricots secs**

800 g de porc, 12 abricots secs, 2 oignons, 1 gousse d'ail, 200 g de riz, 30 cl de lait de coco, 2 c. à s. de concentré de tomates, 1 c. à s. de 4 épices, 1 c. à s. de coriandre, 1 c. à s. d'huile d'olive.

☐ **Papillotes de saumon et poireaux fondants**

4 pavés de saumon, 3 poireaux, 2 oignons, 1 carotte, 350 g de riz, 25 g de beurre, 4 c. à c. de crème épaisse, 20 baies roses, 4 c. à c. d'aneth.

Et aussi

JANV.-FÉV

Lundi
30
Gnocchis aux épinards et au gorgonzola
10 mn — 15 mn

Mardi
31
Soupe de champignons au Kiri
10 mn — 40 mn

Mercredi
1
Gambas flambées
15 mn — 35 mn

Jeudi
2
Wraps bacon et beaufort
15 mn — 5 mn

Vendredi
3
Boudins blancs aux deux pommes
15 mn — 15 mn

Samedi
4
Gratin léger de chou-fleur au poulet
20 mn — 40 mn

Dimanche
5
Ragoût d'agneau
20 mn — 1 h 40

Recettes
Pour 4 personnes

Cuire au micro-ondes env. 5 mn 400 g d'épinards hachés surgelés. Mélanger avec 12 cl de crème liquide + 50 g de gorgonzola en dés + 1 pincée de muscade + 600 g de gnocchis cuits à l'eau. Verser dans 1 plat, saupoudrer de 50 g de parmesan râpé et enfourner 5 mn sous le gril.

Dans 1 autocuiseur, faire suer 1 échalote émincée dans 1 noix de beurre. Ajouter 500 g de champignons de Paris émincés + 1 c. à s. de farine. Cuire 2 mn. Ajouter 1 l d'eau + 2 bouillons cubes + 1 bouquet garni. Cuire 15 mn après sifflement de l'autocuiseur. Ôter le bouquet garni, mixer avec 10 cl de crème liquide + 2 Kiri + 1 c. à s. de persil. Servir avec 4 tranches de pain + 100 g de comté.

Poêler 5 mn 24 gambas décortiquées + 1 oignon et 1 échalote émincés dans 2 c. à s. d'huile d'olive. Flamber avec 1/2 verre de cognac. Remettre à feu doux avec 20 cl de coulis de tomates + 1 c. à c. de sucre + 5 cl de vin blanc + 10 cl de crème liquide + 2 c. à s. de persil plat. Mijoter 20 mn. Servir avec 1 kg de poireaux émincés, fondus 25 mn dans 30 g de beurre.

Mélanger 200 g de ricotta + 50 g de Savora + 1 c. à c. de curry. En tartiner 6 tortillas, puis répartir 180 g de beaufort en tranches + 12 tranches de bacon en lanières (au préalable poêlées à sec) + 1/2 sachet de salade de jeunes pousses. Rouler les wraps et servir avec le reste du sachet de salade.

Cuire quelques minutes au micro-ondes 4 pommes golden épluchées et coupées en 8. Poêler 10 mn 6 boudins blancs en rondelles dans 10 g de beurre. Une fois dorés, ajouter les pommes + 2 c. à s. de miel et faire caraméliser. Saupoudrer d'une 1 pincée de cannelle et servir avec 600 g de purée de pommes de terre.

Mélanger 25 g de beurre fondu + 30 g de farine. Ajouter 1 bouillon (40 cl d'eau bouillante + 1 bouillon cube de volaille) + 2 c. à s. de crème épaisse + 1 pincée de muscade. Dans 1 plat à gratin, étager la sauce + 1 chou-fleur en bouquets (cuit 10 mn à la vapeur) + 2 escalopes de poulet (en dés et poêlées 5 mn avec 5 g de beurre) + la sauce + 40 g de comté râpé. Enfourner 30 mn à 200 °C.

Dans 1 cocotte, poêler 1 kg de ragoût d'agneau en dés dans 3 c. à s. d'huile. Ajouter 1 oignon et 1 branche de céleri émincés + 3 gousses d'ail pilées. Cuire 5 mn. Ajouter 12 cl de vin blanc + 2 c. à s. de concentré de tomates + 25 cl de bouillon de légumes + 1 c. à s. de romarin. Cuire 45 mn à couvert, ajouter 20 oignons grelots et cuire encore 45 mn. Servir avec 800 g de haricots beurre.

Courses
Pour 4 personnes

☐ **Gnocchis aux épinards et au gorgonzola**

600 g de gnocchis, 400 g d'épinards hachés surgelés, 50 g de gorgonzola, 50 g de parmesan râpé, 12 cl de crème liquide, 1 pincée de muscade.

☐ **Soupe de champignons au Kiri**

500 g de champignons de Paris, 1 échalote, 2 Kiri, 100 g de comté, 4 tranches de pain, 10 cl de crème liquide, 1 bouquet garni, 2 bouillons cubes, 1 c. à s. de persil, 1 c à s. de farine, 1 noix de beurre.

☐ **Gambas flambées**

24 gambas, 1 kg de poireaux, 1 échalote, 1 oignon, 20 cl de coulis de tomates, 10 cl de crème liquide, 1/2 verre de cognac, 5 cl de vin blanc, 1 c. à c. de sucre, 2 c. à s. de persil plat, 30 g de beurre, 2 c. à s. d'huile d'olive.

☐ **Wraps bacon et beaufort**

6 tortillas, 12 tranches de bacon, 200 g de ricotta, 180 g de beaufort, 50 g de Savora, 1 sachet de salade de jeunes pousses, 1 c. à c. de curry.

☐ **Boudins blancs aux deux pommes**

6 boudins blancs, 600 g de purée de pommes de terre, 4 pommes golden, 10 g de beurre, 2 c. à s. de miel, 1 pincée de cannelle.

☐ **Gratin léger de chou-fleur au poulet**

1 chou-fleur, 2 escalopes de poulet, 40 g de comté râpé, 30 g de farine, 2 c. à s. de crème épaisse, 1 bouillon cube de volaille, 1 pincée de muscade, 30 g de beurre.

☐ **Ragoût d'agneau**

1 kg de ragoût d'agneau, 800 g de haricots beurre, 1 branche de céleri, 20 oignons grelots, 3 gousses d'ail, 1 oignon, 25 cl de bouillon de légumes, 12 cl de vin blanc, 2 c. à s. de concentré de tomates, 1 c. à s. de romarin, 3 c. à s. d'huile.

Et aussi

2017

FÉVRIER

Jour	Recette	Préparation	Cuisson
Lundi 6	Tagliatelles aux crevettes	5 mn	15 mn
Mardi 7	Assiette nordique	10 mn	20 mn
Mercredi 8	Tarte feuilletée aux poireaux et à la fourme d'Ambert	15 mn	45 mn
Jeudi 9	Nuggets à la dinde et au parmesan	15 mn	20 mn
Vendredi 10	Galettes super complètes	15 mn	15 mn
Samedi 11	Poulet au caramel	15 mn	25 mn
Dimanche 12	Boulettes de porc sauce aigre-douce	25 mn	20 mn

Poêler 1 échalote émincée dans 1 c. à s. d'huile. Réserver. Poêler 5 mn 300 g de crevettes décortiquées, ajouter 2 pincées de curry + 25 cl de crème épaisse + 2 c. à c. de concentré de tomates + l'échalote. Cuire à feu doux 2 mn. Ajouter 500 g de tagliatelles fraîches al dente.

Mélanger 4 c. à s. de moutarde, de miel, d'huile neutre et de vinaigre blanc + 1 pincée de sucre roux + 1 bouquet d'aneth. Servir avec 8 tranches de jambon fumé + 8 pommes de terre cuites 20 mn à la vapeur + 1 salade de mâche + 1 vinaigrette.

Faire suer 5 mn 3 poireaux émincés dans 20 g de beurre. Battre 3 œufs avec 20 cl de crème épaisse et ajouter 200 g de fourme d'Ambert émiettée + les poireaux. Répartir sur 1 pâte feuilletée tartinée avec 1 c. à s. de moutarde et enfourner 40 mn à 180 °C. Servir avec 1 salade.

Mixer 400 g de blancs de dinde + 1 oignon + 1 jaune d'œuf + 1 c. à s. d'huile + 1 tranche de pain de mie. Ajouter 100 g de parmesan râpé. Former des nuggets, les tremper dans 2 œufs battus, puis dans 50 g de farine, puis 100 g de chapelure. Poêler 3-4 mn/côté avec 4 c. à s. d'huile. Servir avec 800 g de haricots verts décongelés au micro-ondes.

Poêler 1 galette de blé noir avec 5 g de beurre. Casser délicatement 1 œuf par-dessus et ajouter 1 tranche de jambon coupée en 2 + le 1/4 d'une boîte de champignons de Paris + 1/2 tomate en tranches + 25 g de gruyère râpé. Recommencer avec les 3 autres galettes.

Dans 1 faitout, poêler 5 mn 600 g de blancs de poulet en morceaux + 2 échalotes et 2 oignons émincés dans 2 c. à s. d'huile. Ajouter 15 cl de caramel liquide ou de miel + 3 c. à s. de sauce soja et mijoter 10 mn. Ajouter 1 c. à s. de Maïzena délayée dans 1/2 verre d'eau. Laisser réduire 10 mn. Servir avec 800 g de purée de carottes.

Mélanger 800 g de porc et 1 oignon hachés + 1 gousse d'ail pilée + 1 œuf + 150 g de pain aux céréales émietté + 2 c. à s. de coriandre + 1 c. à c. de gingembre + le jus d'1/2 citron. Faire des boulettes, les rouler dans 80 g de farine. Les poêler 10 mn avec 2 c. à s. d'huile. Servir avec 1 pot de sauce aigre-douce + 800 g de haricots plats à la vapeur.

Courses

Pour 4 personnes

☐ Tagliatelles aux crevettes

500 g de tagliatelles fraîches, 300 g de crevettes décortiquées, 1 échalote, 25 cl de crème épaisse, 2 c. à c. de concentré de tomates, 2 pincées de curry, 1 c. à s. d'huile.

☐ Assiette nordique

8 tranches de jambon fumé, 8 pommes de terre, 1 salade de mâche, 1 pincée de sucre roux, 1 bouquet d'aneth, 1 vinaigrette, 4 c. à s. de moutarde, de miel, de vinaigre blanc et d'huile neutre.

☐ Tarte feuilletée aux poireaux et à la fourme d'Ambert

1 pâte feuilletée, 3 poireaux, 200 g de fourme d'Ambert, 1 salade, 3 œufs, 20 cl de crème épaisse, 20 g de beurre, 1 c. à s. de moutarde.

☐ Nuggets à la dinde et au parmesan

400 g de blancs de dinde, 800 g de haricots verts surgelés, 100 g de parmesan râpé, 100 g de chapelure, 50 g de farine, 1 tranche de pain de mie, 1 oignon, 2 œufs + 1 jaune, 5 c. à s. d'huile.

☐ Galettes super complètes

4 galettes de blé noir, 4 œufs, 1 petite boîte de champignons de Paris, 2 petites tomates, 100 g de gruyère râpé, 4 tranches de jambon blanc, 20 g de beurre.

☐ Poulet au caramel

600 g de blancs de poulet, 800 g de purée de carottes, 2 oignons, 2 échalotes, 15 cl de caramel liquide ou de miel, 3 c. à s. de sauce soja, 1 c. à s. de Maïzena, 2 c. à s. d'huile.

☐ Boulettes de porc sauce aigre-douce

800 g de porc haché, 150 g de pain aux céréales, 800 g de haricots plats, 1 oignon, 1 gousse d'ail, 1/2 citron, 80 g de farine, 1 œuf, 1 pot de sauce aigre-douce, 2 c. à s. de coriandre, 1 c. à c. de gingembre, 2 c. à s. d'huile.

Et aussi

FÉVRIER

Lundi **13** — **Pizza au bœuf**
15 mn — 35 mn

Mardi **14** — **Salade de lentilles au saumon fumé**
15 mn — 20 mn

Mercredi **15** — **Soufflés au gouda**
15 mn — 40 mn

Jeudi **16** — **Aiguillettes de poulet au cidre**
10 mn — 20 mn

Vendredi **17** — **Gratin de légumes d'hiver**
15 mn — 35 mn

Samedi **18** — **Croquettes de pommes de terre**
20 mn — 40 mn

Dimanche **19** — **Rôti de veau très simple**
15 mn — 1 h

Recettes
Pour 4 personnes

Faire suer 1 oignon émincé dans 1 c. à s. d'huile d'olive, puis y faire dorer 200 g de bœuf haché. Napper 1 pâte à pizza de 25 cl de coulis de tomates mélangé à 10 g de sucre + 1 c. à c. de paprika + 1 c. à c. de thym. Répartir dessus la viande + 100 g d'emmental râpé + 1 filet de crème liquide. Enfourner 25 mn à 200 °C. Servir avec 1 roquette.

Cuire 20 mn 300 g de lentilles vertes dans 1 l d'eau froide. Les mélanger, égouttées et refroidies, avec 100 g de feta + 1 pomme verte en dés. Ajouter 1 sauce (2 c. à s. de vinaigre de Xérès + 2 échalotes émincées finement + 1 c. à s. de moutarde + 4 c. à s. d'huile d'olive + 2 c. à s. de ciboulette). Servir avec 4 tranches de saumon fumé en lanières.

Chauffer dans 1 casserole à feu doux 40 g de beurre + 40 g de farine. Remuer 1 mn. Ajouter 35 cl de lait tiédi et fouetter 3-5 mn. Hors du feu, ajouter 1 à 1 5 jaunes d'œufs + 200 g de gouda râpé + 1 c. à c. de muscade. Incorporer 5 blancs d'œufs en neige. Cuire dans des ramequins 35 mn au four préchauffé à 180 °C. Servir avec 600 g de carottes râpées à la vinaigrette.

Poêler 5 mn 2 échalotes émincées dans 15 g de beurre. Ajouter 4 escalopes de poulet émincées. Une fois dorées, déglacer avec 10 cl de cidre. Laisser réduire 3-5 mn. Servir avec 700 g de petits pois surgelés cuits à la vapeur et parsemés d'1 filet d'huile d'olive + 4 c. à s. de persil.

Cuire à l'eau 15 mn 2 grosses pommes de terre et 4 carottes en rondelles + 1 poireau et 1 endive émincés + 1 bouillon cube. Mettre dans 1 plat à gratin avec 1 oignon et 1 échalote (émincés et poêlés 3 mn dans 1 c. à s. d'huile d'olive). Recouvrir de 20 cl de crème épaisse mélangée à 6 cl de lait + 1 c. à c. de muscade, puis de 200 g de fromage râpé. Enfourner 15 mn à 180 °C.

Réduire en purée 1 kg de pommes de terre cuites et ajouter 1 gousse d'ail pilée + 35 g de farine + 2 œufs battus + 1 c. à s. de persil plat haché + 1 c. à s. de coriandre + le zeste et le jus d'1/2 citron + 200 g de saumon fumé en dés + 200 g de saumon frais émietté. Façonner 12 boulettes, les aplatir et les poser sur 1 plaque de cuisson. Enfourner 15-20 mn à 200 °C. Servir avec 1 salade.

Faire dorer 1 rôti de veau d'1,2 kg avec 4 c. à s. d'huile dans 1 Cocotte-Minute. L'ôter et mettre à la place 10 mn 1 oignon émincé + 1 carotte en rondelles + 1 petite boîte de champignons de Paris + 125 g de lardons fumés + 1 c. à s. de farine. Remuer. Ajouter 25 cl de vin blanc + 40 cl d'eau. Couvrir et cuire 45 mn. Servir avec 800 g de purée de légumes. **Garder les restes de viande pour mardi.**

Courses
Pour 4 personnes

☐ Pizza au bœuf

1 pâte à pizza, 200 g de bœuf haché, 100 g d'emmental râpé, 25 cl de coulis de tomates, 1 filet de crème liquide, 10 g de sucre, 1 roquette, 1 oignon, 1 c. à c. de paprika, 1 c. à c. de thym, 1 c. à s. d'huile d'olive.

☐ Salade de lentilles au saumon fumé

300 g de lentilles vertes, 1 pomme verte, 2 échalotes, 100 g de feta, 4 tranches de saumon fumé, 2 c. à s. de ciboulette, 1 c. à s. de moutarde, 2. c. à s. de vinaigre de Xérès, 4 c. à s. d'huile d'olive.

☐ Soufflés au gouda

200 g de gouda râpé, 600 g de carottes râpées à la vinaigrette, 40 g de farine, 40 g de beurre, 5 œufs, 35 cl de lait, 1 c. à c. de muscade.

☐ Aiguillettes de poulet au cidre

4 escalopes de poulet, 700 g de petits pois surgelés, 2 échalotes, 15 g de beurre, 10 cl de cidre, 4 c. à s. de persil, 1 filet d'huile d'olive.

☐ Gratin de légumes d'hiver

2 grosses pommes de terre, 4 carottes, 1 poireau, 1 endive, 1 oignon, 1 échalote, 200 g de fromage râpé, 20 cl de crème épaisse, 6 cl de lait, 1 c. à c. de muscade, 1 bouillon cube, 1 c. à s. d'huile d'olive.

☐ Croquettes de pommes de terre

1 kg de pommes de terre, 200 g de saumon, 200 g de saumon fumé, 35 g de farine, 2 œufs, 1 gousse d'ail, 1/2 citron, 1 c. à s. de persil plat, 1 c. à s. de coriandre, 1 salade.

☐ Rôti de veau très simple

1 rôti de veau d'1,2 kg, 125 g de lardons fumés, 800 g de purée de légumes, 1 carotte, 1 petite boîte de champignons de Paris, 1 oignon, 25 cl de vin blanc, 1 c. à s. de farine, 4 c. à s. d'huile.

Et aussi

FÉVRIER

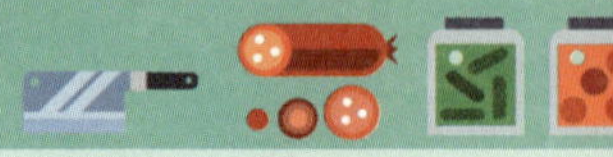

Lundi **20**

Gratin de macaronis aux légumes

10 mn — 25 mn

Mardi **21**

Velouté de haricots blancs

15 mn — 15 mn

Mercredi **22**

Salade camemberte

15 mn — 15 mn

Jeudi **23**

Œufs brouillés au jambon et aux champignons

15 mn — 20 mn

Vendredi **24**

Salade de céréales

15 mn — 15 mn

Samedi **25**

Steaks juste poêlés

5 mn — 10 mn

Dimanche **26**

Côtelettes de porc aux pommes et aux endives

15 mn — 25 mn

Recettes
Pour 4 personnes

Mélanger 200 g de ricotta à 100 g de fromage de chèvre frais + 2 œufs battus. Dans 1 plat à gratin, étager cette préparation avec 1 boîte de tomates concassées + 1 sachet de légumes décongelés + 400 g de macaronis al dente mélangés à 1 c. à s. d'huile d'olive. Parsemer de 80 g de gruyère râpé. Enfourner 15 mn à 180 °C.

Poêler 1 oignon émincé dans 1 c. à s. d'huile d'olive. Ajouter 2 gousses d'ail pilées + 800 g de haricots blancs en boîte (poids net), puis 1 l d'eau + 1 bouillon cube de volaille. Faire bouillir, puis mixer. Ajouter le jus d'1/2 citron + 1 c. à s. de persil. Servir avec les restes du rôti de veau très simple de dimanche.

Mélanger 200 g de lardons poêlés à sec avec 100 g de roquette + 250 g de crudités en sachet + 16 tomates cerises coupées en 2 + 1 pomme en dés + 12 cerneaux de noix + 12 croûtons + 1 sauce (2 c. à s. de vinaigre de framboise + 1 c. à c. de moutarde + 4 c. à s. d'huile d'olive). Disposer dans 4 assiettes. Ajouter dessus 2 camemberts de 150 g rôtis 15 mn à 180 °C.

Cuire 8 pommes de terre 20 mn à la vapeur. Mélanger 8 œufs avec 2 c. à s. de crème épaisse + 2 tranches de jambon émincées + 1 petite boîte de champignons de Paris. Faire fondre 1 noix de beurre dans 1 poêle. Ajouter les œufs et mélanger régulièrement pendant 2-5 mn. Servir avec les pommes de terre tièdes + 1 vinaigrette + 1 échalote émincée + 2 c. à s. de ciboulette.

Mélanger 250 g de céréales (quinoa, épeautre…) cuites + 2 courgettes (lavées, coupées en cubes et cuites 4 mn à l'eau avec 1 bouillon cube) + 2 tomates en cubes + 4 c. à s. de raisins secs + 1 c. à s. de vinaigre balsamique + 2 c. à s. d'huile d'1 pot de tomates confites. Mettre dans des verrines. Ajouter 4 c. à s. de graines de tournesol + 16 tomates confites mixées avec 200 g de St Môret.

Poêler 4 steaks dans 1 c. à s. d'huile. 1 mn avant la fin de la cuisson désirée, ajouter 1 c. à s. de fond de veau + 2 c. à s. d'eau. Servir avec 4 c. à c. de moutarde et 800 g de petits pois décongelés parsemés d'1 c. à s. de persil + 1 noix de beurre.

Cuire 5 mn au micro-ondes 6 endives émincées + 2 pommes en dés, avec 1/2 verre d'eau. Les égoutter et les poêler 5 mn dans 40 g de beurre. Ajouter 20 g de sucre + le jus d'1/2 citron + 1 pincée de cannelle et faire légèrement caraméliser. Servir avec 4 côtelettes de porc poêlées 3-4 mn de chaque côté dans 1 c. à s. d'huile.

Courses
Pour 4 personnes

- [ ] **Gratin de macaronis aux légumes**

400 g de macaronis, 1 sachet de légumes surgelés, 1 boîte de tomates concassées, 200 g de ricotta, 100 g de fromage de chèvre frais, 80 g de gruyère râpé, 2 œufs, 1 c. à s. d'huile d'olive.

- [ ] **Velouté de haricots blancs**

800 g de haricots blancs en boîte (poids net), les restes du rôti de veau de dimanche, 2 gousses d'ail, 1 oignon, 1/2 citron, 1 bouillon cube de volaille, 1 c. à s. de persil, 1 c. à s. d'huile d'olive.

- [ ] **Salade camemberte**

2 camemberts de 150 g, 250 g de crudités en sachet, 100 g de roquette, 16 tomates cerises, 1 pomme, 200 g de lardons, 12 cerneaux de noix, 12 croûtons, 2 c. à s. de vinaigre de framboise, 1 c. à c. de moutarde, 4 c. à s. d'huile d'olive.

- [ ] **Œufs brouillés au jambon et aux champignons**

8 œufs, 2 tranches de jambon, 1 petite boîte de champignons de Paris, 8 pommes de terre, 1 échalote, 2 c. à s. de crème épaisse, 2 c. à s. de ciboulette, 1 vinaigrette, 1 noix de beurre.

- [ ] **Salade de céréales**

250 g de céréales (quinoa, épeautre…), 2 courgettes, 2 tomates, 16 tomates confites à l'huile, 200 g de St Môret, 4 c. à s. de graines de tournesol, 4 c. à s. de raisins secs, 1 bouillon cube, 1 c. à s. de vinaigre balsamique.

- [ ] **Steaks juste poêlés**

4 steaks, 800 g de petits pois surgelés, 1 c. à s. de fond de veau, 1 c. à s. de persil, 4 c. à c. de moutarde, 1 c. à s. d'huile, 1 noix de beurre.

- [ ] **Côtelettes de porc aux pommes et aux endives**

4 côtelettes de porc, 6 endives, 2 pommes, 1/2 citron, 40 g de beurre, 20 g de sucre, 1 pincée de cannelle, 1 c. à s. d'huile.

Et aussi

2017 FÉV.-MARS

Lundi 27
Lasagnes aux poireaux, au bacon et au chèvre
15 mn — 55 mn

Mardi 28
Soupe asiatique aux nouilles et au bœuf
15 mn — 20 mn

Mercredi 1
Falafels au four
15 mn — 25 mn

Jeudi 2
Quenelles aux champignons
15 mn — 15 mn

Vendredi 3
Boulgour aux pois chiches et tomates confites
10 mn — 10 mn

Samedi 4
Hachis de bœuf aux légumes
15 mn — 40 mn

Dimanche 5
Tartare de saumon aux deux citrons
20 mn — 1 h

60

Recettes
Pour 4 personnes

Poêler 200 g d'allumettes de bacon + 2 oignons émincés, puis 3 poireaux émincés. Cuire 20 mn en ajoutant de l'eau si besoin + 1 c. à s. d'herbes de Provence. Étager 1 béchamel + 12 feuilles de lasagnes + les poireaux. Terminer par de la béchamel + 1 bûche de chèvre en morceaux + 40 g de gruyère râpé. Enfourner 35 mn à 200 °C. Servir avec 1 salade.

Poêler le blanc de 4 ciboules + 2 gousses d'ail pilées + 1 c. à c. de gingembre surgelé + 1 pincée de piment dans 1 c. à s. d'huile. Ajouter 1,5 l de bouillon de bœuf + 1 patate douce en dés + 1 c. à s. de nuoc-mâm et de sauce soja. Faire bouillir. Cuire 12 mn. Ajouter 250 g de nouilles ramen. Cuire 3 mn. Servir avec 1 c. à s. de coriandre + 250 g de steak de bœuf poêlé 5 mn dans 1 c. à s. d'huile et émincé.

Poêler 1 oignon et 1 gousse d'ail hachés + 1 c. à s. de coriandre + 2 c. à c. de cumin dans 1 c. à s. d'huile d'olive. Mélanger à 400 g de pois chiches en boîte mixés avec 1 botte de persil plat + 2 c. à c. de farine. Former des boulettes, arroser d'1 filet d'huile d'olive. Enfourner 20 mn à 200 °C. Servir avec 8 tomates et 2 yaourts nature mélangés à 1 jus de citron + 1 c. à s. de coriandre + 1 c. à c. de cumin.

Poêler 5-10 mn 8 quenelles dans 10 g de beurre. Réserver. Poêler 600 g de champignons de Paris émincés + 1 c. à s. de persil. Égoutter si besoin. Une fois cuits, ajouter 20 cl de bouillon de volaille bouillant + 20 cl de crème liquide. Remettre les quenelles pour les réchauffer. Saupoudrer de 60 g de parmesan râpé. Servir avec 250 g de riz.

Faire chauffer 1/2 l d'eau avec 1 bouillon cube + 250 g de boulgour + 1 c. à s. d'huile d'olive. Laisser absorber à feu doux en remuant. Laisser reposer 5 mn et aérer avec 1 fourchette. Ajouter le zeste et le jus d'1 citron + 400 g de pois chiches en boîte + 200 g de feta en cubes + 12 tomates confites émincées + 1 c. à s. de coriandre + 2 c. à c. de ciboulette.

Poêler 5 mn 4 oignons et 200 g de champignons de Paris émincés + 250 g de courgettes en rondelles + 350 g de bœuf haché dans 1 c. à s. d'huile d'olive. Mélanger hors du feu avec 1 gousse d'ail pilée + 10 cl de crème épaisse + 1 c. à c. de paprika + 50 g de comté râpé + 1 c. à s. de jus de citron. Ajouter 100 g de riz cuit. Parsemer de 50 g de comté râpé, enfourner 30 mn à 190 °C.

Couper 600 g de saumon en cubes. Mélanger avec 1 c. à s. de vinaigre balsamique et d'huile d'olive + 2 c. à c. de baies roses + 1 échalote émincée + 2 c. à s. de ciboulette et d'aneth + les jus d'1 citron vert et d'1/2 jaune. Laisser refroidir 1 h minimum. Servir avec 1/2 citron jaune en quartiers, 1 roquette, 250 g de tomates cerises, 4 tranches de pain grillées + 100 g de St Môret.

Courses
Pour 4 personnes

☐ **Lasagnes aux poireaux, au bacon et au chèvre**

12 feuilles de lasagnes, 200 g d'allumettes de bacon, 1 bûche de chèvre, 3 poireaux, 1 salade, 2 oignons, 40 g de gruyère râpé, 1 béchamel, 1 c. à s. d'herbes de Provence.

☐ **Soupe asiatique aux nouilles et au bœuf**

250 g de nouilles ramen, 250 g de steak de bœuf, 4 ciboules, 1 patate douce, 2 gousses d'ail, 1,5 l de bouillon de bœuf, 1 c. à s. de nuoc-mâm, de sauce soja et de coriandre, 1 c. à c. de gingembre surgelé, 1 pincée de piment, 2 c. à s. d'huile.

☐ **Falafels au four**

400 g de pois chiches en boîte, 8 tomates, 1 citron, 1 oignon, 1 gousse d'ail, 2 yaourts nature, 2 c. à c. de farine, 1 botte de persil plat, 2 c. à s. de coriandre, 3 c. à c. de cumin, 1 c. à s. + 1 filet d'huile d'olive.

☐ **Quenelles aux champignons**

8 quenelles, 600 g de champignons de Paris, 250 g de riz, 60 g de parmesan râpé, 20 cl de crème liquide, 20 cl de bouillon de volaille, 1 c. à s. de persil, 10 g de beurre.

☐ **Boulgour aux pois chiches et tomates confites**

250 g de boulgour, 400 g de pois chiches en boîte, 12 tomates confites, 200 g de feta, 1 citron, 1 bouillon cube, 2 c. à c. de ciboulette, 1 c. à s. de coriandre, 1 c. à s. d'huile d'olive.

☐ **Hachis de bœuf aux légumes**

350 g de bœuf haché, 250 g de courgettes, 200 g de champignons de Paris, 4 oignons, 1 gousse d'ail, 100 g de riz, 100 g de comté râpé, 10 cl de crème épaisse, 1 c. à c. de paprika, 1 c. à s. de jus de citron et d'huile d'olive.

☐ **Tartare de saumon aux deux citrons**

600 g de saumon, 1 citron vert, 1 citron jaune, 1 échalote, 250 g de tomates cerises, 1 roquette, 4 tranches de pain, 100 g de St Môret, 2 c. à c. de baies roses, 2 c. à s. de ciboulette et d'aneth, 1 c. à s. de vinaigre balsamique et d'huile d'olive.

Et aussi

MARS

Lundi 6 — Pâtes à la crème de petits pois

10 mn · 25 mn

Mardi 7 — Filets de lieu jaune aux baies roses

10 mn · 15 mn

Mercredi 8 — Quiche brocolis, jambon cru et fromages

10 mn · 45 mn

Jeudi 9 — Saumon à la crème de courgettes

10 mn · 20 mn

Vendredi 10 — Gratin poireaux/pommes de terre

15 mn · 40 mn

Samedi 11 — Cuisses de lapin au vin blanc

15 mn · 1 h 45

Dimanche 12 — Salade de pommes de terre américaine

15 mn · 1 h · 15 mn

Recettes
Pour 4 personnes

Cuire al dente 500 g de pâtes courtes complètes. Poêler 15-20 mn 1 petit oignon émincé + 1 gousse d'ail pilée + 400 g de petits pois + 1 c. à s. d'estragon dans 2 c. à s. d'huile d'olive. Mixer avec 200 g de ricotta. Mettre les pâtes cuites dans une casserole, ajouter la sauce, réchauffer et servir parsemées d'1 c. à s. d'estragon.

Plonger 600 g de filets de lieu jaune dans 20 cl de lait. Égoutter et rouler dans 2 c. à s. de farine. Poêler 2-3 mn/côté dans 30 g de beurre + 1 c. à s. d'huile. Réserver. Jeter la graisse de cuisson, verser 15 cl de crème liquide + 1 c. à s. de baies roses + 1 c. à c. de moutarde. Cuire 2 mn à feu fort. Servir avec le poisson + 250 g de riz sauvage + 1 citron en quartiers.

Garnir 1 pâte feuilletée de 200 g de tranches de jambon cru + 400 g de brocolis frais ou surgelés (cuits 10 mn à l'eau ou 8 mn au micro-ondes et coupés en fleurettes). Verser 1 mélange fait avec 4 œufs battus + 20 cl de crème épaisse + 10 cl de lait + 2 c. à s. de ciboulette. Parsemer de 30 g de gruyère râpé et de parmesan râpé. Enfourner 35 mn à 180 °C. Servir avec 1 salade.

Poêler 20 mn 1 petit oignon émincé + 1 gousse d'ail pilée + 3 courgettes en rondelles dans 2 c. à s. d'huile d'olive. Mixer avec 200 g de ricotta + 2 c. à s. de ciboulette + 1 c. à s. d'aneth. Servir sur 4 pavés de saumon cuits 10 mn à la vapeur. Accompagner de 250 g de semoule complète.

Précuire 10 mn à l'eau avec 1 bouillon cube 600 g de pommes de terre + 6 blancs de poireaux. Dans 1 plat à gratin beurré, alterner les couches de pommes de terre en rondelles et de poireaux émincés. Napper d'1 béchamel mélangée à 125 g de jambon fumé en morceaux + 100 g de comté râpé et enfourner 25-30 mn à 200 °C.

Cuire dans 1 cocotte 100 g de lardons + 15 g de beurre. Réserver. Faire revenir 10 mn 4 échalotes émincées + 4 cuisses de lapin. Ajouter 2 c. à s. de farine + 1 c. à s. de moutarde + 1 bouillon cube + 15 cl d'eau + 1 bouquet garni + 20 cl de vin blanc. Cuire 1 h. Ajouter les lardons + 1 boîte de champignons. Cuire encore 1/2 h. Verser 15 cl de crème liquide. Servir avec 600 g de petits pois/carottes cuits.

Cuire 15 mn à la vapeur 1 kg de pommes de terre. Les couper en dés et les mélanger froides avec 4 carottes râpées + 1/2 botte d'oignons nouveaux émincés avec les 2/3 du vert + 2 échalotes émincées + 6 œufs durs coupés en 4. Ajouter la sauce (20 cl de crème épaisse + 20 cl de mayonnaise + 2 c. à s. de persil et d'aneth + 1 c. à c. de cumin + le jus d'1 citron). Réfrigérer 1 h.

Courses
Pour 4 personnes

- [ ] **Pâtes à la crème de petits pois**

500 g de pâtes courtes complètes, 400 g de petits pois, 200 g de ricotta, 1 petit oignon, 1 gousse d'ail, 2 c. à s. d'estragon, 2 c. à s. d'huile d'olive.

- [ ] **Filets de lieu jaune aux baies roses**

600 g de filets de lieu jaune, 250 g de riz sauvage, 1 c. à s. de baies roses, 1 citron, 2 c. à s. de farine, 30 g de beurre, 20 cl de lait, 15 cl de crème liquide, 1 c. à c. de moutarde, 1 c. à s. d'huile.

- [ ] **Quiche brocolis, jambon cru et fromages**

1 pâte feuilletée, 200 g de tranches de jambon cru, 400 g de brocolis frais ou surgelés, 1 salade, 30 g de gruyère râpé et de parmesan râpé, 4 œufs, 20 cl de crème épaisse, 10 cl de lait, 2 c. à s. de ciboulette.

- [ ] **Saumon à la crème de courgettes**

4 pavés de saumon, 3 courgettes, 1 petit oignon, 1 gousse d'ail, 250 g de semoule complète, 200 g de ricotta, 2 c. à s. de ciboulette, 1 c. à s. d'aneth, 2 c. à s. d'huile d'olive.

- [ ] **Gratin poireaux/pommes de terre**

6 poireaux, 600 g de pommes de terre, 125 g de jambon fumé, 100 g de comté râpé, 1 bouillon cube, 1 béchamel, 1 noix de beurre.

- [ ] **Cuisses de lapin au vin blanc**

4 cuisses de lapin, 100 g de lardons, 600 g de petits pois/carottes, 4 échalotes, 1 boîte de champignons, 20 cl de vin blanc, 15 cl de crème liquide, 2 c. à s. de farine, 1 bouquet garni, 1 c. à s. de moutarde, 1 bouillon cube, 15 g de beurre.

- [ ] **Salade de pommes de terre américaine**

1 kg de pommes de terre, 4 carottes, 1/2 botte d'oignons nouveaux, 2 échalotes, 1 citron, 6 œufs, 20 cl de crème épaisse, 20 cl de mayonnaise, 2 c. à s. de persil et d'aneth, 1 c. à c. de cumin.

Et aussi

2017

MARS

Lundi **13**

Gratins légers de coquillettes au jambon

10 mn 25 mn

Mardi **14**

Rumstecks sauce au poivre vert

5 mn 10 mn

Mercredi **15**

Flan de macédoine méli-mélo

10 mn 50 mn

Jeudi **16**

Parmentier de poisson aux carottes

15 mn 35 mn

Vendredi **17**

Bricks à la viande

10 mn 25 mn

Samedi **18**

Poulet à la chinoise

10 mn 25 mn

Dimanche **19**

Salade de lentilles à la mimolette

15 mn 30 mn

Recettes
Pour 4 personnes

Battre 2 œufs avec 4 c. à s. de crème épaisse + 60 g d'emmental râpé + 1 c. à c. de curry. Ajouter 300 g de coquillettes al dente + 4 tranches de jambon en lanières + 1 grosse boîte de champignons de Paris. Répartir dans des ramequins et enfourner 15 mn à 200 °C.

Poêler 4 tranches de rumsteck dans 1 c. à s. d'huile + 5 g de beurre. Réserver. Déglacer avec 2 c. à s. de cognac et autant d'eau. Réduire et ajouter 3 c. à s. de poivre vert + 40 cl de crème épaisse. Réduire, ajouter 35 g de beurre, fouetter la sauce et en napper les steaks. Servir avec 8 palets de légumes décongelés réchauffés au micro-ondes.

Mélanger 4 œufs battus + 1 boîte de lait concentré non sucré + 1 boîte de macédoine égouttée + 4 c. à s. de ciboulette. Enfourner 50 mn à 180 °C. Servir tiède ou froid avec 20 cl de coulis de tomates (mélangé à 1 c. à c. de sucre) et 1 salade verte + 40 g de pignons grillés à sec.

Poêler 2 oignons émincés dans 1 c. à s. d'huile d'olive. Ajouter 4 filets de poisson écrasés à la fourchette + 1 c. à s. de farine + 15 cl de lait + 1 pincée de cumin. Cuire 10 mn. Dans 1 plat beurré, étager 250 g de purée de carottes + le poisson + 250 g de purée de pommes de terre. Parsemer de 60 g de gruyère râpé. Enfourner 20 mn à 200 °C.

Poêler 2 oignons émincés dans 1 c. à s. d'huile. Ajouter 400 g de bœuf haché + 1 c. à c. de cumin + 1 c. à c. de ras el-hanout. Cuire 3 mn. Dans 6 feuilles de brick, répartir 1 tomate en rondelles + la viande + 6 feuilles de laitue. Fermer les bricks en triangles, les badigeonner d'1 c. à s. d'huile d'olive et enfourner 15 mn à 200 °C. Servir avec 1 laitue.

Dans 1 sauteuse, faire suer 1 oignon émincé dans 1 c. à s. d'huile neutre. Ajouter 600 g de blancs de poulet en morceaux + 1 c. à c. de citronnelle et de gingembre. Cuire 5 mn. Déglacer avec le jus d'1 citron vert, ajouter 30 cl de lait de coco + 1 poignée de coriandre. Mijoter 15 mn. Servir avec 250 g de riz basmati.

Cuire 300 g de lentilles vertes + 2 carottes en rondelles dans 1 l d'eau 25 mn après ébullition. Les mélanger, égouttées et refroidies, avec 100 g de mimolette en dés. Ajouter 1 sauce (2 c. à s. de vinaigre de Xérès + 2 échalotes émincées finement + 1 c. à s. de moutarde + 4 c. à s. d'huile d'olive + 2 c. à s. de ciboulette).

Courses
Pour 4 personnes

- [ ] **Gratins légers de coquillettes au jambon**

300 g de coquillettes, 4 tranches de jambon, 1 grosse boîte de champignons de Paris, 60 g d'emmental râpé, 2 œufs, 4 c. à s. de crème épaisse, 1 c. à c. de curry.

- [ ] **Rumstecks sauce au poivre vert**

4 tranches de rumsteck, 8 palets de légumes surgelés, 40 cl de crème épaisse, 2 c. à s. de cognac, 3 c. à s. de poivre vert, 40 g de beurre, 1 c. à s. d'huile.

- [ ] **Flan de macédoine méli-mélo**

1 boîte de macédoine, 4 œufs, 40 g de pignons, 1 boîte de lait concentré non sucré, 20 cl de coulis de tomates, 4 c. à s. de ciboulette, 1 c. à c. de sucre, 1 salade verte.

- [ ] **Parmentier de poisson aux carottes**

4 filets de poisson, 250 g de purée de carottes, 250 g de purée de pommes de terre, 2 oignons, 60 g de gruyère râpé, 15 cl de lait, 1 c. à s. de farine, 1 pincée de cumin, 1 c. à s. d'huile d'olive, 1 noix de beurre.

- [ ] **Bricks à la viande**

6 feuilles de brick, 400 g de bœuf haché, 2 oignons, 1 tomate, 1 laitue, 1 c. à c. de cumin, 1 c. à c. de ras el-hanout, 2 c. à s. d'huile d'olive.

- [ ] **Poulet à la chinoise**

600 g de blancs de poulet, 250 g de riz basmati, 1 oignon, 1 citron vert, 30 cl de lait de coco, 1 poignée de coriandre, 1 c. à c. de citronnelle, 1 c. à c. de gingembre, 1 c. à s. d'huile neutre.

- [ ] **Salade de lentilles à la mimolette**

300 g de lentilles vertes, 2 carottes, 2 échalotes, 100 g de mimolette, 2 c. à s. de ciboulette, 1 c. à s. de moutarde, 2 c. à s. de vinaigre de Xérès, 4 c. à s. d'huile d'olive.

Et aussi

MARS

Lundi 20
Ravioles gratinées aux poireaux
10 mn — 25 mn

Mardi 21
Salade de pâtes aux trois couleurs
15 mn — 10 mn

Mercredi 22
Quiche au bleu et aux artichauts
10 mn — 35 mn

Jeudi 23
Steaks hachés et épinards à la crème
15 mn — 10 mn

Vendredi 24
Croquettes de légumes
15 mn — 25 mn

Samedi 25
Tartare de saumon à la thaïlandaise
10 mn — 1 h

Dimanche 26
Côtelettes d'agneau au thym
10 mn — 30 mn — 30 mn

Recettes

Pour 4 personnes

Cuire 5 mn à l'eau 4 poireaux lavés et coupés en tronçons. Les égoutter. Beurrer un plat à gratin et étager sur plusieurs couches 8 plaques de ravioles crues + les poireaux + 20 cl de crème liquide + 10 cl de lait + 2 c. à c. de muscade. Terminer par des ravioles parsemées de 80 g de comté râpé. Enfourner 20 mn à 180 °C et servir avec 1 salade.

Mélanger 200 g de fusilli cuits et refroidis avec 250 g de tomates cerises coupées en 2 + 300 g de haricots verts cuits 6 mn à la vapeur et coupés en morceaux + 50 g de pignons de pin + 250 g de mozzarella en dés + 200 g de jambon italien en lanières + 100 g de parmesan en copeaux. Assaisonner avec 1 gousse d'ail pilée + 4 c. à s. de vinaigre balsamique + 8 c. à s. d'huile d'olive + 20 feuilles de basilic.

Garnir 1 pâte brisée de 5 fonds d'artichauts coupés en 4. Verser dessus 1 mélange fait de 4 œufs battus + 20 cl de crème épaisse. Parsemer de 200 g de bleu d'Auvergne émietté. Enfourner 35 mn à 180 °C. Servir avec 8 tomates en salade.

Blanchir 5 mn à l'eau bouillante avec 1 bouillon cube 3 kg d'épinards frais lavés et équeutés. Les égoutter. Dorer 1 oignon émincé dans 1 noix de beurre. Ajouter 20 cl de crème liquide + 1 pincée de noix de muscade, puis les épinards. Servir avec 4 steaks hachés poêlés quelques mn avec 1 noix de beurre.

Râper 4 carottes, 2 pommes de terre épluchées et 2 courgettes lavées. Les mélanger avec 2 œufs battus + 250 g de comté râpé + 1 c. à s. de persil + 3 c. à s. d'huile d'olive. Former des croquettes, les enfourner 25 mn à 200 °C en retournant à mi-cuisson. Servir avec 8 tranches de jambon de dinde et 4 c. à s. de ketchup.

Mélanger 500 g de saumon frais et 100 g de saumon fumé en petits dés avec 1 concombre pelé et épépiné en dés + 2 échalotes émincées + 1 c. à s. de coriandre. Assaisonner avec le jus de 2 citrons + 4 c. à s. d'huile de sésame + 2 c. à s. de gingembre frais râpé + 2 c. à s. de sauce soja. Réserver 1 h au frais. Servir avec 1 concombre en rondelles + 1 sachet de croûtons.

Faire mariner 30 mn 8 côtelettes d'agneau dans le jus de 2 citrons + 2 c. à s. de thym. Les poêler à feu vif 5 mn/côté dans 1 c. à s. d'huile. Baisser le feu, ajouter 2 échalotes émincées et poêler 3 mn. Ajouter 1 gousse d'ail pilée + la marinade, couvrir et laisser mijoter 3 mn. Servir avec 1 salade et 8 pommes de terre cuites sautées avec 1 c. à s. d'huile.

Courses

Pour 4 personnes

- [ ] **Ravioles gratinées aux poireaux**

8 plaques de ravioles, 4 poireaux, 80 g de comté râpé, 20 cl de crème liquide, 10 cl de lait, 2 c. à c. de muscade, 1 noix de beurre, 1 salade.

- [ ] **Salade de pâtes aux trois couleurs**

200 g de fusilli, 250 g de tomates cerises, 300 g de haricots verts, 250 g de mozzarella, 200 g de jambon italien, 100 g de parmesan, 50 g de pignons de pin, 1 gousse d'ail, 20 feuilles de basilic, 4 c. à s. de vinaigre balsamique, 8 c. à s. d'huile d'olive.

- [ ] **Quiche au bleu et aux artichauts**

1 pâte brisée, 200 g de bleu d'Auvergne, 5 fonds d'artichauts, 8 tomates, 4 œufs, 20 cl de crème épaisse.

- [ ] **Steaks hachés et épinards à la crème**

4 steaks hachés, 3 kg d'épinards frais, 1 oignon, 20 cl de crème liquide, 1 bouillon cube, 1 pincée de noix de muscade, 2 noix de beurre.

- [ ] **Croquettes de légumes**

4 carottes, 2 courgettes, 2 pommes de terre, 250 g de comté râpé, 8 tranches de jambon de dinde, 2 œufs, 1 c. à s. de persil, 4 c. à s. de ketchup (facultatif), 3 c. à s. d'huile d'olive.

- [ ] **Tartare de saumon à la thaïlandaise**

500 g de saumon frais, 100 g de saumon fumé, 2 concombres, 2 citrons, 2 échalotes, 1 sachet de croûtons, 2 c. à s. de gingembre frais râpé, 1 c. à s. de coriandre, 2 c. à s. de sauce soja, 4 c. à s. d'huile de sésame.

- [ ] **Côtelettes d'agneau au thym**

8 côtelettes d'agneau, 8 pommes de terre, 2 citrons, 2 échalotes, 1 gousse d'ail, 1 salade, 2 c. à s. de thym, 2 c. à s. d'huile.

67

Et aussi

MARS-AVRIL

Lundi 27 — Lasagnes rapides saumon et poireaux
15 mn / 40 mn

Mardi 28 — Salade de crevettes à la citronnelle
15 mn

Mercredi 29 — Crumble de poulet
15 mn / 30 mn

Jeudi 30 — Salade de poulet au sésame
15 mn / 5 mn

Vendredi 31 — Gratin de riz, tomates et mozzarella
10 mn / 35 mn

Samedi 1 — Roulés de jambon au coleslaw
15 mn / 1 h

Dimanche 2 — Bœuf aux herbes
5 mn / 1 h / 10 mn

Recettes
Pour 4 personnes

Mélanger 4 tranches de saumon fumé en lanières avec 2 pavés de saumon frais émiettés + 1 c. à s. d'aneth + 600 g de fondue de poireaux décongelée. Étager sur 2 ou 3 couches avec 1 béchamel + 12 feuilles de lasagnes. Terminer par la béchamel. Saupoudrer de 50 g de parmesan. Enfourner env. 35 mn à 200 °C. Servir avec 1 salade.

Mélanger 1 sachet de mesclun + 24 crevettes roses cuites + 6 tranches d'ananas en dés + 16 tomates cerises coupées en 2 + 2 carottes râpées + 1 concombre en bâtonnets. Assaisonner avec le jus d'1/2 citron mélangé à 1 c. à s. de sucre et de nuoc-mâm + 2 c. à s. d'eau + 1 pincée de gingembre + 1 c. à c. de citronnelle, de ciboulette et de coriandre.

Poêler 4 oignons émincés dans 20 g de beurre. Ajouter 4 filets de poulet en morceaux et, après 5 mn, 1 c. à s. de thym, d'ail et de laurier + 40 cl de purée de tomates. Mijoter 10 mn. Verser dans 1 plat et couvrir de crumble (malaxer 60 g de farine, de poudre d'amandes, de parmesan et de beurre en morceaux). Dorer 15 mn au four préchauffé à 180 °C. Servir avec 1 salade.

Mélanger 2 blancs de poulet en dés (poêlés 5 mn dans 1 c. à s. d'huile) + 200 g de fèves pelées décongelées + 2 salades sucrine émincées + 100 g de gruyère et 8 abricots secs en dés + 12 champignons de Paris émincés + 1 c. à s. de graines de sésame. Assaisonner avec 4 c. à s. d'huile + 2 c. à s. d'huile de sésame + 3 c. à s. de vinaigre de vin blanc + 1 c. à c. de miel.

Poêler 1 oignon émincé dans 2 c. à s. d'huile d'olive. Ajouter 1 boîte de tomates pelées + 1 c à s. d'herbes de Provence + 300 g de riz cuit. Mijoter 5 mn. Déposer le tout dans 1 plat à gratin et poser dessus en les alternant 4 tomates et 300 g de mozzarella en rondelles. Enfourner 25 mn à 180 °C et parsemer d'1 c. à s. de basilic avant de servir.

Râper 400 g de chou blanc et 2 carottes. Mélanger avec 50 g de raisins de Corinthe (au préalable trempés 15 mn dans de l'eau bouillante) et ajouter la sauce (80 g de mayonnaise + 100 g de fromage blanc + 2 c. à s. de vinaigre de cidre + 2 c. à s. de ciboulette). Réfrigérer 1 h. En garnir 8 tranches de jambon blanc et les rouler sur elles-mêmes. Servir avec 1 laitue.

Mariner pendant 1 h au frais 4 pavés de bœuf dans 6 c. à s. d'huile d'olive + 4 c. à s. de romarin et de thym. Les poêler 1-2 mn/côté dans 1 c. à s. de marinade et servir avec 8 palets de légumes décongelés et 4 c. à c. de moutarde aux herbes.

Courses
Pour 4 personnes

- [ ] **Lasagnes rapides saumon et poireaux**

12 feuilles de lasagnes, 4 tranches de saumon fumé, 2 pavés de saumon frais, 600 g de fondue de poireaux surgelée, 1 salade, 1 béchamel, 50 g de parmesan, 1 c. à s. d'aneth.

- [ ] **Salade de crevettes à la citronnelle**

24 crevettes roses cuites, 16 tomates cerises, 6 tranches d'ananas, 2 carottes, 1 sachet de mesclun, 1 concombre, 1/2 citron, 1 c. à c. de ciboulette, de coriandre et de citronnelle, 1 c. à s. de nuoc-mâm et de sucre, 1 pincée de gingembre.

- [ ] **Crumble de poulet**

4 filets de poulet, 4 oignons, 40 cl de purée de tomates, 80 g de beurre, 60 g de farine, 60 g de poudre d'amandes, 60 g de parmesan, 1 c. à s. d'ail, 1 c. à s. de thym, 1 c. à s. de laurier, 1 salade.

- [ ] **Salade de poulet au sésame**

2 salades sucrine, 12 champignons de Paris, 200 g de fèves pelées surgelées, 2 blancs de poulet, 8 abricots secs, 100 g de gruyère, 1 c. à s. de graines de sésame, 1 c. à c. de miel, 3 c. à s. de vinaigre de vin blanc, 5 c. à s. d'huile, 2 c. à s. d'huile de sésame.

- [ ] **Gratin de riz, tomates et mozzarella**

300 g de riz cuit, 1 boîte de tomates pelées, 4 tomates, 1 oignon, 300 g de mozzarella, 1 c à s. d'herbes de Provence, 1 c. à s. de basilic, 2 c. à s. d'huile d'olive.

- [ ] **Roulés de jambon au coleslaw**

8 tranches de jambon blanc, 400 g de chou blanc, 2 carottes, 50 g de raisins de Corinthe, 1 laitue, 100 g de fromage blanc, 80 g de mayonnaise, 2 c. à s. de vinaigre de cidre, 2 c. à s. de ciboulette.

- [ ] **Bœuf aux herbes**

4 pavés de bœuf, 8 palets de légumes surgelés, 4 c. à s. de romarin et de thym, 4 c. à c. de moutarde aux herbes, 6 c. à s. d'huile d'olive.

Et aussi

AVRIL

Lundi 3

Orecchiette aux lardons et aux petits pois

10 mn | 20 mn

Mardi 4

Soupe de légumes toute simple

15 mn | 30 mn

Mercredi 5

Bricks saumon fumé, chèvre et épinards

10 mn | 20 mn

Jeudi 6

Œufs à la coque et crudités

10 mn | 5 mn

Vendredi 7

Risotto de quinoa aux légumes

15 mn | 20 mn

Samedi 8

Petites saucisses aux patates et purée verte

5 mn | 40 mn

Dimanche 9

Lapin rôti

15 mn | 1 h 30

70

Recettes
Pour 4 personnes

Poêler 5 mn 125 g de lardons à sec. Ajouter 20 cl de crème épaisse légère et laisser mijoter à feu doux 5 mn. Mélanger avec 400 g d'orecchiette al dente + 300 g de petits pois cuits 10-15 mn à la vapeur + 80 g de parmesan râpé.

Cuire à l'eau env. 30 mn avec 1 bouillon cube 3 carottes et 2 pommes de terre pelées et en rondelles + 1 poireau émincé + 1 navet épluché et en morceaux + 1 oignon émincé + 1 tomate en dés. Mixer avec 1 c. à s. de crème et servir avec 80 g de comté râpé + 4 tranches de jambon + 4 tranches de pain de campagne beurrées avec 4 noix de beurre.

Décongeler 800 g d'épinards. Répartir sur 8 feuilles de brick 1 bûche de chèvre en morceaux + 4 tranches de saumon fumé en lanières + 8 c. à s. d'épinards + 1 c. à s. d'estragon. Refermer les bricks en triangles et les badigeonner avec 1 pinceau d'1 c. à s. d'huile d'olive. Enfourner 15 mn à 200 °C. Servir avec le reste des épinards.

Cuire 8 œufs à la coque (3 mn après ébullition). Les parsemer de 8 c. à c. de ciboulette. Servir avec 300 g de chou rouge haché + 4 carottes râpées + 40 g de cerneaux de noix émiettés + 2 c. à s. de raisins secs (trempés 15 mn dans 1 bol d'eau bouillante) + 4 c. à s. d'huile d'olive + 2 c. à s. de vinaigre balsamique + 1 c. à s. de moutarde et 1 baguette + 40 g de beurre.

Mélanger 2 verres de quinoa + 1 bouillon cube + 3 verres d'eau froide et cuire 15 mn après ébullition. Cuire 8-10 mn au micro-ondes 2 courgettes + 2 carottes en dés. Les dorer 2 mn à la poêle dans 1 c. à s. d'huile d'olive. Ajouter 2 tomates en dés + 125 g de lardons. Après 5 mn, mélanger avec le quinoa, ajouter 4 c. à s. de mascarpone + 1 c. à s. de persil.

Sur 1 plaque allant au four, déposer 4 grosses pommes de terre (épluchées, précuites 10 mn à l'eau et coupées en 2) + 4 chipolatas coupées en petits morceaux + 1 c. à s. de basilic. Enfourner 30 mn à 200 °C. Servir avec 600 g de purée de haricots verts décongelée.

Poêler 2 oignons émincés dans 1 c. à s. d'huile d'olive. Dans 1 plat, mettre 1 lapin en morceaux + 8 pommes de terre coupées en 2 + 800 g de tomates en quartiers + les oignons + 5 c. à s. d'huile d'olive + 10 cl de vin blanc sec + 3 gousses d'ail + 1 bouquet garni + 125 g de lardons et enfourner 1 h 30 à 200 °C. Servir avec 4 c. à s. de moutarde à l'ancienne.

Courses
Pour 4 personnes

☐ **Orecchiette aux lardons et aux petits pois**

400 g d'orecchiette, 125 g de lardons, 300 g de petits pois, 80 g de parmesan râpé, 20 cl de crème épaisse légère.

☐ **Soupe de légumes toute simple**

3 carottes, 2 pommes de terre, 1 poireau, 1 navet, 1 tomate, 1 oignon, 4 tranches de jambon, 4 tranches de pain de campagne, 80 g de comté râpé, 1 bouillon cube, 1 c. à s. de crème, 4 noix de beurre.

☐ **Bricks saumon fumé, chèvre et épinards**

8 feuilles de brick, 4 tranches de saumon fumé, 800 g d'épinards surgelés, 1 bûche de chèvre, 1 c. à s. d'estragon, 1 c. à s. d'huile d'olive.

☐ **Œufs à la coque et crudités**

8 œufs, 300 g de chou rouge, 4 carottes, 40 g de cerneaux de noix, 2 c. à s. de raisins secs (facultatif), 1 baguette, 40 g de beurre, 8 c. à c. de ciboulette, 1 c. à s. de moutarde, 4 c. à s. d'huile d'olive, 2 c. à s. de vinaigre balsamique.

☐ **Risotto de quinoa aux légumes**

2 verres de quinoa, 2 courgettes, 2 tomates, 2 carottes, 125 g de lardons, 1 bouillon cube, 4 c. à s. de mascarpone, 1 c. à s. de persil, 1 c. à s. d'huile d'olive.

☐ **Petites saucisses aux patates et purée verte**

4 chipolatas, 4 grosses pommes de terre, 600 g de purée de haricots verts surgelée, 1 c. à s. de basilic.

☐ **Lapin rôti**

1 lapin, 125 g de lardons, 800 g de tomates, 8 pommes de terre, 2 oignons, 3 gousses d'ail, 1 bouquet garni, 10 cl de vin blanc sec, 4 c. à s. de moutarde à l'ancienne, 6 c. à s. d'huile d'olive.

Et aussi

AVRIL
2017

Lundi 10
Ravioles simples, parmesan et crème
5 mn · 5 mn

Mardi 11
Salade « sous les palmiers »
15 mn · 15 mn

Mercredi 12
Sandwichs à l'anglaise
15 mn

Jeudi 13
Escalopes de veau à la normande
15 mn · 15 mn

Vendredi 14
Croquettes de poisson et rougail
15 mn · 10 mn

Samedi 15
Pommes de terre au gril
10 mn · 30 mn

Dimanche 16
Pâques
Côtelettes d'agneau à l'ail et salade de pois chiches
15 mn · 2 h · 20 mn

72

Recettes
Pour 4 personnes

Cuire 1 mn à l'eau bouillante 8 plaques de ravioles. Les égoutter et les napper de 20 cl de crème liquide réchauffée. Saupoudrer de 80 g de parmesan + 2 c. à s. de ciboulette.

Mélanger 3 blancs de poulet (cuits 15 mn à l'eau avec 1 bouillon cube, puis émincés et refroidis) + 2 boîtes de cœurs de palmiers en rondelles + 1 oignon rouge finement émincé + 1 boîte de pousses de soja + 2 carottes râpées + 80 g de mâche. Assaisonner avec 1 c. à s. de moutarde + 2 c. à s. de vinaigre de vin + 4 c. à s. d'huile de sésame + 1 c. à s. de sauce soja.

Tartiner 8 tranches de pain de mie de 4 c. à s. de St Môret mélangé au jus d'1/2 citron + 2 c. à s. d'aneth. Mettre sur 4 tranches 150 g de saumon fumé. Fermer les sandwichs. Tartiner 8 autres tranches de pain de mie de 4 c. à s. de mayonnaise mélangée à 4 œufs durs et 1 botte de pousses de cresson hachés. Fermer les sandwichs et servir avec 2 concombres épluchés et en dés + 4 c. à s. de crème liquide + 2 c. à s. de ciboulette + le jus d'1/2 citron.

Poêler 10 mn 4 escalopes de veau dans 10 g de beurre. Réserver. Faire bouillir 20 cl de cidre brut + 1 c. à s. de fond de veau. Laisser réduire 5 mn. Poêler 500 g de champignons émincés, ajouter le cidre + 50 cl de crème épaisse. Remettre les escalopes et mijoter 5 mn. Servir avec 500 g de tagliatelles fraîches al dente.

Mixer 20 sec. 600 g de colin cuit + 1/2 poivron + 3 ciboules + 2 gousses d'ail + 1 c. à s. de farine + 2 c. à s. de coriandre + le zeste d'1 citron vert. Faire des boulettes, les rouler dans 50 g de chapelure, les poêler 5 mn dans 2 c. à s. d'huile d'olive. Servir avec 8 tomates en cubes + 3 ciboules émincées + 3 c. à s. d'huile d'olive + le jus de 2 citrons verts + 1 pincée de gingembre et de piment.

Laver 1,5 kg de pommes de terre nouvelles. Les couper en 2 sans les peler et les poser côté peau dans un lèchefrite. Arroser de 3 c. à s. d'huile d'olive + 1 c. à c. de sel + 2 c. à s. d'herbes de Provence. Placer en haut du four env. 30 mn à 230 °C. Servir avec 8 tranches de jambon blanc et 1/2 tasse de moutarde ou de ketchup.

Poêler 1 oignon rouge émincé + 1 gousse d'ail pilée dans 2 c. à s. d'huile d'olive. Déglacer avec 4 c. à s. de vinaigre de vin. Laisser réduire à sec. Mélanger avec 1 grosse boîte de pois chiches + 2 tomates en dés + 2 c. à s. de menthe. Servir avec 8 côtelettes d'agneau poêlées 5-7 mn/côté (marinées 2 h dans 3 c. à s. de jus de citron + 4 c. à s. d'huile d'olive + 5 gousses d'ail pilées).

Courses
Pour 4 personnes

- [ ] **Ravioles simples, parmesan et crème**

8 plaques de ravioles, 80 g de parmesan, 20 cl de crème liquide, 2 c. à s. de ciboulette.

- [ ] **Salade « sous les palmiers »**

3 blancs de poulet, 2 boîtes de cœurs de palmiers, 1 boîte de pousses de soja, 2 carottes, 80 g de mâche, 1 oignon rouge, 1 bouillon cube, 1 c. à s. de moutarde, 1 c. à s. de sauce soja, 2 c. à s. de vinaigre de vin, 4 c. à s. d'huile de sésame.

- [ ] **Sandwichs à l'anglaise**

16 tranches de pain de mie, 150 g de saumon fumé, 4 œufs durs, 2 concombres, 1 botte de pousses de cresson, 1 citron, 4 c. à s. de St Môret, de mayonnaise et de crème liquide, 2 c. à s. de ciboulette et d'aneth.

- [ ] **Escalopes de veau à la normande**

4 escalopes de veau, 500 g de tagliatelles fraîches, 500 g de champignons, 50 cl de crème épaisse, 20 cl de cidre brut, 1 c. à s. de fond de veau, 10 g de beurre.

- [ ] **Croquettes de poisson et rougail**

600 g de colin, 8 tomates, 6 ciboules, 2 citrons verts, 1/2 poivron, 2 gousses d'ail, 50 g de chapelure, 1 c. à s. de farine, 2 c. à s. de coriandre, 1 pincée de gingembre et de piment, 5 c. à s. d'huile d'olive.

- [ ] **Pommes de terre au gril**

1,5 kg de pommes de terre nouvelles, 8 tranches de jambon blanc, 1/2 tasse de moutarde ou de ketchup, 1 c. à c. de sel, 2 c. à s. d'herbes de Provence, 3 c. à s. d'huile d'olive.

- [ ] **Côtelettes d'agneau à l'ail et salade de pois chiches**

8 côtelettes d'agneau, 6 gousses d'ail, 2 tomates, 1 oignon rouge, 1 grosse boîte de pois chiches, 2 c. à s. de menthe, 3 c. à s. de jus de citron, 4 c. à s. de vinaigre de vin, 6 c. à s. d'huile d'olive.

Et aussi

AVRIL

2017

Lundi

17

Lundi de Pâques

Lasagnes aux aubergines

10 mn — 40 mn

Mardi

18

Soupe de polenta aux légumes de printemps

15 mn — 20 mn

Mercredi

19

Cake au jambon et deux olives

10 mn — 45 mn

Jeudi

20

Boulettes de crevettes à la thaï et laitue croquante

10 mn — 5 mn

Vendredi

21

Risotto aux petits pois

15 mn — 35 mn

Samedi

22

Cheeseburgers au chèvre

15 mn — 5 mn

Dimanche

23

Filets de truite et fondue de poireaux

15 mn — 30 mn

74

Recettes
Pour 4 personnes

Étager 12 feuilles de lasagnes + 1 pot de riste d'aubergines + 400 g de chair à saucisses (poêlée 5 mn avec 1 c. à s. d'herbes de Provence dans 1 c. à s. d'huile d'olive) sur 2 ou 3 couches. Terminer par 20 cl de sauce soja pour gratin et 100 g de gruyère râpé. Enfourner env. 35 mn à 200 °C. Servir avec 1 salade.

Poêler 5 mn 1 oignon jaune et 1 poireau émincés dans 3 c. à s. d'huile d'olive. Ajouter 100 g d'épinards + 100 g de feuilles de blettes. Remuer jusqu'à ce qu'elles soient cuites. Verser 200 g de polenta + 60 cl de bouillon de poule. Remuer jusqu'au gonflement de la polenta. Servir avec 1 c. à s. d'estragon et de persil + 60 g de parmesan râpé + le jus d'1/2 citron.

Mélanger 150 g de farine + 50 g de Maïzena + 1 sachet de levure + 3 œufs + 4 c. à s. d'huile d'olive. Ajouter 10 cl de lait chaud + 120 g de gruyère râpé + 200 g de dés de jambon + 20 olives vertes et noires + 1 c. à s. de thym. Verser dans 1 moule à cake beurré et fariné. Cuire 35 à 45 mn à 180 °C. Servir avec 1 salade.

Mixer 15 sec. 600 g de crevettes décortiquées + 1 carotte + 3 ciboules + 2 gousses d'ail + 1 c. à s. de farine + le zeste d'1 citron vert + 2 c. à s. de coriandre + 1 c. à c. de gingembre. Faire des boulettes, les rouler dans 50 g de chapelure, les poêler 5 mn avec 2 c. à s. d'huile d'olive. Servir avec 1 sauce au piment doux + 1 citron vert en quartiers + 1 laitue iceberg.

Poêler 1 oignon émincé + 2 gousses d'ail dans 2 c. à c. d'huile d'olive. Ajouter 300 g de riz à risotto et incorporer progressivement 2 cubes de bouillon de volaille (dilués dans 1 l d'eau bouillante) en remuant sans cesse, jusqu'à ce que le riz soit cuit. En fin de cuisson, incorporer 500 g de petits pois décongelés + 4 tranches de bacon grillées à sec et émincées + 50 g de parmesan. Arroser du jus d'1 citron.

Tartiner 4 pains à burgers de 4 c. à c. de moutarde douce. Les garnir de 2 tomates en rondelles + 4 steaks hachés saisis + 1/2 bûche de chèvre en rondelles + 1 oignon en rondelles (poêlé dans 1 c. à s. d'huile d'olive) + 4 feuilles de salade. Servir avec 2 courgettes en lanières assaisonnées avec le jus d'1 citron + 4 c. à s. d'huile d'olive + 1 c. à s. de menthe.

Dans 1 faitout, faire fondre 40 g de beurre. Ajouter 5 poireaux en rondelles. Une fois colorés, ajouter en 2 fois 20 cl de lait + 5 cl de vin blanc. Mijoter 20 mn. Quand ils sont tendres, ajouter 2 c. à s. de crème épaisse + 1 dosette de safran. Cuire 2 mn. Servir avec 200 g de riz sauvage + 4 filets de truite poêlés 5-10 mn dans 20 g de beurre.

Courses
Pour 4 personnes

- [ ] Lasagnes aux aubergines

12 feuilles de lasagnes, 1 pot de riste d'aubergines, 400 g de chair à saucisses, 100 g de gruyère râpé, 1 salade, 20 cl de sauce soja pour gratin, 1 c. à s. d'herbes de Provence, 1 c. à s. d'huile d'olive.

- [ ] Soupe de polenta aux légumes de printemps

200 g de polenta, 100 g d'épinards, 100 g de feuilles de blettes, 1 poireau, 1 oignon jaune, 1/2 citron, 60 g de parmesan râpé, 60 cl de bouillon de poule, 1 c. à s. d'estragon et de persil, 3 c. à s. d'huile d'olive.

- [ ] Cake au jambon et deux olives

200 g de dés de jambon, 20 olives vertes et noires, 120 g de gruyère râpé, 150 g de farine, 1 sachet de levure, 50 g de Maïzena, 1 salade, 3 œufs, 10 cl de lait, 4 c. à s. d'huile d'olive, 1 c. à s. de thym, 1 noix de beurre.

- [ ] Boulettes de crevettes à la thaï et laitue croquante

600 g de crevettes, 3 ciboules, 1 carotte, 2 gousses d'ail, 1 citron vert, 1 laitue iceberg, 50 g de chapelure, 1 c. à s. de farine, 1 pot de sauce au piment doux, 2 c. à s. de coriandre, 1 c. à c. de gingembre, 2 c. à s. d'huile d'olive.

- [ ] Risotto aux petits pois

300 g de riz à risotto, 500 g de petits pois surgelés, 50 g de parmesan, 4 tranches de bacon, 2 gousses d'ail, 1 oignon, 1 citron, 2 cubes de bouillon de volaille, 2 c. à c. d'huile d'olive.

- [ ] Cheeseburgers au chèvre

4 pains à burgers, 4 steaks hachés, 1/2 bûche de chèvre, 4 feuilles de salade, 2 tomates, 2 courgettes, 1 citron, 1 oignon, 4 c. à c. de moutarde douce, 1 c. à s. de menthe, 5 c. à s. d'huile d'olive.

- [ ] Filets de truite et fondue de poireaux

4 filets de truite, 5 poireaux, 200 g de riz sauvage, 60 g de beurre, 20 cl de lait, 5 cl de vin blanc, 2 c. à s. de crème épaisse, 1 dosette de safran.

Et aussi

AVRIL

2017

Lundi 24 — Pâtes aux deux tomates
5 mn · 15 mn

Mardi 25 — Velouté de cresson
15 mn · 40 mn

Mercredi 26 — Duo de pains au lait
15 mn

Jeudi 27 — Poulet pané et petits légumes
10 mn · 15 mn

Vendredi 28 — Pain de poissons
15 mn · 55 mn

Samedi 29 — Salade mexicaine
15 mn

Dimanche 30 — Pavés de bœuf au vin rouge
20 mn · 20 mn

76

Recettes
Pour 4 personnes

Faire rôtir 15 mn au four à 200 °C 300 g de tomates cerises coupées en 2 avec 1 c. à s. d'huile d'olive + 2 c. à s. d'herbes de Provence. Les mélanger avec 350 g de penne al dente + 20 tomates confites en morceaux. Ajouter 1 c. à s. d'huile d'olive + 2 c. à s. de basilic. Mélanger et servir avec 80 g de parmesan râpé + 40 g de pignons grillés à sec.

Dans 1 faitout, mettre 1 botte de cresson hachée + 3 pommes de terre et 1 carotte en rondelles + 1 oignon émincé + 2 feuilles de laurier + 30 g de beurre en morceaux. Ajouter 1 l de bouillon, faire bouillir et cuire 30 mn à couvert à feu doux. Ôter le laurier et mixer. Ajouter 10 cl de crème épaisse + 1 pincée de muscade et réchauffer. Servir avec 4 tranches de jambon + 80 g de gruyère.

Tartiner 8 pains au lait de 8 c. à s. de St Môret. En garnir 4 avec 12 crevettes cuites + 4 c. à c. d'aneth + 1 concombre épépiné et en morceaux et les 4 autres avec 12 tomates confites + 4 c. à c. de basilic + 4 tranches de coppa. Servir avec 4 carottes râpées + 1 botte de radis + 1 vinaigrette.

Mélanger 3 œufs à 4 c. à s. de lait + 4 c. à c. de parmesan râpé. Verser 120 g de chapelure + 2 c. à s. d'estragon dans 1 assiette. Tremper 4 escalopes de poulet dans le 1er mélange, puis dans le 2e. Les poêler avec 15 g de beurre jusqu'à ce que la panure dore. Servir avec 800 g de poêlée de légumes décongelée.

Cuire 10 mn au court-bouillon 600 g de filets de colin + 200 g de pavés de saumon + 1 bouillon cube. Égoutter et mixer avec 4 œufs + 20 cl de crème liquide + 1/2 boîte de concentré de tomates + 100 g de gruyère râpé + 1 c. à s. de jus de citron + 4 c. à s. de ciboulette. Enfourner 45 mn à 150 °C. Servir avec 1 salade + 1 mayonnaise mélangée avec 1/2 boîte de concentré de tomates.

Mélanger 1 boîte de haricots rouges + 1 boîte de maïs + 1 boîte de thon au naturel + 1 oignon émincé finement + 2 poivrons verts et 3 tomates en cubes. Ajouter la sauce : 3 c. à s. de vinaigre de cidre + 1 c. à c. de moutarde + 6 c. à s. d'huile d'olive. Parsemer d'1 c. à s. de coriandre.

Poêler 5 mn 1 oignon et 2 échalotes émincés dans 20 g de beurre. Déglacer avec 2 verres de vin rouge + 1 trait de vinaigre balsamique + 1 c. à s. de fond de veau. Laisser réduire, puis réserver. Poêler 4 pavés de bœuf avec 20 g de beurre. Servir avec la sauce + 800 g de purée de pommes de terre.

Courses
Pour 4 personnes

- [ ] **Pâtes aux deux tomates**

350 g de penne, 300 g de tomates cerises, 20 tomates confites, 40 g de pignons, 80 g de parmesan râpé, 2 c. à s. de basilic, 2 c. à s. d'herbes de Provence, 2 c. à s. d'huile d'olive.

- [ ] **Velouté de cresson**

1 botte de cresson, 3 pommes de terre, 1 carotte, 1 oignon, 4 tranches de jambon, 80 g de gruyère, 1 l de bouillon, 10 cl de crème épaisse, 2 feuilles de laurier, 1 pincée de muscade, 30 g de beurre.

- [ ] **Duo de pains au lait**

8 pains au lait, 12 crevettes cuites, 12 tomates confites, 4 carottes, 1 botte de radis, 1 concombre, 4 tranches de coppa, 8 c. à s. de St Môret, 4 c. à c. d'aneth, 4 c. à c. de basilic, 1 vinaigrette.

- [ ] **Poulet pané et petits légumes**

4 escalopes de poulet, 800 g de poêlée de légumes surgelée, 120 g de chapelure, 4 c. à c. de parmesan râpé, 3 œufs, 4 c. à s. de lait, 2 c. à s. d'estragon, 15 g de beurre.

- [ ] **Pain de poissons**

600 g de filets de colin, 200 g de pavés de saumon, 100 g de gruyère râpé, 4 œufs, 1 boîte de concentré de tomates, 20 cl de crème liquide, 1 mayonnaise, 1 bouillon cube, 1 c. à s. de jus de citron, 4 c. à s. de ciboulette, 1 salade.

- [ ] **Salade mexicaine**

1 boîte de haricots rouges, 1 boîte de maïs, 1 boîte de thon au naturel, 3 tomates, 2 poivrons verts, 1 oignon, 1 c. à s. de coriandre, 3 c. à s. de vinaigre de cidre, 1 c. à c. de moutarde, 6 c. à s. d'huile d'olive.

- [ ] **Pavés de bœuf au vin rouge**

4 pavés de bœuf, 800 g de purée de pommes de terre, 2 échalotes, 1 oignon, 2 verres de vin rouge, 1 trait de vinaigre balsamique, 1 c. à s. de fond de veau, 40 g de beurre.

Et aussi

MAI

Lundi
1
Fête du Travail

Lasagnes épinards et tomates

15 mn 45 mn

Mardi
2

Salade très composée

15 mn

Mercredi
3

Tarte aux tomates cerises et au roquefort

10 mn 35 mn

Jeudi
4

Omelette aux asperges et au parmesan

10 mn 35 mn

Vendredi
5

Céréales aux petits légumes

15 mn 20 mn

Samedi
6

Bœuf sauté à la thaï

20 mn 20 mn

Dimanche
7

Lotte au chorizo

15 mn 30 mn

Recettes

Pour 4 personnes

Poêler 2 oignons et 2 échalotes émincés + 1 c. à s. d'herbes de Provence dans 1 c. à s. d'huile d'olive. Ajouter 1 boîte de 500 g de sauce tomates cuisinée. Cuire 5 mn. Étager 12 feuilles de lasagnes + les oignons et échalotes + 1 béchamel (mélangée à 500 g d'épinards en branches décongelés + 1 c. à c. de muscade) sur 2-3 couches. Terminer par 200 g de gruyère râpé. Enfourner 35 mn à 200 °C.

Mélanger 250 g de tomates cerises coupées en 2 + 1 sachet de mesclun + 1 boîte de pois chiches rincés et égouttés + 12 abricots secs en dés + 200 g de feta en dés + 200 g d'allumettes de poulet grillé + 8 feuilles de menthe hachées. Assaisonner avec 2 c. à s. de vinaigre de Xérès + 1 c. à s. de moutarde + 5 c. à s. d'huile d'olive.

Garnir 1 pâte feuilletée d'1 mélange fait de 4 œufs battus + 10 cl de crème liquide + 10 cl de lait + 1 pincée de muscade. Répartir 250 g de tomates cerises coupées en 2 (côté peau au fond) + 250 g de roquefort émietté. Enfourner 35 mn à 200 °C. Servir avec 1 laitue iceberg.

Cuire à l'eau (15-20 mn) ou à la vapeur (8-10 mn) 12 asperges. Ôter la partie dure et les couper en tronçons, puis les poêler dans 20 g de beurre. Ajouter 8 œufs battus + 100 g de parmesan en copeaux et faire prendre l'omelette. Servir avec 1 roquette + 4 tranches de pain de campagne grillées.

Poêler 10 mn 2 carottes en rondelles (précuites 5 mn au micro-ondes) + 2 courgettes en dés dans 2 c. à s. d'huile d'olive + 1 c. à s. de thym. Ajouter 12 tomates cerises coupées en 2 + 250 g de mélange de céréales (cuit selon les instructions du paquet) + 200 g de billes mozzarella. Chauffer 10 mn. Servir chaud.

Mixer 2 piments rouges + 10 g de gingembre frais + 2 échalotes + 2 c. à s. de cassonade, d'huile et de nuoc-mâm. Poêler 5 mn dans 1 c. à s. d'huile. Ajouter 400 g de bœuf en fines lanières, cuire 3-4 mn. Ajouter 4 oignons verts en tronçons + 200 g de brocolis en fleurettes (cuits 5 mn au micro-ondes), cuire encore 2 mn. Verser 4 c. à s. de basilic. Servir avec 250 g de riz.

Poêler 4 échalotes émincées dans 1 c. à s. d'huile d'olive. Ajouter 4 tomates et 2 courgettes en dés + 1 c. à s. d'herbes de Provence. Cuire 15 mn. Poêler 4 filets de lotte (4-5 mn/côté) dans 1 c. à s. d'huile d'olive. Réserver. Poêler à sec 1 chorizo en rondelles. Ajouter 20 cl de crème liquide, remettre les légumes et le poisson 5 mn. Servir avec 200 g de riz basmati.

Courses

Pour 4 personnes

☐ **Lasagnes épinards et tomates**

12 feuilles de lasagnes, 500 g d'épinards en branches surgelés, 1 boîte de 500 g de sauce tomates cuisinée, 2 oignons, 2 échalotes, 1 béchamel, 200 g de gruyère râpé, 1 c. à s. d'herbes de Provence, 1 c. à c. de muscade, 1 c. à s. d'huile d'olive.

☐ **Salade très composée**

250 g de tomates cerises, 1 sachet de mesclun, 1 boîte de pois chiches, 12 abricots secs, 200 g de feta, 200 g d'allumettes de poulet grillé, 8 feuilles de menthe, 1 c. à s. de moutarde, 2 c. à s. de vinaigre de Xérès, 5 c. à s. d'huile d'olive.

☐ **Tarte aux tomates cerises et au roquefort**

1 pâte feuilletée, 250 g de tomates cerises, 250 g de roquefort, 4 œufs, 1 laitue iceberg, 10 cl de crème liquide, 10 cl de lait, 1 pincée de muscade.

☐ **Omelette aux asperges et au parmesan**

8 œufs, 100 g de parmesan en copeaux, 12 asperges, 1 roquette, 4 tranches de pain de campagne, 20 g de beurre.

☐ **Céréales aux petits légumes**

250 g de mélange de céréales, 12 tomates cerises, 2 courgettes, 2 carottes, 200 g de billes de mozzarella, 1 c. à s. de thym, 2 c. à s. d'huile d'olive.

☐ **Bœuf sauté à la thaï**

400 g de bœuf, 250 g de riz, 200 g de brocolis, 4 oignons verts, 2 piments rouges, 10 g de gingembre frais, 2 échalotes, 2 c. à s. de cassonade, 4 c. à s. de basilic, 2 c. à s. de nuoc-mâm, 3 c. à s. d'huile.

☐ **Lotte au chorizo**

4 filets de lotte, 1 chorizo, 4 tomates, 2 courgettes, 4 échalotes, 200 g de riz basmati, 20 cl de crème liquide, 1 c. à s. d'herbes de Provence, 2 c. à s. d'huile d'olive.

Et aussi

MAI

	Recette	Préparation	Cuisson
Lundi 8 (Victoire de 1945)	Penne au poulet et aux artichauts	15 mn	15 mn
Mardi 9	Salade tiède de fèves	15 mn	20 mn
Mercredi 10	Galettes chèvre et saumon fumé	10 mn	10 mn
Jeudi 11	Mousses de brousse aux tomates confites	15 mn	
Vendredi 12	Riz aux olives, tomates séchées et noix	15 mn	1 h
Samedi 13	Salade de crevettes au maïs	20 mn	
Dimanche 14	Lapin au cidre	20 mn	1 h 15

Recettes

Pour 4 personnes

Poêler 2 gousses d'ail pilées dans 2 c. à s. de l'huile d'1 boîte de cœurs d'artichauts à l'huile + 20 tomates séchées et les cœurs d'artichauts en morceaux. Ajouter 25 cl de crème liquide. Mijoter 5 mn. Ajouter 2 c. à s. de basilic + 350 g de penne al dente + 2 c. à s. de pignons grillés à sec. Mélanger 1 mn et servir.

Cuire à l'eau 500 g de fèves surgelées et 6 fonds d'artichauts surgelés. Poêler 5 mn avec 1 citron confit au sel en morceaux + 1 pincée de cumin + 1 c. à s. d'huile d'olive + 250 g de pâtes risonis cuites + 8 tomates séchées coupées en 2. Poêler 5 mn 250 g de tomates cerises + 1 c. à s. de sucre. Mélanger aux fèves et ajouter 100 g de parmesan en copeaux.

Répartir sur 4 galettes de blé noir 4 tranches de saumon fumé + 1 sauce (8 c. à s. de crème épaisse + le jus d'1/2 citron + 1 c. à s. d'aneth + 1 c. à s. de ciboulette) + 1/2 bûche de chèvre et 1 tomate en rondelles. Poêler chaque galette dans 5 g de beurre et servir avec 1 salade de tomates (6 tomates en rondelles + 1 vinaigrette).

Mélanger 1 c. à s. d'huile d'1 pot de tomates confites + 400 g de brousse égouttée + 100 g de fromage blanc + 1 c. à s. de concentré de tomates + 1 c. à s. de basilic. Répartir dans des verrines avec 12 olives noires et 8 vertes émincées + les tomates confites égouttées et émincées + 16 tomates cerises coupées en 2 + 4 tranches de pain aux noix grillées et émiettées. Servir avec 1 salade.

Poêler 1 oignon émincé dans 2 c. à s. d'huile d'olive + 300 g de mélange 3 riz + 1 gousse d'ail pilée. Ajouter 75 cl de bouillon de légumes. Faire bouillir, couvrir, laisser mijoter 50 mn. Mélanger le riz + 15 tomates séchées + 20 olives + 50 g de noix concassées + 1 c. à s. de basilic et de persil + 1 jus de citron + 2 c. à c. de moutarde + 1 c. à s. d'huile d'olive.

Mélanger 400 g de crevettes roses cuites et décortiquées + 3 c. à s. de mayonnaise + le jus d'1/2 citron. Ajouter 2 boîtes de maïs + 2 branches de céleri émincées + 1 poivron rouge en petits morceaux + 12 cornichons en rondelles + 1 roquette. Assaisonner avec 2 c. à s. d'huile d'olive + 1 c. à s. de coriandre.

Dans 1 cocotte, poêler 4 oignons émincés + 200 g de lardons fumés dans 30 g de beurre. Réserver. Faire dorer 1 lapin en morceaux + 2 gousses d'ail pilées + 1 boîte de champignons de Paris + 1 carotte en rondelles + les lardons aux oignons. Verser 1 c. à c. de farine + 50 cl de cidre brut. Couvrir et mijoter 1 h. Servir avec 500 g de tagliatelles fraîches.

Courses

Pour 4 personnes

- [ ] **Penne au poulet et aux artichauts**

350 g de penne, 20 tomates séchées, 2 gousses d'ail, 1 boîte de cœurs d'artichauts à l'huile, 25 cl de crème liquide, 2 c. à s. de basilic, 2 c. à s. de pignons.

- [ ] **Salade tiède de fèves**

250 g de pâtes risonis, 500 g de fèves surgelées, 6 fonds d'artichauts surgelés, 250 g de tomates cerises, 8 tomates séchées, 1 citron confit au sel, 100 g de parmesan en copeaux, 1 pincée de cumin, 1 c. à s. de sucre, 1 c. à s. d'huile d'olive.

- [ ] **Galettes chèvre et saumon fumé**

4 galettes de blé noir, 1/2 bûche de chèvre, 4 tranches de saumon fumé, 7 tomates, 1/2 citron, 8 c. à s. de crème épaisse, 1 vinaigrette, 1 c. à s. d'aneth, 1 c. à s. de ciboulette, 20 g de beurre.

- [ ] **Mousses de brousse aux tomates confites**

400 g de brousse, 1 pot de tomates confites à l'huile, 16 tomates cerises, 12 olives noires et 8 vertes, 4 tranches de pain aux noix, 100 g de fromage blanc, 1 c. à s. de concentré de tomates, 1 c. à s. de basilic, 1 salade.

- [ ] **Riz aux olives, tomates séchées et noix**

300 g de mélange 3 riz, 15 tomates séchées, 20 olives, 1 citron, 50 g de noix, 1 oignon, 1 gousse d'ail, 75 cl de bouillon de légumes, 3 c. à s. d'huile d'olive, 2 c. à c. de moutarde, 1 c. à s. de basilic, 1 c. à s. de persil.

- [ ] **Salade de crevettes au maïs**

400 g de crevettes roses cuites et décortiquées, 2 boîtes de maïs, 2 branches de céleri, 1 poivron rouge, 1/2 citron, 12 cornichons, 1 roquette, 1 c. à s. de coriandre, 3 c. à s. de mayonnaise, 2 c. à s. d'huile d'olive.

- [ ] **Lapin au cidre**

1 lapin, 200 g de lardons fumés, 500 g de tagliatelles fraîches, 4 oignons, 2 gousses d'ail, 1 carotte, 1 boîte de champignons de Paris, 50 cl de cidre brut, 1 c. à c. de farine, 30 g de beurre.

Et aussi

MAI

Lundi **15**

Coquillettes courgettes et tomates confites

10 mn 20 mn

Mardi **16**

Noix de Saint-Jacques à la provençale

10 mn 15 mn

Mercredi **17**

Quiche brocolis et feta

10 mn 45 mn

Jeudi **18**

Poulet à la crème et aux herbes de Provence

10 mn 20 mn

Vendredi **19**

Œufs cocotte aux tomates séchées

10 mn 15 mn

Samedi **20**

Filets de loup et sauce surprise

10 mn 20 mn

Dimanche **21**

Côtelettes d'agneau grillées et purée de petits pois

10 mn 25 mn

Recettes
Pour 4 personnes

Poêler 1 échalote émincée dans 1 c. à s. d'huile d'olive. Ajouter 1 courgette en rondelles + 16 tomates confites émincées. Cuire 10 mn. Ajouter 200 g de ricotta en fin de cuisson + 350 g de coquillettes al dente. Servir avec 50 g de parmesan.

Poêler 2 gousses d'ail pilées dans 2 c. à s. d'huile d'olive. Ajouter 20 noix de Saint-Jacques et poêler 3 mn. Réserver au chaud. Dans la poêle, verser 150 g de tomates cerises coupées en 2 et poêler 5 mn dans 1 c. à s. d'huile d'olive. Remettre les noix de Saint-Jacques, ajouter 4 c. à s. de persil en fin de cuisson. Servir avec 250 g de riz cuit avec 1 bouillon cube.

Garnir 1 pâte brisée de 100 g d'allumettes de jambon + 250 g de brocolis frais ou surgelés (cuits 7-10 mn à l'eau ou 6-8 mn au micro-ondes et coupés en fleurettes). Verser 4 œufs battus mélangés à 20 cl de crème épaisse + 5 cl de lait + 2 c. à s. de ciboulette. Parsemer de 150 g de feta émiettée. Enfourner 35 mn à 180 °C. Servir avec 1 salade.

Poêler 2 échalotes émincées dans 1 noix de beurre. Réserver. Poêler 4 blancs de poulet en lanières + 2 c. à s. d'herbes de Provence dans 1 noix de beurre. Cuire 10 mn. Ajouter 20 cl de crème allégée + 1 c. à s. de moutarde + les échalotes. Servir avec 800 g de purée de légumes décongelée.

Beurrer 8 ramequins. Mettre dans chacun 1 c. à s. de crème épaisse + 1 olive noire coupée en 2 + 1 tomate séchée coupée en 3. Ajouter délicatement 1 œuf extra-frais + 2 billes de mozzarella coupées en 2 + 1/2 c. à c. de basilic. Cuire 10-15 mn au bain-marie dans 1 four préchauffé à 180 °C. Servir avec 1 salade agrémentée de 40 g d'amandes effilées grillées à sec.

Poêler 1 oignon émincé dans 1 noix de beurre. Ajouter 4 filets de loup et cuire 3 mn/côté. Ajouter 20 cl de crème liquide + 4 c. à s. d'eau + 1 c. à c. de fumet de poisson + 1 pincée de gingembre et de curry + 100 g de lamelles de saumon fumé et cuire encore 5 mn. Servir avec 8 pommes de terre cuites 20 mn à la vapeur, parsemées d'1 c. à s. de ciboulette.

Poêler 2 échalotes émincées dans 1 noix de beurre. Ajouter 800 g de petits pois frais ou surgelés + 1 cube de bouillon de volaille + 3-4 feuilles de salade et couvrir d'eau. Cuire 15 mn à feu doux. Égoutter les légumes, mixer avec 1 c. à s. de crème épaisse. Servir avec 8 côtelettes d'agneau poêlées 7-10 mn avec 1 c. à s. d'huile et parsemées de 2 c. à s. de persil.

Courses
Pour 4 personnes

- [ ] **Coquillettes courgettes et tomates confites**

350 g de coquillettes, 16 tomates confites, 1 courgette, 1 échalote, 200 g de ricotta, 50 g de parmesan, 1 c. à s. d'huile d'olive.

- [ ] **Noix de Saint-Jacques à la provençale**

20 noix de Saint-Jacques, 250 g de riz, 150 g de tomates cerises, 2 gousses d'ail, 4 c. à s. de persil, 1 bouillon cube, 3 c. à s. d'huile d'olive.

- [ ] **Quiche brocolis et feta**

1 pâte brisée, 250 g de brocolis frais ou surgelés, 150 g de feta, 100 g d'allumettes de jambon, 1 salade, 4 œufs, 20 cl de crème épaisse, 5 cl de lait, 2 c. à s. de ciboulette.

- [ ] **Poulet à la crème et aux herbes de Provence**

4 blancs de poulet, 800 g de purée de légumes surgelée, 20 cl de crème allégée, 2 échalotes, 2 c. à s. d'herbes de Provence, 1 c. à s. de moutarde, 2 noix de beurre.

- [ ] **Œufs cocotte aux tomates séchées**

8 œufs extra-frais, 8 tomates séchées, 8 olives noires, 16 billes de mozzarella, 8 c. à s. de crème épaisse, 40 g d'amandes effilées, 4 c. à c. de basilic, 1 salade.

- [ ] **Filets de loup et sauce surprise**

4 filets de loup, 100 g de lamelles de saumon fumé, 8 pommes de terre, 1 oignon, 20 cl de crème liquide, 1 pincée de gingembre et de curry, 1 c. à s. de ciboulette, 1 c. à c. de fumet de poisson, 1 noix de beurre.

- [ ] **Côtelettes d'agneau grillées et purée de petits pois**

8 côtelettes d'agneau, 800 g de petits pois frais ou surgelés, 2 échalotes, 3-4 feuilles de salade, 2 c. à s. de persil, 1 cube de bouillon de volaille, 1 c. à s. de crème épaisse, 1 c. à s. d'huile, 1 noix de beurre.

Et aussi

2017

MAI

Lundi **22**

Lasagnes très simples

15 mn — 45 mn

Mardi **23**

Hamburgers frais et légers

15 mn — 10 mn

Mercredi **24**

Purée de fèves aux chipolatas

10 mn — 15 mn

Jeudi **25**
Ascension

Artichauts et œufs à la coque

5 mn — 30 mn

Vendredi **26**

Gratin de courgettes au chèvre et à la viande hachée

15 mn — 45 mn

Samedi **27**

Soupe froide de courgettes à la menthe

15 mn — 1 h — 10 mn

Dimanche **28**

Crevettes au curry

10 mn — 15 mn

Recettes
Pour 4 personnes

Poêler 1 oignon émincé + 1 courgette en dés + 1 c. à s. d'herbes de Provence dans 2 c. à s. d'huile d'olive. Ajouter 3 steaks hachés émiettés et cuire 2-3 mn. Étager sur 2-3 couches 1 pot de sauce tomates parfumée (500 g), 12 feuilles de lasagnes, la viande aux courgettes et 20 cl de crème épaisse + 4 c. à s. de lait. Finir avec 200 g de mozzarella en rondelles. Enfourner 35 mn à 200 °C.

Tremper 4 fines escalopes (poulet ou dinde) dans 1 œuf battu, puis dans 6 c. à s. de chapelure. Poêler 10 mn dans 2 c. à s. d'huile d'olive. Garnir 4 pains complets à burgers avec 8 c. à s. de fromage à tartiner ail & fines herbes + les escalopes + 1 tomate en rondelles + 1 feuille de salade + 1/2 buche de chèvre en rondelles + 8 cornichons aigre-doux en rondelles. Servir avec 1 salade.

Poêler 5-10 mn 4 chipolatas nature et 4 chipolatas aux herbes. Réserver. Poêler 1 oignon émincé avec 1 c. à s. d'huile d'olive. Ajouter 700 g de fèves pelées surgelées cuites à l'eau selon les indications du paquet. Cuire 3 mn. Mixer et ajouter 10 cl de lait + 1 c. à s. de ciboulette et de persil. Servir chaud avec les chipolatas.

Casser les queues de 4 artichauts, les cuire 30 mn dans 2 l d'eau salée. Cuire 4 œufs à la coque (3 mn après ébullition). Servir les artichauts avec 4 c. à s. de vinaigre de vin + 2 c. à c. de moutarde + 8 c. à s. d'huile d'olive. Parsemer les œufs de 4 c. à c. de ciboulette. Servir avec 4 tranches de pain de mie toastées tartinées de 20 g de beurre + 4 tranches d'emmental.

Poêler 10 mn 4 courgettes en rondelles dans 2 c. à s. d'huile d'olive. Les égoutter et les mettre dans 1 plat à gratin. Ajouter 200 g de bœuf haché poêlé 3 mn et recouvrir d'1 mélange fait de 2 œufs battus + 20 cl de crème épaisse + 2 gousses d'ail pilées + 1 pincée de muscade. Parsemer d'1 bûche de chèvre en rondelles + 40 g de gruyère râpé. Enfourner 30 mn à 200 °C.

Poêler 1/2 oignon et 2 échalotes émincés + 2 cm de gingembre frais dans 1 c. à s. d'huile d'olive. Ébouillanter 5 mn 3 courgettes en dés. Mixer le tout avec 15 feuilles de menthe. Mettre 1 h au frais. Mélanger avec 6 c. à s. de fromage blanc. Servir avec 1 melon en dés mélangé à 6 tranches de jambon de Parme en lanières + 3 c. à s. d'huile d'olive + 2 c. à s. de basilic.

Poêler 800 g de crevettes roses décortiquées avec 2 c. à s. d'huile d'olive. Saupoudrer d'1 c. à s. de curry et ajouter 2 c. à s. de crème épaisse + 2 c. à s. de lait de coco en fin de cuisson. Servir avec 1 citron vert en quartiers et 250 g de riz thaï.

Courses
Pour 4 personnes

Lasagnes très simples
12 feuilles de lasagnes, 3 steaks hachés, 200 g de mozzarella, 1 courgette, 1 oignon, 1 pot de sauce tomates parfumée (500 g), 20 cl de crème épaisse, 1 c. à s. d'herbes de Provence, 4 c. à s. de lait, 2 c. à s. d'huile d'olive.

Hamburgers frais et légers
4 pains complets à burgers, 4 fines escalopes (poulet ou dinde), 1 tomate, 8 cornichons aigre-doux, 1 salade, 8 c. à s. de fromage à tartiner ail & fines herbes, 1/2 buche de chèvre, 6 c. à s. de chapelure, 1 œuf, 2 c. à s. d'huile d'olive.

Purée de fèves aux chipolatas
700 g de fèves pelées surgelées, 4 chipolatas nature, 4 chipolatas aux herbes, 1 oignon, 10 cl de lait, 1 c. à s. de ciboulette et de persil, 1 c. à s. d'huile d'olive.

Artichauts et œufs à la coque
4 artichauts, 4 œufs, 4 tranches de pain de mie, 4 tranches d'emmental, 20 g de beurre, 4 c. à c. de ciboulette, 4 c. à s. de vinaigre de vin, 2 c. à c. de moutarde, 8 c. à s. d'huile d'olive.

Gratin de courgettes au chèvre et à la viande hachée
4 courgettes, 2 gousses d'ail, 200 g de bœuf haché, 1 bûche de chèvre, 40 g de gruyère râpé, 20 cl de crème épaisse, 2 œufs, 1 pincée de muscade, 2 c. à s. d'huile d'olive.

Soupe froide de courgettes à la menthe
3 courgettes, 15 feuilles de menthe, 1 melon, 2 cm de gingembre frais, 1/2 oignon, 2 échalotes, 6 tranches de jambon de Parme, 6 c. à s. de fromage blanc, 2 c. à s. de basilic, 4 c. à s. d'huile d'olive.

Crevettes au curry
800 g de crevettes roses décortiquées, 250 g de riz thaï, 1 citron vert, 2 c. à s. de crème épaisse, 2 c. à s. de lait de coco, 1 c. à s. de curry, 2 c. à s. d'huile d'olive.

Et aussi

MAI-JUIN 2017

Lundi 29
Pâtes à la provençale
15 mn — 25 mn

Mardi 30
Salade folle de lentilles vertes
15 mn — 25 mn

Mercredi 31
Tartines bacon, tomates et comté
15 mn — 5 mn

Jeudi 1
Escalopes de dinde au curry
10 mn — 15 mn

Vendredi 2
Jardinière de petits pois
15 mn — 35 mn

Samedi 3
Maquereaux moutardés
15 mn — 15 mn

Dimanche 4
Pentecôte
Pain de viande express
10 mn — 45 mn

86

Recettes
Pour 4 personnes

Poêler 1 oignon émincé + 2 poivrons rouges épépinés et coupés en cubes dans 2 c. à s. d'huile d'olive. Ajouter 2 tomates en cubes + 12 tomates confites + 1 gousse d'ail pilée + 2 c. à s. de thym + 2 c. à s. de concentré de tomates + 4 c. à s. d'eau. Cuire à feu doux 20 mn. Ajouter 350 g de farfalles al dente + 100 g de billes de mozzarella.

Mélanger 350 g de lentilles cuites 20-25 mn à l'eau et refroidies avec 300 g de poivrons grillés décongelés et en dés + 1 crottin de Chavignol émietté + 1 roquette + 40 g de cerneaux de noix + 20 g de raisins secs. Assaisonner de 4 c. à s. d'huile d'olive + 2 c. à s. de vinaigre balsamique + 1 c. à c. de moutarde. Servir avec 8 tranches de jambon de Parme.

Couper 1 baguette tradition en 2, puis encore en 2 dans le sens de la longueur. Répartir sur les 4 morceaux 4 c. à s. de moutarde à l'ancienne + 4 feuilles émincées d'1 laitue + 4 tomates épépinées et en dés + 4 c. à s. d'huile d'olive + 8 tranches de comté + 8 tranches de bacon (poêlées 1 mn à sec) émincées. Servir avec le reste de la laitue + 1 vinaigrette.

Poêler 5 mn/côté 4 escalopes de dinde dans 20 g de beurre. Réserver. Poêler 4 échalotes émincées. Lorsqu'elles sont fondues, ajouter 20 cl de crème liquide + 1 c. à s. de curry + 1 poignée de raisins secs. Mijoter 2 mn et remettre les escalopes. Servir avec 250 g de semoule.

Cuire 10 mn à l'eau avec 1 bouillon cube de volaille 700 g de petits pois surgelés + 1 carotte en rondelles. Poêler 1 oignon émincé dans 1 c. à s. d'huile d'olive. Ajouter les légumes égouttés + 1 verre du bouillon de cuisson + 1 c. à s. de persil. Mijoter 15 mn, ajouter 4 c. à s. de fromage frais ail & fines herbes. Cuire encore 5 mn. Servir avec 6 tranches de jambon blanc.

Tartiner des 2 côtés 4 filets de maquereaux d'1 mélange fait de 2 yaourts nature + 3 c. à s. de moutarde à l'ancienne. Les poser dans 1 plat, côté peau au-dessus. Verser 1 petit verre de vin blanc sec. Enfourner 10-15 mn à 180 °C. Servir avec 800 g de petites pommes de terre vapeur saupoudrées de 2 c. à s. de persil.

Mixer 1 oignon + 1 bouquet de persil + 1/3 de baguette. Mélanger avec 300 g de veau haché + 300 g de porc haché + 4 c. à s. de coulis de tomates + 3 gouttes de Tabasco + 1 c. à c. de muscade, de paprika et d'ail en poudre + 1 œuf. Verser dans 1 plat à cake et enfourner 45 mn à 180 °C. Servir froid ou chaud avec 600 g de ratatouille.

Courses
Pour 4 personnes

- [ ] **Pâtes à la provençale**

350 g de farfalles, 2 poivrons rouges, 2 tomates, 1 oignon, 1 gousse d'ail, 12 tomates confites, 100 g de billes de mozzarella, 2 c. à s. de thym, 2 c. à s. de concentré de tomates, 2 c. à s. d'huile d'olive.

- [ ] **Salade folle de lentilles vertes**

350 g de lentilles, 300 g de poivrons grillés surgelés, 1 crottin de Chavignol, 1 roquette, 40 g de cerneaux de noix, 20 g de raisins secs, 8 tranches de jambon de Parme, 1 c. à c. de moutarde, 2 c. à s. de vinaigre balsamique, 4 c. à s. d'huile d'olive.

- [ ] **Tartines bacon, tomates et comté**

1 baguette tradition, 8 tranches de comté, 8 tranches de bacon, 4 tomates, 1 laitue, 1 vinaigrette, 4 c. à s. de moutarde à l'ancienne, 4 c. à s. d'huile d'olive.

- [ ] **Escalopes de dinde au curry**

4 escalopes de dinde, 250 g de semoule, 4 échalotes, 1 poignée de raisins secs, 20 cl de crème liquide, 1 c. à s. de curry, 20 g de beurre.

- [ ] **Jardinière de petits pois**

700 g de petits pois surgelés, 1 carotte, 1 oignon, 6 tranches de jambon blanc, 4 c. à s. de fromage frais ail & fines herbes, 1 bouillon cube de volaille, 1 c. à s. de persil, 1 c. à s. d'huile d'olive.

- [ ] **Maquereaux moutardés**

4 filets de maquereaux, 800 g de petites pommes de terre, 3 c. à s. de moutarde à l'ancienne, 2 yaourts nature, 1 petit verre de vin blanc sec, 2 c. à s. de persil.

- [ ] **Pain de viande express**

300 g de veau haché, 300 g de porc haché, 600 g de ratatouille, 1 oignon, 1/3 de baguette, 1 œuf, 4 c. à s. de coulis de tomates, 3 gouttes de Tabasco, 1 bouquet de persil, 1 c. à c. de muscade, de paprika, d'ail en poudre.

Et aussi

JUIN

2017

Lundi **5** Lundi de Pentecôte	Pizza artichauts et jambon	🥣 15 mn / 🍲 40 mn
Mardi **6**	Salade gourmande	🥣 15 mn / 🍲 10 mn
Mercredi **7**	Bruschettas italiennes et courgettes marinées	🥣 15 mn / ⏱ 30 mn / 🍲 10 mn
Jeudi **8**	Œufs cocotte, brocoli et feta	🥣 10 mn / 🍲 20 mn
Vendredi **9**	Piperade presque basquaise	🥣 10 mn
Samedi **10**	Mignon de porc à la rhubarbe	🥣 20 mn / ⏱ 1 h / 🍲 30 mn
Dimanche **11**	Petits soufflés aux courgettes	🥣 20 mn / 🍲 40 mn

Recettes
Pour 4 personnes

Poêler 2 oignons émincés + 1 gousse d'ail pilée dans 2 c. à s. d'huile d'olive. Ajouter 800 g de tomates pelées + 2 brins de basilic. Cuire 15 mn. En napper 1 pâte à pizza et ajouter 150 g de mozzarella en rondelles + 1 boîte de cœurs d'artichauts + 100 g d'allumettes de jambon. Enfourner env. 20 mn à 230 °C. Servir avec 1 roquette.

Mélanger 1 sachet de salade composée + 4 blancs de poulet (préalablement poêlés dans 1 c. à s. d'huile d'olive, puis refroidis) + 4 œufs durs coupés en 2 + 6 tranches d'ananas en morceaux + 150 g de lardons (poêlés 2 mn à sec) + 250 g de tomates cerises coupées en 2 + 1 c. à s. de ciboulette. Assaisonner avec une vinaigrette.

Sur 8 tranches de pain de campagne toastées et frottées avec 1 gousse d'ail, répartir 8 c. à c. de pesto + 4 tomates tranchées + 8 tranches de jambon cru en lanières + 200 g de mozzarella en rondelles. Enfourner 10 mn à 200 °C. Servir avec 600 g de courgettes en tagliatelles marinées 30 mn dans le jus d'1 citron + 3 c. à s. d'huile d'olive + 1 c. à s. de basilic.

Répartir dans 8 ramequins beurrés 8 fleurettes de brocoli (cuites 6-7 mn au micro-ondes) + 8 œufs extra-frais, puis 160 g de feta + 8 c. à c. de crème épaisse. Cuire env. 10 mn au bain-marie dans 1 four préchauffé à 180 °C. Parsemer de 8 c. à c. de ciboulette et servir avec 1 salade de mesclun.

Réserver au frais 800 g de piperade en bocal répartie dans des verrines. Au moment de servir, ajouter 3 salades sucrine (lavées, émincées et assaisonnées avec le jus d'1 citron + 1 c. à s. d'huile d'olive) + 200 g de thon à l'huile d'olive émietté + 200 g de fromage de brebis type Etorki en dés + 8 tranches de jambon de Bayonne en morceaux.

Faire mariner 1 filet mignon de porc dans 1/2 bouquet de sauge + 2 gousses d'ail pilées + 3 c. à s. d'huile d'olive + 1 c. à s. de mascarpone. Mettre 1 h au frais. Déposer le porc dans 1 plat sur 400 g de rhubarbe lavée et en tronçons. Verser la marinade. Enfourner 30 mn à 210 °C. 5 mn avant la fin, ajouter 8 tranches de bacon en lanières. Servir avec 600 g de purée de chou-fleur décongelée.

Poêler 1 gousse d'ail émincée dans 2 c. à s. d'huile d'olive. Ajouter 400 g de courgettes en rondelles et cuire 10 mn. Les écraser en purée. Ajouter 5 c. à s. de crème épaisse + 6 jaunes d'œufs battus mélangés à 120 g de gruyère râpé + 1 c. à c. de noix de muscade. Mixer le tout. Incorporer 6 blancs montés en neige. Verser dans des moules. Cuire 10 mn à 180 °C, puis 15 mn à 220 °C.

Courses
Pour 4 personnes

- [ ] **Pizza artichauts et jambon**

1 pâte à pizza, 100 g d'allumettes de jambon, 1 boîte de cœurs d'artichauts, 800 g de tomates pelées, 1 roquette, 2 oignons, 1 gousse d'ail, 150 g de mozzarella, 2 brins de basilic, 2 c. à s. d'huile d'olive.

- [ ] **Salade gourmande**

1 sachet de salade composée, 6 tranches d'ananas, 250 g de tomates cerises, 4 blancs de poulet, 4 œufs durs, 150 g de lardons, 1 c. à s. de ciboulette, 1 vinaigrette, 1 c. à s. d'huile d'olive.

- [ ] **Bruschettas italiennes et courgettes marinées**

8 tranches de pain de campagne, 600 g de courgettes, 4 tomates, 1 citron, 1 gousse d'ail, 8 tranches de jambon cru, 200 g de mozzarella, 8 c. à c. de pesto, 1 c. à s. de basilic, 3 c. à s. d'huile d'olive.

- [ ] **Œufs cocotte, brocoli et feta**

8 œufs extra-frais, 8 fleurettes de brocoli, 1 salade de mesclun, 160 g de feta, 8 c. à c. de crème épaisse, 8 c. à c. de ciboulette, 20 g de beurre.

- [ ] **Piperade presque basquaise**

800 g de piperade en bocal, 200 g de thon à l'huile d'olive, 200 g de fromage de brebis type Etorki, 8 tranches de jambon de Bayonne, 3 salades sucrine, 1 citron, 1 c. à s. d'huile d'olive.

- [ ] **Mignon de porc à la rhubarbe**

1 filet mignon de porc, 400 g de rhubarbe, 600 g de purée de chou-fleur surgelée, 8 tranches de bacon, 2 gousses d'ail, 1 c. à s. de mascarpone, 1/2 bouquet de sauge, 3 c. à s. d'huile d'olive.

- [ ] **Petits soufflés aux courgettes**

400 g de courgettes, 120 g de gruyère râpé, 6 œufs, 1 gousse d'ail, 5 c. à s. de crème épaisse, 20 g de beurre, 1 c. à c. de noix de muscade, 2 c. à s. d'huile d'olive.

89

Et aussi

JUIN

Lundi **12**

Fusilli aux petits légumes

10 mn — 30 mn

Mardi **13**

Wraps poulet, carottes et mimolette

15 mn

Mercredi **14**

Tarte fine aubergines et mozzarella

5 mn — 35 mn

Jeudi **15**

Filets de saumon aux herbes

10 mn — 30 mn

Vendredi **16**

Gaspacho de betteraves et salade de concombres

15 mn

Samedi **17**

Terrine de poissons

15 mn — 40 mn

Dimanche **18**

Escalopes de veau au citron

5 mn — 20 mn

90

Recettes

Pour 4 personnes

Faire rôtir 1/2 h au four à 200 °C 2 courgettes en dés + 1 c. à s. d'huile d'olive. Les mélanger avec 350 g de fusilli al dente + 20 tomates confites coupées en morceaux. Ajouter 1 c. à s. d'huile d'olive + 2 c. à s. de basilic. Mélanger et servir avec 80 g de parmesan râpé.

Mélanger 4 carottes râpées + 4 c. à c. de raisins secs + 200 g de poulet grillé en morceaux + 150 g de mimolette en copeaux. Assaisonner avec le jus de 2 citrons verts + 4 c. à c. d'huile de sésame et de sauce soja + 6 c. à c. de coriandre + 2 c. à c. de miel. En garnir 6 tortillas de blé. Servir avec 1 mâche parsemée de 2 c. à s. de graines de sésame.

Répartir sur 1 pâte brisée (préalablement cuite 10 mn à blanc à 200 °C) 1 petit pot de tapenade + 450 g d'aubergines grillées décongelées + 200 g de mozzarella en rondelles + 1 c. à s. de basilic + 1 c. à s. de parmesan. Enfourner 25 mn. Servir avec 1 salade.

Cuire env. 30 mn au four 8 tomates coupées en 2, saupoudrées de 2 c. à s. d'herbes de Provence + 1 trait d'huile d'olive. Servir avec 4 filets de saumon (poêlés env. 15 mn à feu très doux à l'unilatérale côté peau dans 1 c. à s. d'huile d'olive et parsemés d'1 c. à s. d'herbes de Provence) + 1 citron en quartiers.

Mixer 800 g de betteraves cuites + 2 oignons rouges + le jus de 2 oranges + 2 c. à s. de persil + 1 c. à c. de sucre + 2 c. à s. de vinaigre balsamique + 1 filet d'huile d'olive. Diluer avec de l'eau pour obtenir la consistance souhaitée. Servir frais avec 2 concombres épépinés et en cubes + 20 cl de crème fleurette + le jus d'1/2 citron + 1 c. à s. de ciboulette.

Mélanger 300 g de pavés de saumon et 300 g de cabillaud (préalablement mixés) + 2 œufs battus + 1 petite boîte de concentré de tomates + 2 c. à s. de crème + 1 bouquet de basilic ciselé. Verser dans 1 moule à cake et enfourner 40 mn au bain-marie à 210 °C. Démouler froid. Servir avec 1 sauce (200 g de fromage blanc + le jus d'1 citron + 2 c. à s. d'aneth et de ciboulette + 1 c. à s. d'huile d'olive) + 8 tomates en rondelles.

Poêler 1 oignon émincé dans 2 c. à s. d'huile d'olive. Réserver. Poêler 4 escalopes de veau 3 mn/côté. Réserver. Déglacer avec le jus de 3 citrons. Ajouter 30 g de beurre sur feu doux et émulsionner. Ajouter 3 citrons pelés à vif et coupés en dés + l'oignon + le veau. Réchauffer à feu moyen, parsemer de 4 brins de persil plat. Servir avec 800 g de pommes de terre vapeur.

Courses

Pour 4 personnes

☐ **Fusilli aux petits légumes**

350 g de fusilli, 2 courgettes, 20 tomates confites, 80 g de parmesan râpé, 2 c. à s. de basilic, 2 c. à s. d'huile d'olive.

☐ **Wraps poulet, carottes et mimolette**

6 tortillas de blé, 200 g de poulet grillé, 150 g de mimolette, 4 carottes, 2 citrons verts, 1 mâche, 4 c. à c. de raisins secs, 6 c. à c. de coriandre, 2 c. à s. de graines de sésame, 4 c. à c. d'huile de sésame et de sauce soja, 2 c. à c. de miel.

☐ **Tarte fine aubergines et mozzarella**

1 pâte brisée, 450 g d'aubergines grillées surgelées, 200 g de mozzarella, 1 petit pot de tapenade, 1 salade, 1 c. à s. de basilic, 1 c. à s. de parmesan.

☐ **Filets de saumon aux herbes**

4 filets de saumon avec la peau, 8 tomates, 1 citron, 3 c. à s. d'herbes de Provence, 1 c. à s. d'huile d'olive + 1 trait.

☐ **Gaspacho de betteraves et salade de concombres**

800 g de betteraves cuites, 2 concombres, 2 oranges, 2 oignons rouges, 1/2 citron, 20 cl de crème fleurette, 1 c. à c. de sucre, 1 c. à s. de ciboulette, 2 c. à s. de persil, 2 c. à s. de vinaigre balsamique, 1 filet d'huile d'olive.

☐ **Terrine de poissons**

300 g de pavés de saumon, 300 g de cabillaud, 8 tomates, 1 citron, 2 œufs, 200 g de fromage blanc, 1 petite boîte de concentré de tomates, 2 c. à s. de crème, 1 bouquet de basilic, 2 c. à s. d'aneth et de ciboulette, 1 c. à s. d'huile d'olive.

☐ **Escalopes de veau au citron**

4 escalopes de veau, 6 citrons, 800 g de pommes de terre, 1 oignon, 30 g de beurre, 4 brins de persil plat, 2 c. à s. d'huile d'olive.

Et aussi

JUIN

2017

Lundi 19
Spaghettis aux légumes verts
10 mn — 20 mn

Mardi 20
Salade aux deux melons
10 mn — 5 mn

Mercredi 21
Quiche au thon et à la tomate
10 mn — 25 mn

Jeudi 22
Papillotes de poisson aux pêches
15 mn — 20 mn

Vendredi 23
Quinoa aux courgettes
10 mn — 20 mn

Samedi 24
Légumes farcis
15 mn — 1 h

Dimanche 25
Rôti de porc froid et salade d'été
15 mn — 3 h — 1 h

Recettes
Pour 4 personnes

Poêler 1 oignon émincé dans 1 c. à s. d'huile d'olive. Ajouter 150 g de lardons fumés. Réserver. Poêler 10 mn 200 g de petits pois décongelés + 1 courgette en dés. Remettre les oignons et lardons et cuire 2 mn. Mélanger avec 350 g de spaghettis al dente et ajouter 1 c. à s. de menthe + 50 g de parmesan.

Dans un saladier, mélanger 1 melon charentais + 1 melon d'eau en petits dés. Ajouter 12 tomates séchées coupées + 150 g de billes de mozzarella + 50 g de pignons légèrement grillés 5 mn dans une poêle. Parsemer de 2 c. à s. de basilic + 4 c. à s. d'huile d'olive. Servir avec 8 tranches de jambon fumé.

Tartiner 1 pâte feuilletée d'1 c. à s. de moutarde. Ajouter 1 boîte de thon en miettes, puis 2 tomates en rondelles + 4 œufs battus avec 15 cl de crème épaisse + 10 cl de lait + 1 c. à s. d'aneth. Parsemer de 60 g de gruyère râpé. Enfourner 25 mn à 200 °C.

Mélanger 20 cl de lait de coco + 1 c. à s. de curry + 1 c. à c. de gingembre + 2 pêches en cubes. Porter à ébullition, mixer. Mettre 400 g de filets de poisson dans 4 feuilles d'aluminium et ajouter dans chacune : 1/2 pêche + 1 c. à s. de jus de citron vert + 1 c. à c. de sauce soja + 1 c. à c. d'huile d'olive. Enfourner 15 mn à 180 °C. Servir avec la sauce + 200 g de riz.

Poêler 10 mn 4 courgettes lavées et coupées en dés dans 1 c. à s. d'huile de noisette. Ajouter 8 tranches de bacon émincées. Poêler encore 2 mn. Ajouter 250 g de quinoa cuit 15 mn à l'eau et poêler encore 2 mn. Mélanger avec 80 g de chèvre frais + 40 g de noisettes concassées.

Poêler 2 oignons émincés dans 1 c. à s. d'huile d'olive. Ajouter la chair de 4 courgettes rondes et de 4 tomates évidées + 400 g de chair à saucisse. Cuire 10 mn. Mélanger à 2 œufs battus + 1/2 bouquet de persil + 1 c. à c. d'ail + 5 cl de lait. En farcir 4 gros champignons + les courgettes et tomates. Mettre dans 1 plat avec 100 g de gruyère râpé + 10 cl de bouillon + 20 g de beurre. Enfourner 40 mn à 200 °C. Servir avec 250 g de riz.

Dans 1 cocotte, faire dorer 1 kg de rôti de porc dans 1 c. à s. d'huile + 10 g de beurre. Recouvrir d'eau bouillante. Ajouter 1 carotte en cubes + 2 gousses d'ail et 1 oignon émincés + 1 bouquet garni. Couvrir. Cuire à feu moyen 45 mn. Refroidir 3 h à couvert. Servir le rôti tranché avec 1 salade + 6 tomates en quartiers + 1 concombre et 100 g de feta en dés.

Courses
Pour 4 personnes

☐ **Spaghettis aux légumes verts**

350 g de spaghettis, 200 g de petits pois surgelés, 1 courgette, 1 oignon, 150 g de lardons fumés, 50 g de parmesan, 1 c. à s. de menthe, 1 c. à s. d'huile d'olive.

☐ **Salade aux deux melons**

1 melon charentais, 1 melon d'eau, 12 tomates séchées, 150 g de billes de mozzarella, 8 tranches de jambon fumé, 50 g de pignons, 2 c. à s. de basilic, 4 c. à s. d'huile d'olive.

☐ **Quiche au thon et à la tomate**

1 pâte feuilletée, 1 boîte de thon en miettes, 2 tomates, 60 g de gruyère râpé, 4 œufs, 15 cl de crème épaisse, 10 cl de lait, 1 c. à s. de moutarde, 1 c. à s. d'aneth.

☐ **Papillotes de poisson aux pêches**

400 g de filets de poisson (colin ou lieu), 4 pêches jaunes, 1 citron vert, 200 g de riz, 20 cl de lait de coco, 1 c. à c. de gingembre, 1 c. à s. de curry, 4 c. à c. de sauce soja, 4 c. à c. d'huile d'olive.

☐ **Quinoa aux courgettes**

250 g de quinoa, 4 courgettes, 8 tranches de bacon, 80 g de chèvre frais, 40 g de noisettes, 1 c. à s. d'huile de noisette.

☐ **Légumes farcis**

4 gros champignons, 4 courgettes rondes, 4 tomates, 2 oignons, 400 g de chair à saucisse, 250 g de riz, 100 g de gruyère râpé, 2 œufs, 10 cl de bouillon, 5 cl de lait, 1/2 bouquet de persil, 1 c. à c. d'ail, 20 g de beurre, 1 c. à s. d'huile d'olive.

☐ **Rôti de porc froid et salade d'été**

1 kg de rôti de porc, 6 tomates, 1 carotte, 1 concombre, 1 salade, 1 oignon, 2 gousses d'ail, 100 g de feta, 10 g de beurre, 1 bouquet garni, 1 c. à s. d'huile.

93

Et aussi

JUIN-JUIL.

Lundi **26**

Salade de pâtes au pesto et aux tomates confites

10 mn / 10 mn

Mardi **27**

Soupe froide melon/tomates

15 mn

Mercredi **28**

Quiche aux courgettes

15 mn / 55 mn

Jeudi **29**

Omelette provençale

15 mn / 25 mn

Vendredi **30**

Riz pilaf champignons et lardons

10 mn / 35 mn

Samedi **1**

Bouillabaisse au poulet

20 mn / 40 mn

Dimanche **2**

Saumon en timbales

15 mn / 25 mn

Recettes

Pour 4 personnes

Mélanger 250 g de torsades cuites et refroidies + 6 c. à s. de pesto + 100 g de feta en dés + 12 tomates confites et 12 olives noires émincées + 250 g de tomates cerises coupées en 2 + 50 g de pignons (préalablement poêlés 2 mn à sec) + 1 c. à s. de basilic. Servir frais.

Mixer 400 g de chair de melon bien mûr + 4 tomates (épépinées et sans la peau) + 2 c. à s. d'huile d'olive + 1 c. à s. de vinaigre balsamique + 8 feuilles de basilic. Servir avec 8 tranches de pain de campagne + 1 botte de radis + 1 concombre en bâtonnets + 100 g de fromage frais mélangé à 1 c. à s. de fromage blanc et de ciboulette.

Sur 1 pâte brisée, répartir 4 tranches de jambon en dés + 300 g de courgettes (lavées, coupées en cubes, blanchies 15 mn à l'eau bouillante salée, puis bien égouttées) + 4 œufs battus avec 20 cl de crème liquide et 1 c. à c. de muscade + 1 bûche de chèvre en rondelles + 40 g de gruyère râpé. Enfourner 40 mn à 180 °C.

Poêler 10 mn 1 poivron rouge en cubes dans 2 c. à s. d'huile d'olive. Ajouter 1 courgette en dés et cuire 5 mn. Verser 8 œufs battus mélangés à 5 cl de lait + 2 c. à s. d'herbes de Provence et faire prendre l'omelette. Servir avec 8 tomates et 100 g de mozzarella tranchées + 8 olives noires + 2 c. à s. d'huile d'olive.

Poêler 200 g de lardons à sec. Réserver. Poêler 1 oignon émincé dans 40 g de beurre. Ajouter 250 g de riz et mélanger 1 mn. Ajouter 10 cl de vin blanc + 40 cl de bouillon + 1 grosse boîte de champignons de Paris + les lardons. Couvrir, baisser le feu et cuire 20 mn. Parsemer d'1 c. à s. de persil et servir.

Faire fondre 1 oignon, 2 gousses d'ail et 1 fenouil émincés dans 2 c. à s. d'huile. Déglacer avec 10 cl de pastis, laisser réduire 10 mn. Ajouter 1 l de bouillon de volaille + 1 boîte de tomates concassées + 1 dose de safran + 2 branches de thym et de romarin + 4 feuilles de laurier + le zeste d'1/2 orange + 8 cuisses de poulet. Cuire 25 mn à feu doux. Servir avec 8 pommes de terre cuites 20 mn à la vapeur.

Poêler 5 mn 3 courgettes en dés dans 2 c. à s. d'huile d'olive. Tapisser 6 ramequins d'1 tranche de saumon fumé, ajouter le mélange fait de 6 œufs battus + 15 cl de crème épaisse + 2 c. à s. de menthe + les courgettes. Enfourner 15-20 mn à 210 °C. Servir avec 200 g de boulgour cuit et refroidi + 4 tomates en cubes + 1 concombre en dés + le jus d'1 citron + 3 c. à s. d'huile d'olive.

Courses

Pour 4 personnes

- [ ] **Salade de pâtes au pesto et aux tomates confites**

250 g de torsades, 12 tomates confites, 12 olives noires, 6 c. à s. de pesto, 100 g de feta, 250 g de tomates cerises, 50 g de pignons, 1 c. à s. de basilic.

- [ ] **Soupe froide melon/tomates**

400 g de chair de melon bien mûr, 4 tomates, 1 botte de radis, 1 concombre, 8 tranches de pain de campagne, 100 g de fromage frais, 8 feuilles de basilic, 1 c. à s. de ciboulette, de fromage blanc et de vinaigre balsamique, 2 c. à s. d'huile d'olive.

- [ ] **Quiche aux courgettes**

1 pâte brisée, 300 g de courgettes, 4 tranches de jambon, 1 bûche de chèvre, 40 g de gruyère râpé, 4 œufs, 20 cl de crème liquide, 1 c. à c. de muscade.

- [ ] **Omelette provençale**

8 œufs, 8 tomates, 8 olives noires, 1 poivron rouge, 1 courgette, 100 g de mozzarella, 5 cl de lait, 2 c. à s. d'herbes de Provence, 4 c. à s. d'huile d'olive.

- [ ] **Riz pilaf champignons et lardons**

250 g de riz, 200 g de lardons, 1 grosse boîte de champignons de Paris, 1 oignon, 40 cl de bouillon, 10 cl de vin blanc, 1 c. à s. de persil, 40 g de beurre.

- [ ] **Bouillabaisse au poulet**

8 cuisses de poulet, 1 boîte de tomates concassées, 8 pommes de terre, 1 fenouil, 1/2 orange, 2 gousses d'ail, 1 oignon, 1 l de bouillon de volaille, 10 cl de pastis, 1 dose de safran, 2 branches de thym et de romarin, 4 feuilles de laurier, 2 c. à s. d'huile.

- [ ] **Saumon en timbales**

6 tranches de saumon fumé, 200 g de boulgour, 4 tomates, 3 courgettes, 1 concombre, 1 citron, 6 œufs, 15 cl de crème épaisse, 2 c. à s. de menthe, 5 c. à s. d'huile d'olive.

Et aussi

JUILLET

Lundi **3**

Pâtes au poulet, petits pois et feta

5 mn — 15 mn

Mardi **4**

Salade toute chou

15 mn — 10 mn

Mercredi **5**

Quiche sans pâte aux deux tomates

10 mn — 35 mn

Jeudi **6**

Cabillaud à la crème de poivrons

15 mn — 30 mn

Vendredi **7**

Omelette aux artichauts

10 mn — 20 mn

Samedi **8**

Taboulé au poulet

20 mn

Dimanche **9**

Salade de rôti de bœuf

10 mn — 20 mn

Recettes
Pour 4 personnes

Mélanger 250 g de farfalles al dente avec 300 g de petits pois décongelés au micro-ondes + 150 g de feta en dés + 150 g d'aiguillettes de poulet grillé + 1 c. à s. d'estragon + 1 filet d'huile d'olive.

Mélanger 1 petit chou rouge finement émincé avec 1 pomme en dés + 100 g de cerneaux de noix + 120 g de roquefort émietté + 2 c. à s. de raisins secs + 1 sauce (2 c. à s. de vinaigre balsamique + 1 c. à c. de moutarde + 4 c. à s. d'huile de noix). Servir avec 8 tranches de coppa + 4 œufs mollets (cuits 6 mn après reprise de l'ébullition).

Répartir 6 tomates en rondelles et 12 tomates séchées dans 1 plat beurré et fariné. Verser 4 œufs battus avec 20 cl de crème épaisse + 1 c. à s. de persil. Répartir 1/2 bûche de chèvre en rondelles + 40 g de gruyère râpé. Enfourner 35 mn à 180 °C. Servir avec 1 salade verte.

Poêler 2 échalotes et 1 oignon émincés dans 1 c. à s. d'huile d'olive. Mixer avec 300 g de poivrons grillés (décongelés ou en bocal) + 15 cl de crème liquide. Servir chaud avec 250 g de riz cuit avec 1 cube de bouillon de volaille + 4 filets de cabillaud cuits 15-20 mn au four à 180 °C avec 2 c. à s. d'huile d'olive + 1 pincée de curry.

Poêler 12-15 mn 6 fonds d'artichauts décongelés dans 2 c. à s. d'huile d'olive. Ajouter 6 tranches de bacon en lanières, puis 8 œufs battus avec 1 c. à s. de crème épaisse. Cuire 2-3 mn. Servir avec 1 salade.

Mélanger 2 verres de semoule + 1 verre d'eau bouillante. Laisser gonfler, puis égrener à la fourchette. Ajouter 6 c. à s. d'huile d'olive. Mélanger avec 4 tomates bien mûres et 1 concombre en petits dés + 4 c. à s. de maïs + 1/2 oignon rouge finement émincé + 16 olives vertes + 150 g de poulet fumé en morceaux + 8 feuilles de menthe ciselées + le jus d'1 citron + 2 c. à s. d'huile d'olive. Servir très frais.

Mélanger 400 g de haricots verts et 6 pommes de terre (cuits 6 et 20 mn à la vapeur, refroidis et coupés en morceaux) + 12 tomates cerises coupées en 2. Assaisonner avec 1 c. à s. de vinaigre de vin mélangée à 1 c. à s. de moutarde à l'ancienne + 3 c. à s. d'huile d'olive + 2 c. à s. de persil plat. Servir avec 8 tranches de rôti de bœuf.

Courses
Pour 4 personnes

- [ ] **Pâtes au poulet, petits pois et feta**

250 g de farfalles, 300 g de petits pois surgelés, 150 g de feta, 150 g d'aiguillettes de poulet grillé, 1 c. à s. d'estragon, 1 filet d'huile d'olive.

- [ ] **Salade toute chou**

1 petit chou rouge, 1 pomme, 120 g de roquefort, 8 tranches de coppa, 100 g de cerneaux de noix, 2 c. à s. de raisins secs, 4 œufs, 1 c. à c. de moutarde, 2 c. à s. de vinaigre balsamique, 4 c. à s. d'huile de noix.

- [ ] **Quiche sans pâte aux deux tomates**

6 tomates, 12 tomates séchées, 1 salade verte, 1/2 bûche de chèvre, 40 g de gruyère râpé, 4 œufs, 20 cl de crème épaisse, 1 c. à s. de persil, un peu de farine, 1 noix de beurre.

- [ ] **Cabillaud à la crème de poivrons**

4 filets de cabillaud, 300 g de poivrons grillés (surgelés ou en bocal), 2 échalotes, 1 oignon, 250 g de riz, 1 cube de bouillon de volaille, 15 cl de crème liquide, 1 pincée de curry, 3 c. à s. d'huile d'olive.

- [ ] **Omelette aux artichauts**

8 œufs, 6 fonds d'artichauts surgelés, 6 tranches de bacon, 1 salade, 1 c. à s. de crème épaisse, 2 c. à s. d'huile d'olive.

- [ ] **Taboulé au poulet**

2 verres de semoule, 150 g de poulet fumé, 4 tomates bien mûres, 1 concombre, 1 citron, 1/2 oignon rouge, 16 olives vertes, 4 c. à s. de maïs, 8 feuilles de menthe, 8 c. à s. d'huile d'olive.

- [ ] **Salade de rôti de bœuf**

8 tranches de rôti de bœuf, 400 g de haricots verts, 6 pommes de terre, 12 tomates cerises, 2 c. à s. de persil plat, 1 c. à s. de vinaigre de vin, 1 c. à s. de moutarde à l'ancienne, 3 c. à s. d'huile d'olive.

Et aussi

JUILLET

Lundi **10** — Salade style César — 15 mn / 10 mn

Mardi **11** — Salade de pâtes aux crevettes roses — 15 mn / 10 mn

Mercredi **12** — Pain de thon à l'aneth et aux tomates séchées — 10 mn / 35 mn

Jeudi **13** — Truite aux amandes — 10 mn / 30 mn

Vendredi **14** Fête nationale française — Gratin de légumes du soleil — 15 mn / 1 h

Samedi **15** — Rôti de porc froid au chutney d'abricots — 15 mn / 2 h / 35 mn

Dimanche **16** — Poulet au miel et salade croquante — 20 mn / 15 mn

Recettes
Pour 4 personnes

Enfourner 10 mn à 180 °C 1/3 de baguette en dés frottée d'1 c. à s. d'huile d'olive + 1 gousse d'ail. Mélanger avec 4 mini-laitues romaines + 4 blancs de poulet grillés en dés + 1 oignon rouge émincé + 2 tomates en dés + 30 g de noix de cajou + 60 g de parmesan en copeaux + 1 sauce (mixer 2 c. à c. de câpres + 1 c. à c. de moutarde + 1 jus de citron + 3 c. à s. d'huile + 1 œuf cuit 2 mn + 1 gousse d'ail).

Mélanger 200 g de farfalles al dente et refroidies avec 1 sauce (2 yaourts Fjord + 1 c. à s. d'huile d'olive et de jus de citron + 1 c. à c. d'aneth et de ciboulette). Ajouter 16 crevettes cuites décortiquées + 250 g de tomates cerises coupées en 2 + 1 avocat en dés + 2 tranches de saumon fumé en morceaux + 40 g de mesclun.

Mélanger 3 œufs + 90 g de farine, ajouter 25 cl de lait + 1 c. à s. de concentré de tomates. Ajouter 1 sachet de levure + 2 boîtes de thon au naturel émietté + 100 g de gruyère râpé + 10 tomates confites à l'huile + 2 c. à s. d'aneth. Mettre dans 1 moule et enfourner 35 mn à 200 °C. Servir avec 1 salade.

Poêler 2 échalotes émincées dans 1 noix de beurre. Réserver. Poêler à sec 150 g d'amandes effilées. Dans 1 plat, mettre les échalotes + 4 filets de truite + le jus d'1 citron + 4 c. à s. de vin blanc + 4 c. à c. d'huile d'olive et d'estragon. Parsemer d'amandes grillées. Enfourner env. 25 mn à 200 °C. Ajouter 1 filet de crème légère 2 mn avant la fin. Servir avec 250 g de riz.

Huiler 1 plat à gratin et étager dedans 1 courgette, 2 tomates et 1 oignon en rondelles + 10 cl de purée de tomates + 100 g d'allumettes de jambon + 1 filet d'huile d'olive + 100 g de mozzarella en rondelles. Recommencer 1 fois et terminer par 2 feuilles de laurier. Enfourner 40 mn à 220 °C, puis 20 mn à 200 °C.

Réhydrater 2 h 250 g d'abricots secs en petits morceaux dans de l'eau. Mélanger avec 2 c. à s. de raisins secs + 60 g de sucre + 2 c. à s. de vinaigre de vin et autant d'eau + 1 c. à c. de cardamome + 1 c. à c. de gingembre. Laisser mijoter 35 mn à feu doux. Servir froid avec 600 g de rôti de porc froid + 1 salade mélangée à 200 g de riz froid + 1 vinaigrette.

Badigeonner 4 blancs de poulet d'1 c. à s. de miel et de moutarde. Poêler à feu doux 15 mn, en ajoutant 2 c. à s. de miel et de moutarde en cours de cuisson. Servir avec 2 bulbes de fenouil émincés + 3 branches de céleri coupées + 1 pomme verte en quartiers + 1 sauce (le jus d'1/2 citron + 3 c. à s. de crème épaisse + 60 g de mayonnaise + 1 gousse d'ail pilée).

Courses
Pour 4 personnes

☐ Salade style César
4 blancs de poulet grillés, 4 mini-laitues romaines, 2 tomates, 2 gousses d'ail, 1 oignon rouge, 1 citron, 60 g de parmesan en copeaux, 1/3 de baguette, 1 œuf, 30 g de noix de cajou, 2 c. à c. de câpres, 1 c. à c. de moutarde, 4 c. à s. d'huile d'olive.

☐ Salade de pâtes aux crevettes roses
200 g de farfalles, 16 crevettes cuites décortiquées, 2 tranches de saumon fumé, 250 g de tomates cerises, 1 avocat, 40 g de mesclun, 2 yaourts Fjord, 1 c. à c. d'aneth et de ciboulette, 1 c. à s. d'huile d'olive et de jus de citron.

☐ Pain de thon à l'aneth et aux tomates séchées
2 boîtes de thon au naturel, 10 tomates confites à l'huile, 1 salade, 100 g de gruyère râpé, 90 g de farine, 1 sachet de levure, 3 œufs, 25 cl de lait, 1 c. à s. de concentré de tomates, 2 c. à s. d'aneth.

☐ Truite aux amandes
4 filets de truite, 150 g d'amandes effilées, 250 g de riz, 1 citron, 2 échalotes, 4 c. à c. d'estragon, 1 noix de beurre, 1 filet de crème légère, 4 c. à s. de vin blanc, 4 c. à c. d'huile d'olive.

☐ Gratin de légumes du soleil
4 tomates, 2 courgettes, 2 oignons, 200 g de mozzarella, 200 g d'allumettes de jambon, 20 cl de purée de tomates, 2 feuilles de laurier, 3 filets d'huile d'olive.

☐ Rôti de porc froid au chutney d'abricots
600 g de rôti de porc froid, 250 g d'abricots secs, 2 c. à s. de raisins secs, 1 salade, 200 g de riz, 60 g de sucre, 1 vinaigrette, 2 c. à s. de vinaigre de vin, 1 c. à c. de cardamome, 1 c. à c. de gingembre.

☐ Poulet au miel et salade croquante
4 blancs de poulet, 2 bulbes de fenouil, 3 branches de céleri, 1 pomme verte, 1/2 citron, 1 gousse d'ail, 60 g de mayonnaise, 3 c. à s. de crème épaisse, 3 c. à s. de miel et de moutarde.

Et aussi

JUILLET

Lundi **17**

Pizza chèvre, courgette et bacon

15 mn — 30 mn

Mardi **18**

Salade grecque aux pâtes

15 mn — 10 mn

Mercredi **19**

Tartines à la brousse

10 mn

Jeudi **20**

Cassolettes de fruits de mer

15 mn — 25 mn

Vendredi **21**

Poulet sauté à la tomate

10 mn — 25 mn

Samedi **22**

Brochettes de saucisses et salade de courgettes

25 mn — 15 mn

Dimanche **23**

Fenouil confit et poisson en Cocotte-Minute

20 mn — 20 mn

Recettes
Pour 4 personnes

Poêler 10 mn 1 courgette en fines rondelles dans 2 c. à s. d'huile d'olive. Napper 1 pâte à pizza avec 25 cl de purée de tomates + 8 tranches de bacon émincées + la courgette + 1 bûche de chèvre en fines rondelles. Parsemer de 2 c. à s. d'herbes de Provence. Enfourner 20 mn à 230 °C. Servir avec 1 roquette.

Mélanger 200 g de pâtes al dente refroidies + 2 tomates en dés + 2 tranches de poivron grillé à l'huile émincées + 160 g de feta en dés + 12 olives noires coupées en 2 + 1/2 concombre en dés + 1/2 oignon rouge en fines rondelles + 1 petite boîte de thon à l'huile. Assaisonner avec 1 filet de vinaigre balsamique.

Tartiner 250 g de brousse sur 8 tranches de pain de campagne grillées. Répartir 16 tomates confites à l'huile et 16 tomates cerises émincées + 8 c. à c. de ciboulette. Servir avec 1 salade mesclun + 1 vinaigrette + 40 g de pignons de pin.

Faire suer 1 échalote émincée dans 20 g de beurre. Ajouter 600 g de fruits de mer (décongelés ou frais, poêlés 5 mn dans 20 g de beurre et égouttés). Déglacer avec 15 cl de vin blanc. Ajouter 4 c. à s. de crème épaisse + 1 pincée de paprika. Réserver. Cuire à feu doux 20 cl de crème liquide + 4 c. à s. de bisque de homard et mélanger avec les fruits de mer. Servir dans des cassolettes avec 250 g de riz.

Poêler 1 oignon émincé dans 2 c. à s. d'huile d'olive. Y faire dorer 10 mn 4 escalopes de poulet en petits dés. Ajouter 2 c. à s. d'herbes de Provence + 20 cl de coulis de tomates + 1 morceau de sucre. Laisser mijoter 10 mn. Servir avec 600 g de haricots verts cuits à l'eau ou à la vapeur + 1 noix de beurre.

Couper en tronçons de 2 cm 4 merguez + 4 chipolatas + 2 courgettes jaunes. Sur des piques à brochettes, alterner les morceaux + 16 tomates cerises. Arroser d'1 filet d'huile d'olive + 4 c. à s. de thym. Griller 15 mn au barbecue ou au four. Servir avec 2 courgettes vertes en lanières + 12 olives noires émincées + 120 g de parmesan en copeaux + le jus d'1 citron + 3 c. à s. d'huile d'olive.

Dans 1 Cocotte-Minute, faire suer 1 oignon émincé dans 20 g de beurre. Ajouter 4 fenouils en morceaux et faire colorer. Verser 15 cl de bouillon de légumes + le jus d'1/2 citron vert + 10 g de sucre. Faire bouillir et fermer la cocotte. Réduire le feu 1 fois en pression. Après 10 mn, ajouter 4 pavés de cabillaud et cuire encore 5 mn. Servir parsemés d'1 c. à s. de coriandre.

Courses
Pour 4 personnes

☐ **Pizza chèvre, courgette et bacon**

1 pâte à pizza, 1 bûche de chèvre, 8 tranches de bacon, 1 petite courgette, 1 roquette, 25 cl de purée de tomates, 2 c. à s. d'herbes de Provence, 2 c. à s. d'huile d'olive.

☐ **Salade grecque aux pâtes**

200 g de pâtes, 160 g de feta, 2 tomates, 1/2 concombre, 1/2 oignon rouge, 12 olives noires, 2 tranches de poivron grillé à l'huile, 1 petite boîte de thon à l'huile, 1 filet de vinaigre balsamique.

☐ **Tartines à la brousse**

8 tranches de pain de campagne, 250 g de brousse, 16 tomates confites à l'huile, 16 tomates cerises, 1 salade mesclun, 40 g de pignons de pin, 8 c. à c. de ciboulette, 1 vinaigrette.

☐ **Cassolettes de fruits de mer**

600 g de fruits de mer (surgelés ou frais), 250 g de riz, 1 échalote, 20 cl de crème liquide, 15 cl de vin blanc, 4 c. à s. de crème épaisse, 4 c. à s. de bisque de homard, 1 pincée de paprika, 40 g de beurre.

☐ **Poulet sauté à la tomate**

4 escalopes de poulet, 600 g de haricots verts, 1 oignon, 1 morceau de sucre, 20 cl de coulis de tomates, 2 c. à s. d'herbes de Provence, 1 noix de beurre, 2 c. à s. d'huile d'olive.

☐ **Brochettes de saucisses et salade de courgettes**

4 merguez, 4 chipolatas, 2 courgettes vertes, 2 courgettes jaunes, 16 tomates cerises, 12 olives noires, 1 citron, 120 g de parmesan en copeaux, 4 c. à s. de thym, 3 c. à s. + 1 filet d'huile d'olive.

☐ **Fenouil confit et poisson en Cocotte-Minute**

4 pavés de cabillaud, 4 fenouils, 1 oignon, 1/2 citron vert, 20 g de beurre, 10 g de sucre, 15 cl de bouillon de légumes, 1 c. à s. de coriandre.

Et aussi

JUILLET

Lundi 24 — Salade de pâtes à l'italienne
15 mn | 10 mn

Mardi 25 — Soupe froide de carottes à la coriandre
15 mn | 40 mn

Mercredi 26 — Steaks de thon aux olives
15 mn | 20 mn

Jeudi 27 — Omelette aux légumes grillés
10 mn | 15 mn

Vendredi 28 — Flan de légumes d'été
15 mn | 30 mn

Samedi 29 — Bricks à la fondue de tomates
25 mn | 20 mn

Dimanche 30 — Poulet rôti et chutney de fruits d'été
20 mn | 1 h 2

Recettes
Pour 4 personnes

Mélanger 350 g de penne cuites et refroidies + 1 melon en billes + 250 g de tomates cerises + 6 tomates séchées coupées + 8 tranches de viande des Grisons en lanières + 150 g de mozzarella en dés + 10 olives + 1 c. à s. de câpres + 1 sauce (1 jus de citron + 4 c. à s. d'huile d'olive + 1 c. à s. de vinaigre balsamique + 2 c. à s. de basilic) + 50 g de parmesan en copeaux.

Dans 1 cocotte, poêler 2 oignons émincés dans 2 c. à s. d'huile d'olive. Ajouter 1 kg de carottes en rondelles + 1,2 l d'eau. Cuire 30 mn. Ajouter 10 cl de crème fleurette + 4 c. à s. de coriandre et mixer. Servir frais avec 4 grandes tranches de pain de campagne tartinées avec 1 Boursin et passées 5 mn sous le gril.

Faire suer 2 oignons émincés dans 2 c. à s. d'huile d'olive. Ajouter 4 steaks de thon et les saisir 3 mn/côté. Ajouter 2 c. à s. de vinaigre balsamique + 3 c. à s. de sauce soja + 10 cl d'eau + 16 olives noires + 1 c. à s. de câpres. Cuire à feu très doux 5 mn. Servir avec 2 carottes en rondelles et 6 pommes de terre, cuites 15-20 mn à la vapeur.

Poêler 250 g de légumes grillés décongelés et coupés en petits morceaux dans 20 g de beurre. Ajouter 8 œufs battus + 100 g de parmesan en copeaux et faire prendre l'omelette 10 mn. Servir avec 1 salade + 4 tranches de pain grillées.

Mélanger 15 cl de lait avec 1 c. à s. de Maïzena, puis ajouter 4 œufs + 15 cl de crème épaisse + 60 g de gruyère râpé + 2 c. à s. de ciboulette + 300 g de tomates et 300 g de courgettes, lavées et coupées en cubes. Enfourner 30 mn à 220 °C. Servir avec 1 botte de radis et 200 g de fromage blanc mélangé à 4 c. à s. de ciboulette + 1 c. à s. de moutarde.

Poêler 10 mn 6 tomates épépinées et coupées en dés dans 2 c. à s. d'huile d'olive + 2 c. à s. de thym. Répartir sur 12 feuilles de brick. Ajouter 150 g de mozzarella et 12 olives noires en dés + 4 tranches de jambon cru en lanières. Fermer les bricks. Enfourner 10 mn à 180 °C. Servir avec 1 roquette et 1/2 pastèque en morceaux.

Cuire 1 h 20 à 200 °C 1 poulet avec 4 c. à s. d'huile d'olive + 4 gousses d'ail pilées + 4 brins de thym et de romarin. Poêler 1 oignon rouge dans 1 c. à s. d'huile d'olive. Ajouter 150 g de prunes rouges et d'abricots en dés + 20 g de raisins secs + 2 c. à s. de vinaigre de cidre + 50 g de cassonade + 1 clou de girofle. Compoter 45 mn. Servir avec 8 pommes de terre vapeur.

Courses
Pour 4 personnes

☐ **Salade de pâtes à l'italienne**

350 g de penne, 1 melon, 250 g de tomates cerises, 6 tomates séchées, 10 olives, 1 citron, 1 c. à s. de câpres, 150 g de mozzarella, 8 tranches de viande des Grisons, 50 g de parmesan, 2 c. à s. de basilic, 4 c. à s. d'huile d'olive, 1 c. à s. de vinaigre balsamique.

☐ **Soupe froide de carottes à la coriandre**

1 kg de carottes, 2 oignons, 4 grandes tranches de pain de campagne, 1 Boursin, 10 cl de crème fleurette, 4 c. à s. de coriandre, 2 c. à s. d'huile d'olive.

☐ **Steaks de thon aux olives**

4 steaks de thon, 16 olives noires, 6 pommes de terre, 2 carottes, 2 oignons, 1 c. à s. de câpres, 3 c. à s. de sauce soja, 2 c. à s. d'huile d'olive et de vinaigre balsamique.

☐ **Omelette aux légumes grillés**

8 œufs, 250 g de légumes grillés surgelés, 1 salade, 100 g de parmesan en copeaux, 4 tranches de pain, 20 g de beurre.

☐ **Flan de légumes d'été**

300 g de tomates, 300 g de courgettes, 1 botte de radis, 60 g de gruyère râpé, 4 œufs, 200 g de fromage blanc, 15 cl de crème épaisse, 15 cl de lait, 1 c. à s. de Maïzena, 1 c. à s. de moutarde, 6 c. à s. de ciboulette.

☐ **Bricks à la fondue de tomates**

12 feuilles de brick, 6 tomates, 12 olives noires, 1 roquette, 1/2 pastèque, 150 g de mozzarella, 4 tranches de jambon cru, 2 c. à s. de thym, 2 c. à s. d'huile d'olive.

☐ **Poulet rôti et chutney de fruits d'été**

1 poulet, 150 g de prunes rouges et d'abricots, 8 pommes de terre, 20 g de raisins secs, 1 oignon rouge, 4 gousses d'ail, 50 g de cassonade, 4 brins de thym et de romarin, 1 clou de girofle, 2 c. à s. de vinaigre de cidre, 5 c. à s. d'huile d'olive.

Et aussi

JUIL.-AOÛT 2017

Lundi **31**

Clafoutis de sardines à la tomate

10 mn 35 mn

Mardi **1**

Salade de pois chiches et tzatziki

15 mn

Mercredi **2**

Quiche aux courgettes, jambon cru et parmesan

10 mn 40 mn

Jeudi **3**

Assiettes fraîcheur saumon/concombre

10 mn 30 mn

Vendredi **4**

Aubergines farcies

15 mn 40 mn

Samedi **5**

Cake aux légumes d'été

20 mn 55 mn

Dimanche **6**

Thon en cocotte à la provençale

20 mn 1 h 10

Recettes
Pour 4 personnes

Mélanger 40 g de farine + 30 cl de lait + 5 cl de crème épaisse + 3 œufs + 2 c. à s. de basilic + 60 g de gruyère râpé. Mixer le contenu de 3 boîtes de sardines de 125 g (1 à la tomate et 2 à l'huile) + 1 c. à c. de moutarde et l'ajouter à la préparation. Verser dans 1 moule à tarte et recouvrir de 65 g de gruyère râpé. Enfourner 35 mn à 200 °C. Servir avec 8 tomates en salade.

Mélanger 800 g de pois chiches en boîte avec 2 concombres et 4 tomates en dés + 1 courgette jaune râpée + 2 oignons rouges émincés + 16 olives noires coupées en 2. Assaisonner avec le jus d'1 citron + 4 c. à s. d'huile d'olive + 2 c. à s. de persil. Servir avec 1 concombre en dés mélangé à 1 yaourt grec + 2 gousses d'ail pilées + 4 c. à s. de menthe + 1 c. à s. d'huile d'olive.

Poêler 2 courgettes en rondelles dans 2 c. à s. d'huile d'olive + 1 c. à s. de thym. Garnir 1 pâte feuilletée de 200 g de tranches de jambon cru + les courgettes. Verser 1 mélange fait de 4 œufs battus + 20 cl de crème épaisse + 10 cl de lait. Parsemer de 60 g de parmesan râpé. Enfourner 35 mn à 180 °C. Servir avec 1 salade.

Répartir dans 4 assiettes 6 tranches de saumon fumé, 1 citron en quartiers, 8 petites pommes de terre cuites à la vapeur, 1 concombre en dés assaisonné avec 2 c. à s. d'huile d'olive + 1 c. à s. de vinaigre balsamique. Servir avec 250 g de tomates cerises + 200 g de cottage cheese parsemé de 2 c. à s. de ciboulette + 1 c. à c. d'échalote + 2 c. à s. d'huile d'olive.

Couper 2 aubergines en 2 dans la longueur. Inciser la chair à 3-4 endroits. Verser 1 filet d'huile d'olive. Enfourner 30 mn à 250 °C. Poêler 4 oignons émincés + 1 c. à c. d'ail dans 1 c. à s. d'huile d'olive. Ajouter 200 g de chair à saucisse + 2 tomates en dés + la chair des aubergines + 2 c. à s. de persil + 2 œufs battus. Farcir les aubergines. Recouvrir de 50 g de gruyère râpé. Enfourner 10 mn à 200 °C.

Poêler 10 mn 2 courgettes en rondelles dans 1 c. à s. d'huile d'olive. Ajouter 1 poivron épépiné et en dés, puis 2 gousses d'ail pilées + 1 c. à s. d'herbes de Provence. Mélanger avec la pâte (3 œufs battus + 150 g de farine + 1 sachet de levure + 15 cl de lait chaud + 10 cl d'huile d'olive) et ajouter 16 tomates confites émincées. Enfourner 45 mn à 210 °C. Servir avec 1 salade + 4 tranches de saumon fumé.

Dans 1 cocotte, poêler 5 mn 2 oignons émincés + 1 poivron rouge et 1 vert en lanières dans 2 c. à s. d'huile d'olive. Ajouter 2 gousses d'ail pilées + 800 g de tomates pelées en boîte + 80 g d'olives vertes et noires dénoyautées + 10 cl de vin blanc + 800 g de thon frais (poêlé dans 2 c. à s. d'huile d'olive). Couvrir et mijoter 1 h. Parsemer d'1/2 bouquet de basilic ciselé. Servir avec 250 g de riz.

Courses
Pour 4 personnes

☐ **Clafoutis de sardines à la tomate**

3 boîtes de sardines de 125 g (1 à la tomate et 2 à l'huile), 8 tomates, 125 g de gruyère râpé, 40 g de farine, 3 œufs, 30 cl de lait, 5 cl de crème épaisse, 1 c. à c. de moutarde, 2 c. à s. de basilic.

☐ **Salade de pois chiches et tzatziki**

800 g de pois chiches en boîte, 4 tomates, 3 concombres, 1 courgette jaune, 16 olives noires, 2 oignons rouges, 2 gousses d'ail, 1 citron, 1 yaourt grec, 4 c. à s. de menthe, 2 c. à s. de persil, 5 c. à s. d'huile d'olive.

☒ **Quiche aux courgettes, jambon cru et parmesan**

1 pâte feuilletée, 2 courgettes, 1 salade, 200 g de tranches de jambon cru, 60 g de parmesan râpé, 4 œufs, 20 cl de crème épaisse, 10 cl de lait, 1 c. à s. de thym, 2 c. à s. d'huile d'olive.

☐ **Assiettes fraîcheur saumon/concombre**

6 tranches de saumon fumé, 8 petites pommes de terre, 1 concombre, 250 g de tomates cerises, 1 citron, 200 g de cottage cheese, 2 c. à s. de ciboulette, 1 c. à c. d'échalote, 1 c. à s. de vinaigre balsamique, 4 c. à s. d'huile d'olive.

☐ **Aubergines farcies**

2 aubergines, 4 oignons, 2 tomates, 200 g de chair à saucisse, 50 g de gruyère râpé, 2 œufs, 2 c. à s. de persil, 1 c. à c. d'ail, 1 c. à s. + 1 filet d'huile d'olive.

☐ **Cake aux légumes d'été**

2 courgettes, 1 poivron, 1 salade, 2 gousses d'ail, 16 tomates confites, 4 tranches de saumon fumé, 150 g de farine, 3 œufs, 15 cl de lait, 1 sachet de levure, 1 c. à s. d'herbes de Provence, 1 c. à s. + 10 cl d'huile d'olive.

☐ **Thon en cocotte à la provençale**

800 g de thon frais, 800 g de tomates pelées en boîte, 1 poivron rouge et 1 vert, 80 g d'olives vertes et noires dénoyautées, 2 oignons, 2 gousses d'ail, 250 g de riz, 10 cl de vin blanc, 1/2 bouquet de basilic, 4 c. à s. d'huile d'olive.

Et aussi

AOÛT

2017

Lundi **7** — Cannellonis chèvre/courgettes
15 mn — 40 mn

Mardi **8** — Tartare de thon blanc à l'avocat
15 mn — 10 mn

Mercredi **9** — Salade de poulet aux fruits d'été
10 mn

Jeudi **10** — Sardines panées
15 mn — 20 mn

Vendredi **11** — Verrines à la ratatouille
15 mn — 5 mn

Samedi **12** — Gaspacho
15 mn — 1 h

Dimanche **13** — Porc aux pêches
20 mn — 45 mn

Recettes

Pour 4 personnes

Poêler 1 oignon émincé dans 1 c. à s. d'huile d'olive. Ajouter 4 courgettes râpées et cuire 6 mn, puis 250 g de chèvre frais + 1 c. à c. de thym + 1 c. à c. d'origan et cuire 1 mn. Farcir 12 cannellonis, les mettre dans 1 plat à gratin avec 50 cl de coulis de tomates + 1 c. à c. de basilic. Saupoudrer de 50 g de parmesan râpé. Enfourner 30 mn à 180 °C.

Couper en dés 3 tomates épépinées + 1 avocat et arroser du jus d'1 citron. Ajouter 4 oignons verts émincés + 1 bouquet de ciboulette ciselée + 500 g de thon blanc en dés + 1 c. à s. d'huile d'olive + 4 c. à s. de lait de coco. Laisser mariner 10 mn et servir avec 1/2 pain de campagne en tranches grillé et coupé en dés + 1 salade verte.

Dans 1 saladier, mélanger 3 blancs de poulet cuits et coupés en lanières + 600 g de chou chinois émincé + 2 pêches en quartiers + 3 abricots et 2 tomates en dés. Ajouter 1 sauce faite d'1 c. à s. de vinaigre balsamique + 1 c. à s. de miel + 1 c. à s. de jus de citron + 1 c. à c. de moutarde + 2 c. à s. d'huile d'olive. Parsemer de 10 feuilles de basilic ciselées.

Rincer, étêter, équeuter et enlever l'arête centrale de 20 sardines fraîches. Battre 4 jaunes d'œufs + 20 cl de lait. Y tremper les sardines, puis dans 6 c. à s. de chapelure assaisonnée de 2 c. à s. de persil + 4 gousses d'ail pilées. Poêler les sardines 10 mn dans 40 g de beurre. Servir avec 600 g de pommes de terre sautées et 2 citrons coupés en quartiers.

Répartir 800 g de ratatouille en bocal dans 4 verrines. Ajouter 3 salades sucrine (lavées, émincées et assaisonnées avec le jus d'1 citron + 2 c. à s. d'huile d'olive) + 200 g de cottage cheese (mélangé à 2 c. à s. de ciboulette + 1 c. à s. de moutarde) + 8 tranches de bacon poêlées à sec et en morceaux.

Mixer 50 cl de jus de tomates + 2 tomates + 1 concombre épluché et épépiné + 1 poivron épépiné + 2 tranches de pain de mie grillées + 1 oignon émincé + 1 gousse d'ail hachée + 1 c. à s. de vinaigre de Xérès + 1 c. à s. d'huile d'olive. Réfrigérer 1 h. Servir avec 2 concombres en rondelles + 1 vinaigrette au vinaigre balsamique + 4 tranches de pain tartinées de 4 c. à s. de tapenade.

Couper 1 kg de filet mignon en tranches. Les faire revenir 10 mn dans 2 c. à s. d'huile d'olive. Réserver. Poêler 2 échalotes émincées. Ajouter 2 gousses d'ail pilées + 2 feuilles de laurier + 1 c. à s. de thym + 15 cl de bouillon de viande + le porc. Mijoter 15 mn. Ajouter 5 pêches blanches épluchées et en quartiers et cuire encore 15 mn. Servir avec 250 g de riz.

Courses

Pour 4 personnes

☐ Cannellonis chèvre/courgettes

12 cannellonis (sans précuisson), 4 courgettes, 1 oignon, 50 cl de coulis de tomates, 250 g de chèvre frais, 50 g de parmesan râpé, 1 c. à c. de thym, 1 c. à c. d'origan, 1 c. à c. de basilic, 1 c. à s. d'huile d'olive.

☐ Tartare de thon blanc à l'avocat

500 g de thon blanc, 3 tomates, 1 avocat, 1 citron, 4 oignons verts, 1 salade verte, 1/2 pain de campagne, 4 c. à s. de lait de coco, 1 bouquet de ciboulette, 1 c. à s. d'huile d'olive.

☐ Salade de poulet aux fruits d'été

3 blancs de poulet cuits, 3 abricots, 2 pêches, 2 tomates, 600 g de chou chinois, 10 feuilles de basilic, 1 c. à s. de miel, 1 c. à c. de moutarde, 1 c. à s. de jus de citron, 1 c. à s. de vinaigre balsamique, 2 c. à s. d'huile d'olive.

☐ Sardines panées

20 sardines fraîches, 600 g de pommes de terre, 2 citrons, 4 gousses d'ail, 6 c. à s. de chapelure, 4 jaunes d'œufs, 20 cl de lait, 2 c. à s. de persil, 40 g de beurre.

☐ Verrines à la ratatouille

800 g de ratatouille en bocal, 200 g de cottage cheese, 8 tranches de bacon, 3 salades sucrine, 1 citron, 2 c. à s. de ciboulette, 1 c. à s. de moutarde, 2 c. à s. d'huile d'olive.

☐ Gaspacho

50 cl de jus de tomates, 3 concombres, 2 tomates, 1 poivron, 1 oignon, 1 gousse d'ail, 4 tranches de pain, 2 tranches de pain de mie, 4 c. à s. de tapenade, 1 vinaigrette au vinaigre balsamique, 1 c. à s. de vinaigre de Xérès, 1 c. à s. d'huile d'olive.

☐ Porc aux pêches

1 kg de filet mignon, 5 pêches blanches, 2 échalotes, 2 gousses d'ail, 250 g de riz, 2 feuilles de laurier, 1 c. à s. de thym, 15 cl de bouillon de viande, 2 c. à s. d'huile d'olive.

107

Et aussi

2017

AOÛT

Lundi 14
Salade niçoise
15 mn — 10 mn

Mardi 15 Assomption
Velouté glacé aux courgettes et à la menthe
15 mn — 15 mn

Mercredi 16
Quiche tomates et roquefort
10 mn — 35 mn

Jeudi 17
Wraps jambon/chèvre
15 mn — 5 mn

Vendredi 18
Poisson à la tomate
10 mn — 35 mn

Samedi 19
Moules à la crème, ail et basilic
20 mn — 15 mn

Dimanche 20
Salade de riz complète
20 mn — 10 mn

Recettes
Pour 4 personnes

Mélanger 1 laitue lavée et effeuillée avec 4 tomates en dés + 1 poivron vert émincé + 1 petite boîte de haricots verts + 12 radis émincés + 200 g de thon en boîte + 1 petite boîte d'anchois + 12 olives noires + 4 œufs durs coupés en 4 + 1 c. à s. de ciboulette. Assaisonner avec 1 sauce (2 c. à c. de vinaigre + 1 c. à c. de moutarde + 4 c. à s. d'huile d'olive).

Mixer 1,5 kg de courgettes (cuites 15 mn à la vapeur, puis refroidies) + 1 oignon (poêlé 5 mn dans 1 c. à s. d'huile d'olive) + 150 g de St Môret + 1 bouquet de menthe + 2 c. à s. d'huile d'olive + 1 c. à s. de jus de citron. Servir très froid avec 4 tranches de pain de campagne tartinées de 4 tranches de jambon sec + 80 g de comté râpé et passées 10 mn au four.

Garnir 1 pâte brisée de 250 g de tomates cerises coupées en 2, peau vers le bas. Verser 1 mélange fait de 4 œufs battus + 20 cl de crème épaisse + 1 pincée de muscade. Parsemer de 200 g de roquefort émietté. Enfourner 35 mn à 180 °C. Servir avec 1 salade + 50 g de copeaux de noix + 1 vinaigrette (2 c. à c. de vinaigre balsamique + 1 c. à c. de moutarde et de miel + 4 c. à s. d'huile d'olive).

Sur 6 tortillas de blé poêlées à sec, répartir 250 g de chèvre frais + 6 tranches de jambon blanc + 2 carottes et 1/2 concombre coupés en bâtonnets + 12 tomates cerises coupées en 2 + 6 c. à c. de ciboulette + 6 c. à s. de vinaigre balsamique. Servir avec 6 carottes râpées assaisonnées avec le jus d'1 orange et d'1 citron + 4 c. à s. d'huile d'olive + 1 c. à c. de moutarde.

Dans 1 cocotte, poêler 1 mn 4 gousses d'ail pilées dans 1 c. à s. d'huile + 1 c. à c. de basilic + 1 c. à s. de ciboulette. Verser 30 cl d'eau + 1 bouillon cube. Faire bouillir et laisser frémir 5 mn. Ajouter 1 boîte de tomates concassées (400 g). Cuire 15 mn. Ajouter 4 filets de lieu noir et cuire 10 mn. Servir avec 800 g de pommes de terre vapeur.

Dans 1 cocotte, faire fondre 3 gousses d'ail pilées + 1 oignon émincé + 1 botte de basilic ciselé dans 20 g de beurre. Ajouter 25 cl de vin blanc + 1 kg de moules. Laisser les moules s'ouvrir et ajouter 4 c. à s. de crème épaisse. Servir avec 250 g de tagliatelles al dente.

Mélanger 300 g de riz (cuit, égoutté et refroidi) avec 1 boîte de thon + 3 tomates en dés + 16 olives vertes + 1 concombre épépiné et en dés + 250 g de champignons de Paris émincés + 250 g de maïs. Assaisonner avec 1 c. à s. de vinaigre de Xérès mélangée à 1 c. à c. de moutarde + 3 c. à s. d'huile de noix + 1 pincée de curry. Servir frais.

Courses
Pour 4 personnes

☐ Salade niçoise

4 tomates, 12 radis, 12 olives noires, 1 laitue, 1 poivron vert, 200 g de thon en boîte, 1 petite boîte d'anchois, 1 petite boîte de haricots verts, 4 œufs, 1 c. à s. de ciboulette, 2 c. à c. de vinaigre, 1 c. à c. de moutarde, 4 c. à s. d'huile d'olive.

☐ Velouté glacé aux courgettes et à la menthe

1,5 kg de courgettes, 1 bouquet de menthe, 1 oignon, 150 g de St Môret, 4 tranches de pain de campagne, 80 g de comté râpé, 4 tranches de jambon sec, 1 c. à s. de jus de citron, 3 c. à s. d'huile d'olive.

☐ Quiche tomates et roquefort

1 pâte brisée, 250 g de tomates cerises, 1 salade, 200 g de roquefort, 50 g de copeaux de noix, 4 œufs, 20 cl de crème épaisse, 1 pincée de muscade, 2 c. à c. de vinaigre balsamique, 1 c. à c. de moutarde et de miel, 4 c. à s. d'huile d'olive.

☐ Wraps jambon/chèvre

6 tortillas de blé, 250 g de chèvre frais, 6 tranches de jambon blanc, 12 tomates cerises, 8 carottes, 1 orange, 1 citron, 1/2 concombre, 6 c. à c. de ciboulette, 6 c. à s. de vinaigre balsamique, 1 c. à c. de moutarde, 4 c. à s. d'huile d'olive.

☐ Poisson à la tomate

4 filets de lieu noir, 1 boîte de tomates concassées (400 g), 800 g de pommes de terre, 4 gousses d'ail, 1 bouillon cube, 1 c. à c. de basilic, 1 c. à s. de ciboulette, 1 c. à s. d'huile.

☐ Moules à la crème, ail et basilic

1 kg de moules, 250 g de tagliatelles, 3 gousses d'ail, 1 oignon, 25 cl de vin blanc, 4 c. à s. de crème épaisse, 1 botte de basilic, 20 g de beurre.

☐ Salade de riz complète

300 g de riz, 1 boîte de thon, 250 g de champignons de Paris, 250 g de maïs, 3 tomates, 16 olives vertes, 1 concombre, 1 pincée de curry, 1 c. à s. de vinaigre de Xérès, 1 c. à c. de moutarde, 3 c. à s. d'huile de noix.

Et aussi

AOÛT

2017

Lundi
21
Pizza aux légumes d'été
15 mn — 45 mn

Mardi
22
Velouté frais de petits pois au basilic
15 mn — 30 mn

Mercredi
23
Pain de viande à la courgette
10 mn — 45 mn

Jeudi
24
Barbue au cidre
15 mn — 20 mn

Vendredi
25
Tartines de maquereaux à la provençale
10 mn — 30 mn

Samedi
26
Ratatouille aux olives et côtelettes de porc
25 mn — 1 h 30

Dimanche
27
Salade farandole aux haricots verts
20 mn — 10 mn

Recettes
Pour 4 personnes

Poêler 2 petits oignons émincés dans 2 c. à s. d'huile d'olive. Ajouter 1 courgette pelée en lanières + 1 poivron jaune épépiné et en lanières + 1 pot de tomates pelées. Cuire 15 mn à feu doux. Étaler ce mélange sur 1 pâte à pizza, parsemer d'1 c. à s. d'origan. Disposer 200 g de mozzarella en dés. Enfourner 25 mn à 200 °C.

Poêler 2 échalotes émincées dans 20 g de beurre. Ajouter 1 l de bouillon de volaille. Lorsqu'il bout, ajouter 800 g de petits pois surgelés. Cuire 20 mn. Lorsque c'est froid, ajouter 1/2 bouquet de basilic + 10 cl de crème liquide et mixer. Servir très froid avec 6 tomates en rondelles + 100 g de feta en cubes + 1 filet d'huile d'olive. Accompagner de 8 tranches de jambon de Parme.

Mixer 1 oignon + 1/2 bouquet de persil. Ajouter 20 g de mie de pain + 250 g de bœuf + 250 g de chair à saucisse + 1 courgette + 1 œuf + 1 pincée de muscade et de paprika + 3 c. à s. de sauce tomates épicée. Mixer. Verser dans un moule à cake et enfourner 45 mn à 180 °C. Servir chaud ou froid, accompagné d'1 bocal de ratatouille.

Dans 1 plat, répartir 4 filets de barbue + 35 cl de cidre brut + 1 pomme en quartiers. Enfourner 10 mn à 180 °C. Réserver. Faire revenir à la casserole 1 échalote émincée dans 10 g de beurre. Ajouter le jus de cuisson filtré du poisson et faire réduire la sauce de moitié. Ajouter 3 c. à s. de crème épaisse + 40 g de beurre en morceaux en fouettant. Servir sur le poisson avec 250 g de riz sauvage.

Faire mariner 30 mn 3 boîtes de maquereaux dans 2 c. à s. d'huile d'olive + le zeste et jus d'1 citron + 2 c. à c. de coriandre. Mixer 100 g de tomates confites + 1 tomate + 2 c. à c. de vinaigre de Xérès. Toaster 1 pain de campagne, y mettre les tomates + le maquereau émietté + 8 olives vertes coupées + 40 g de parmesan. Servir avec 1 salade verte + 40 g de pignons.

Couper en dés 700 g de courgettes, 700 g d'aubergines, 3 poivrons de couleurs différentes et 1 kg de tomates. Émincer 3 oignons, 4 gousses d'ail et 12 olives. Poêler 10 mn les poivrons + les oignons dans 4 c. à s. d'huile d'olive. Ajouter les autres légumes + 4 c. à s. d'huile d'olive + 1 bouquet garni. Couvrir et mijoter 1 h. Servir avec 4 côtelettes de porc grillées.

Mélanger 600 g de haricots vers surgelés (cuits et refroidis) à 4 tomates en cubes + 1/2 laitue émincée + 1 boîte de maïs + 200 g de dés de jambon + 2 œufs durs coupés en 4 + 100 g de mimolette en dés. Ajouter 1 sauce (1 échalote émincée + 2 c. à s. de vinaigre + 4 c. à s. d'huile de noix + 1 c. à s. de moutarde à l'ancienne + 2 c. à s. de ciboulette).

Courses
Pour 4 personnes

☐ **Pizza aux légumes d'été**

1 pâte à pizza, 1 pot de tomates pelées, 1 courgette, 1 poivron jaune, 2 petits oignons, 200 g de mozzarella, 1 c. à s. d'origan, 2 c. à s. d'huile d'olive.

☐ **Velouté frais de petits pois au basilic**

800 g de petits pois surgelés, 6 tomates, 2 échalotes, 100 g de feta, 8 tranches de jambon de Parme, 1 l de bouillon de volaille, 10 cl de crème liquide, 1/2 bouquet de basilic, 20 g de beurre, 1 filet d'huile d'olive.

☐ **Pain de viande à la courgette**

250 g de bœuf, 250 g de chair à saucisse, 1 courgette, 1 oignon, 1 bocal de ratatouille, 20 g de mie de pain, 1 œuf, 3 c. à s. de sauce tomates épicée, 1/2 bouquet de persil, 1 pincée de muscade et de paprika.

☐ **Barbue au cidre**

4 filets de barbue, 250 g de riz sauvage, 1 pomme, 1 échalote, 35 cl de cidre brut, 3 c. à s. de crème épaisse, 50 g de beurre.

☐ **Tartines de maquereaux à la provençale**

1 pain de campagne, 3 boîtes de maquereaux, 100 g de tomates confites, 8 olives vertes, 1 tomate, 1 salade, 1 citron, 40 g de parmesan, 40 g de pignons, 2 c. à c. de coriandre, 2 c. à c. de vinaigre de Xérès, 2 c. à s. d'huile d'olive.

☐ **Ratatouille aux olives et côtelettes de porc**

1 kg de tomates, 700 g d'aubergines, 700 g de courgettes, 3 poivrons de couleurs différentes, 12 olives, 4 gousses d'ail, 3 oignons, 4 côtelettes de porc, 1 bouquet garni, 8 c. à s. d'huile d'olive.

☐ **Salade farandole aux haricots verts**

600 g de haricots verts surgelés, 4 tomates, 1/2 laitue, 1 échalote, 1 boîte de maïs, 200 g de dés de jambon, 100 g de mimolette, 2 œufs, 2 c. à s. de ciboulette, 1 c. à s. de moutarde à l'ancienne, 2 c. à s. de vinaigre, 4 c. à s. d'huile de noix.

Et aussi

AOÛT-SEPT. 2017

Lundi
28
Gnocchis poivron-tomates
15 mn 20 mn

Mardi
29
Poulet croustillant et salade fraîcheur
15 mn 15 mn 10 mn

Mercredi
30
Tartines fraîcheur et légumes grillés
10 mn 10 mn

Jeudi
31
Quinoa aux petits légumes
15 mn 20 mn

Vendredi
1
Cassolettes de moules épinards/roquefort
15 mn 30 mn

Samedi
2
Sauté de dinde aux mirabelles
15 mn 25 mn

Dimanche
3
Moussaka à la mozzarella
20 mn 35 mn

Recettes
Pour 4 personnes

Poêler 15 mn à feu doux dans 1 faitout 1 poivron rouge en dés + 1 échalote et 1 gousse d'ail émincées dans 2 c. à s. d'huile d'olive. Ajouter 200 g de sauce tomates cuisinée + 3 c. à s. de crème épaisse + 50 g de parmesan. Cuire 2 mn à feu doux. Mixer, ajouter 1 c. à s. de basilic et servir avec 600 g de gnocchis cuits selon les indications du paquet.

Mariner 15 mn 4 blancs de poulet dans 1 c. à s. d'huile d'olive + 1 gousse d'ail pilée + 2 c. à s. de sauce soja + 2 c. à s. de jus de citron vert. Poêler 4 mn/côté. Servir avec 600 g de tomates cerises coupées en 2 + 1 concombre en dés + 2 oignons rouges émincés + 200 g de feta émiettée + 3 c. à s. d'huile d'olive + 2 c. à s. de vinaigre balsamique + 2 c. à s. de basilic.

Tartiner 8 tranches de pain de campagne grillées de 120 g de St Môret mélangé à 8 c. à c. de ciboulette. Arroser d'1 filet d'huile d'olive et répartir 8 tranches de jambon blanc. Servir avec 600 g de légumes grillés décongelés.

Mélanger 3 carottes en dés cuites 15 mn à la vapeur + 200 g de petits pois décongelés + 150 g de brocoli en fleurettes (cuit 15 mn à la vapeur) avec 300 g de quinoa cuit comme indiqué sur le paquet. Ajouter 10 cl de crème liquide + 1 noix de beurre. Parsemer de 80 g de gruyère râpé. Réchauffer 2 mn au micro-ondes si besoin.

Poêler 1 échalote émincée dans 20 g de beurre. Ajouter 500 g de moules cuites décoquillées surgelées + 12 cl de vin blanc + 1 c. à s. de persil. Cuire 5 mn. Égoutter. Chauffer au micro-ondes 20 cl de crème épaisse + 100 g de roquefort émietté. Répartir dans des cassolettes 250 g d'épinards en branches (cuits 15 mn à la vapeur) + les moules + la crème + 50 g de gruyère râpé. Gratiner 15 mn à 210 °C.

Poêler 2 oignons émincés dans 15 g de beurre. Ajouter 50 g de lardons. Cuire 5 mn. Verser 600 g de blancs de dinde et 2 tomates en dés + 12 cl d'eau + 1 c. à c. de fond de veau. Mijoter 15 mn. Poêler 5 mn 30 g de sucre + 250 g de mirabelles coupées en 2 dans 20 g de beurre. Servir avec la viande + 250 g de linguine al dente + 1 c. à s. de basilic + 40 g de parmesan râpé.

Poêler 6 aubergines en tranches (passées 10 mn au micro-ondes) dans 3 c. à s. d'huile d'olive. Poêler 2 oignons émincés + 40 cl de coulis de tomates + 600 g d'agneau (ou de bœuf) haché + 1 c. à s. de basilic + 1 c. à c. de cannelle. Dans 1 plat, alterner des couches d'aubergines et de viande et terminer par 50 g de mozzarella + 50 g de gruyère râpé. Enfourner 20 mn à 210 °C.

Courses
Pour 4 personnes

- [ ] **Gnocchis poivron-tomates**

600 g de gnocchis, 1 poivron rouge, 1 échalote, 1 gousse d'ail, 50 g de parmesan, 200 g de sauce tomates cuisinée, 3 c. à s. de crème épaisse, 1 c. à s. de basilic, 2 c. à s. d'huile d'olive.

- [ ] **Poulet croustillant et salade fraîcheur**

4 blancs de poulet, 200 g de feta, 600 g de tomates cerises, 1 concombre, 2 oignons rouges, 1 gousse d'ail, 2 c. à s. de jus de citron vert, de sauce soja, de vinaigre balsamique et de basilic, 4 c. à s. d'huile d'olive.

- [ ] **Tartines fraîcheur et légumes grillés**

8 tranches de pain de campagne, 600 g de légumes grillés surgelés, 120 g de St Môret, 8 tranches de jambon blanc, 8 c. à c. de ciboulette, 1 filet d'huile d'olive.

- [ ] **Quinoa aux petits légumes**

300 g de quinoa, 3 carottes, 150 g de brocoli, 200 g de petits pois surgelés, 80 g de gruyère râpé, 10 cl de crème liquide, 1 noix de beurre.

- [ ] **Cassolettes de moules épinards/roquefort**

500 g de moules cuites décoquillées surgelées, 100 g de roquefort, 250 g d'épinards en branches, 1 échalote, 50 g de gruyère râpé, 20 cl de crème épaisse, 12 cl de vin blanc, 1 c. à s. de persil, 20 g de beurre.

- [ ] **Sauté de dinde aux mirabelles**

600 g de blancs de dinde, 250 g de mirabelles, 2 tomates, 2 oignons, 50 g de lardons, 40 g de parmesan râpé, 250 g de linguine, 35 g de beurre, 30 g de sucre, 1 c. à c. de fond de veau, 1 c. à s. de basilic.

- [ ] **Moussaka à la mozzarella**

600 g d'agneau (ou de bœuf) haché, 6 aubergines, 2 oignons, 50 g de mozzarella, 50 g de gruyère râpé, 40 cl de coulis de tomates, 1 c. à s. de basilic, 1 c. à c. de cannelle, 3 c. à s. d'huile d'olive.

Et aussi

2017

SEPTEMBRE

Lundi 4
Œufs cocotte jambon/tomates et poêlée forestière
10 mn | 15 mn

Mardi 5
Salade de crevettes à la mangue et à l'avocat
10 mn

Mercredi 6
Croissants au saumon et à la tomate
10 mn | 10 mn

Jeudi 7
Steaks hachés de veau et écrasé de carottes
15 mn | 20 mn

Vendredi 8
Bricks au chèvre et aux figues
15 mn | 15 mn

Samedi 9
Panais rôtis et bacon croustillant
10 mn | 1 h

Dimanche 10
Clafoutis de courgettes, petits pois et menthe
15 mn | 55 mn

Recettes

Pour 4 personnes

Beurrer 8 ramequins. Mettre dans chacun 1 c. à s. de crème épaisse + 2 tomates cerises coupées en 2 + 20 g de jambon blanc en lanières. Ajouter délicatement 1 œuf extra-frais. Parsemer de 10 g de gruyère râpé. Cuire 10-15 mn au bain-marie dans un four préchauffé à 180 °C. Servir avec 600 g de champignons poêlés dans 15 g de beurre + 1 c. à s. de persil.

Mélanger 2 mangues (ou 450 g de mangues surgelées), 2 avocats et 4 tomates détaillés en cubes. Ajouter 600 g de crevettes décortiquées + 2 c. à s. de coriandre + le jus d'1 citron vert + 3 c. à s. d'huile d'olive. Parsemer de 40 g de noix de cajou ou cacahuètes + 10 feuilles de menthe.

Tartiner 4 croissants coupés en 2 de 4 c. à s. de St Môret mélangées à 4 c. à c. d'aneth. Répartir 4 tranches de saumon fumé coupées en lanières + 2 tomates en rondelles. Saupoudrer de 4 c. à s. de gruyère râpé. Gratiner 10 mn à 200 °C. Servir avec 1 salade de mâche.

Écraser à la fourchette ou mixer grossièrement 600 g de carottes et 2 pommes de terre (pelées et en morceaux, cuites 20 mn à la vapeur). Mélanger avec 20 g de beurre + 10 cl de lait + 1 c. à s. de persil. Servir avec 4 steaks hachés de veau poêlés quelques mn dans 1 c. à s. d'huile.

Sur 1 feuille de brick, mettre 1/2 tranche de jambon cru en lanières + 1 figue coupée en dés + 1/8 de bûche de chèvre + 1/2 c. à c. de miel + 1 pincée de basilic. Fermer la feuille de brick et recommencer avec 7 autres feuilles. Enfourner 15 mn à 180 °C. Servir avec 1 melon coupé en dés + 80 g de roquette + 2 c. à s. d'huile d'olive + 1 c. à s. de basilic.

Couper en 2 dans le sens de la longueur 1 kg de panais. Les disposer dans 1 plat à gratin, verser 2 c. à s. d'huile d'olive + 50 g de sucre roux + 1 c. à c. de muscade + 1 c. à c. de gingembre et faire cuire 50 mn à 220 °C. Déposer 12 tranches de bacon en lanières et poursuivre la cuisson 10 mn. Parsemer d'1 c. à s. de persil.

Poêler 2 oignons émincés dans 2 c. à s. d'huile d'olive. Ajouter 200 g de courgettes en dés et les faire dorer 10 mn. Mixer les courgettes + 1 bouquet de menthe ciselée + 3 œufs battus + 200 g de feta émiettée + 200 g de petits pois cuits. Verser dans 1 moule et enfourner env. 40 mn à 180 °C. Servir frais avec 30 cl de coulis de tomates.

Courses

Pour 4 personnes

☐ **Œufs cocotte jambon/tomates et poêlée forestière**

8 œufs extra-frais, 16 tomates cerises, 600 g de champignons, 160 g de jambon blanc, 8 c. à s. de crème épaisse, 80 g de gruyère râpé, 30 g de beurre, 1 c. à s. de persil.

☐ **Salade de crevettes à la mangue et à l'avocat**

600 g de crevettes, 2 mangues (ou 450 g de mangues surgelées), 2 avocats, 4 tomates, 1 citron vert, 40 g de noix de cajou ou de cacahuètes, 2 c. à s. de coriandre, 10 feuilles de menthe, 3 c. à s. d'huile d'olive.

☐ **Croissants au saumon et à la tomate**

4 croissants, 4 tranches de saumon fumé, 2 tomates, 1 salade de mâche, 4 c. à s. de St Môret, 4 c. à s. de gruyère râpé, 4 c. à c. d'aneth.

☐ **Steaks hachés de veau et écrasé de carottes**

4 steaks hachés de veau, 600 g de carottes, 2 pommes de terre, 20 g de beurre, 10 cl de lait, 1 c. à s. de persil, 1 c. à s. d'huile.

☐ **Bricks au chèvre et aux figues**

8 feuilles de brick, 1 bûche de chèvre, 8 figues, 1 melon, 80 g de roquette, 4 tranches de jambon cru, 4 c. à c. de miel, 2 c. à s. de basilic, 2 c. à s. d'huile d'olive.

☐ **Panais rôtis et bacon croustillant**

1 kg de panais, 12 tranches de bacon, 50 g de sucre roux, 1 c. à c. de muscade, 1 c. à c. de gingembre, 1 c. à s. de persil, 2 c. à s. d'huile d'olive.

☐ **Clafoutis de courgettes, petits pois et menthe**

200 g de courgettes, 200 g de petits pois (frais ou surgelés), 2 oignons, 200 g de feta, 3 œufs, 30 cl de coulis de tomates, 1 bouquet de menthe, 2 c. à s. d'huile d'olive.

Et aussi

SEPTEMBRE

Lundi **11**

Risotto de coquillettes aux courgettes

15 mn — 20 mn

Mardi **12**

Salade au saumon fumé

15 mn — 20 mn

Mercredi **13**

Tarte poivrons/ricotta/pancetta

15 mn — 30 mn

Jeudi **14**

Omelette olives/tomates séchées

15 mn — 10 mn

Vendredi **15**

Courgettes farcies au quinoa

10 mn — 15 mn

Samedi **16**

Filets de sabre, bacon et abricots secs

20 mn — 30 mn

Dimanche **17**

Blanquette de porc super facile

15 mn — 1 h 55

116

Recettes
Pour 4 personnes

Faire fondre 40 g de beurre dans 1 faitout. Ajouter 400 de coquillettes, mélanger 1 mn et ajouter progressivement 80 cl de bouillon de volaille. Cuire env. 10 mn à feu doux. Mélanger avec 2 petites courgettes (en morceaux, poêlées 5 mn avec 1 échalote émincée + 1 c. à s. d'huile d'olive) + 1 pot de chèvre frais + 1/2 bouquet de basilic + 200 g de jambon fumé en dés. Cuire encore 2 mn.

Mélanger 1 petite boîte de maïs + 2 pommes de terre (épluchées, cuites 20 mn à la vapeur et coupées en dés) + 1 laitue iceberg + 300 g de tomates cerises coupées en 2 + 1 concombre pelé, épépiné et en dés + 150 g de saumon fumé + 100 g d'emmental en dés. Assaisonner avec 2 c. à s. de vinaigre balsamique + 1 c. à c. de moutarde et de miel + 4 c. à s. d'huile d'olive.

Sur 1 pâte brisée, étaler 1 sachet de poivrons grillés préalablement décongelés et coupés en morceaux. Ajouter 3 œufs battus mélangés à 250 g de ricotta + 50 g de parmesan râpé. Parsemer de 100 g de pancetta en morceaux. Enfourner 25 mn à 180 °C. Servir avec 1 salade de mâche.

Poêler dans 1 noix de beurre 8 œufs battus mélangés à 5 cl de lait + 16 tomates séchées et 12 olives noires émincées. Faire prendre l'omelette. Servir avec 8 tomates en rondelles + 1 c. à s. de basilic + 2 c. à s. d'huile d'olive.

Faire blanchir 8 petites courgettes 3 mn à l'eau bouillante. Les couper en 2 et les évider. Mélanger la pulpe avec 200 g de viande hachée + 200 g de quinoa cuit + 4 c. à s. de basilic + 2 gousses d'ail pilées. En farcir les courgettes. Arroser d'1 filet d'huile d'olive et parsemer de 4 c. à s. de poudre de noisettes + 40 g de gruyère râpé. Enfourner 5-10 mn à 230 °C.

Poêler 1 oignon émincé dans 2 c. à s. d'huile. Ajouter 200 g de bacon en morceaux + 1 petite boîte de champignons. Cuire 5 mn. Réserver. Faire revenir dans 1 faitout 1 kg de filets de sabre en morceaux dans 40 g de beurre. Ajouter 20 abricots secs en dés + 25 cl de crème épaisse. Cuire 15 mn à feu moyen. Ajouter les champignons. Cuire 5 mn. Servir parsemé d'1/2 botte de ciboulette ciselée + 250 g de riz.

Poêler 1 oignon + 1 poireau émincés dans 20 g de beurre. Ajouter 1 kg de blanquette de porc + 3 c. à s. de Maïzena. Cuire 5 mn. Verser 2-3 verres d'eau + 1 bouillon cube + 4 carottes en rondelles + 20 cl de vin blanc + 1 boîte de champignons de Paris, laisser mijoter env. 1 h 45. Ajouter 20 cl de crème épaisse + le jus d'1/2 citron. Servir avec 200 g de riz sauvage.

Courses
Pour 4 personnes

- [ ] **Risotto de coquillettes aux courgettes**

400 g de coquillettes, 2 petites courgettes, 1 échalote, 200 g de jambon fumé, 1 pot de chèvre frais, 40 g de beurre, 80 cl de bouillon de volaille, 1/2 bouquet de basilic, 1 c. à s. d'huile d'olive.

- [ ] **Salade au saumon fumé**

150 g de saumon fumé, 1 laitue iceberg, 1 petite boîte de maïs, 2 pommes de terre, 300 g de tomates cerises, 1 concombre, 100 g d'emmental, 2 c. à s. de vinaigre balsamique, 1 c. à c. de moutarde et de miel, 4 c. à s. d'huile d'olive.

- [ ] **Tarte poivrons/ricotta/pancetta**

1 pâte brisée, 1 sachet de poivrons grillés surgelés, 100 g de pancetta, 250 g de ricotta, 50 g de parmesan râpé, 1 salade de mâche, 3 œufs.

- [ ] **Omelette olives/tomates séchées**

8 œufs, 8 tomates, 16 tomates séchées, 12 olives noires, 5 cl de lait, 1 c. à s. de basilic, 1 noix de beurre, 2 c. à s. d'huile d'olive.

- [ ] **Courgettes farcies au quinoa**

8 petites courgettes, 2 gousses d'ail, 200 g de quinoa cuit, 200 g de viande hachée, 40 g de gruyère râpé, 4 c. à s. de poudre de noisettes, 4 c. à s. de basilic, 1 filet d'huile d'olive.

- [ ] **Filets de sabre, bacon et abricots secs**

1 kg de filets de sabre, 200 g de bacon, 20 abricots secs, 1 oignon, 1 petite boîte de champignons, 250 g de riz, 40 g de beurre, 25 cl de crème épaisse, 1/2 botte de ciboulette, 2 c. à s. d'huile.

- [ ] **Blanquette de porc super facile**

1 kg de blanquette de porc, 4 carottes, 1 poireau, 1 oignon, 1 boîte de champignons de Paris, 1/2 citron, 200 g de riz sauvage, 20 cl de vin blanc, 20 cl de crème épaisse, 3 c. à s. de Maïzena, 1 bouillon cube, 20 g de beurre.

Et aussi

SEPTEMBRE 2017

Lundi 18 — Canard aux figues
Préparation : 10 mn — Cuisson : 10 mn

Mardi 19 — Salade de blé, thon et crudités
Préparation : 15 mn — Cuisson : 10 mn

Mercredi 20 — Curry de poissons à la tomate
Préparation : 15 mn — Cuisson : 30 mn

Jeudi 21 — Escalopes de poulet à la forestière
Préparation : 10 mn — Cuisson : 15 mn

Vendredi 22 — Roulés surprise
Préparation : 10 mn — Cuisson : 15 mn

Samedi 23 — Carbonara de courgettes
Préparation : 20 mn — Cuisson : 15 mn

Dimanche 24 — Quiche aux épinards sans pâte
Préparation : 10 mn — Cuisson : 1 h

118

Recettes
Pour 4 personnes

Poêler 6 mn côté peau et 4 mn côté chair 600 g de magrets de canard. Retirer du feu, couvrir, attendre 5 mn et les couper en fines tranches. Les répartir sur 4 assiettes avec 100 g de mâche + 6 figues fraîches coupées en 4 + 250 g de tomates cerises coupées en 2. Assaisonner de 2 c. à s. de vinaigre balsamique + 3 c. à s. d'huile d'olive + 1 c. à c. de miel et de moutarde.

Mélanger 100 g de blé précuit cuit avec 1 boîte de thon nature + 1 boîte de maïs + 2 tomates en cubes + 2 carottes râpées + 1/2 concombre en cubes + 125 g de mozzarella en morceaux. Faire 1 sauce avec 2 c. à s. de jus de citron + 2 c. à s. de vinaigre balsamique + 1 c. à c. de moutarde + 4 c. à s. d'huile d'olive + 1 c. à s. de ciboulette. Servir frais.

Poêler 4 gousses d'ail pelées dans 2 c. à s. d'huile. Ajouter 1 c. à s. de pâte de curry + 2 boîtes de tomates concassées + 3 carottes en dés (précuites 5 mn au micro-ondes). Cuire 15 mn. Ajouter 200 g de saumon, 250 g de limande et 250 g de colin en morceaux + 20 cl de lait de coco + 10 cl de crème liquide + 1 c. à c. de curcuma et de cumin + 1 c. à s. de coriandre. Cuire 10 mn. Servir avec 250 g de riz.

Poêler 1 oignon émincé dans 1 noix de beurre. Réserver. Poêler 4 escalopes de poulet. Une fois dorées, ajouter 20 cl de crème liquide + 2 c. à s. de moutarde + 1 c. à s. de persil et cuire 2 mn. Remettre les oignons et servir avec 800 g de mélange de champignons décongelés.

Poêler 2 échalotes émincées dans 20 g de beurre. Mélanger avec 600 g de purée de chou-fleur décongelée + 1 c. à s. de crème épaisse + 1 pincée de muscade. En farcir 4 tranches de jambon blanc, puis les rouler et les mettre dans 1 plat à gratin. Recouvrir de 20 cl de coulis de tomates + 50 g de gruyère râpé et faire gratiner 5 mn à 200 °C.

Poêler 4-5 mn 5 courgettes (coupées en lanières avec 1 économe) dans 2 c. à s. d'huile d'olive + 1 pincée de cumin. Les égoutter. Poêler 1 oignon émincé + 150 g d'allumettes de lardons jusqu'à ce qu'ils dorent. Remettre les courgettes + 20 cl de crème épaisse légère et cuire 2 mn. Saupoudrer de 50 g de parmesan.

Poêler 2 oignons émincés dans 2 c. à s. d'huile d'olive. Mélanger 300 g d'épinards en branches (décongelés et égouttés) à 4 œufs battus + 400 g de fromage blanc + 200 g de fromage râpé + 1 c. à c. de muscade. Enfourner 50 mn environ à 180 °C.

Courses
Pour 4 personnes

- [ ] Canard aux figues

600 g de magrets de canard avec la peau, 6 figues fraîches, 250 g de tomates cerises, 100 g de mâche, 1 c. à c. de miel, 1 c. à c. de moutarde, 2 c. à s. de vinaigre balsamique, 3 c. à s. d'huile d'olive.

- [ ] Salade de blé, thon et crudités

100 g de blé précuit, 1 boîte de thon nature, 1 boîte de maïs, 2 tomates, 2 carottes, 1 citron, 1/2 concombre, 125 g de mozzarella, 1 c. à s. de ciboulette, 1 c. à c. de moutarde, 2 c. à s. de vinaigre balsamique, 4 c. à s. d'huile d'olive.

- [ ] Curry de poissons à la tomate

250 g de limande, 250 g de colin, 200 g de saumon, 250 g de riz, 2 boîtes de tomates concassées, 3 carottes, 4 gousses d'ail, 20 cl de lait de coco, 10 cl de crème liquide, 1 c. à s. de pâte de curry et de coriandre, 1 c. à c. de curcuma et de cumin, 2 c. à s. d'huile.

- [ ] Escalopes de poulet à la forestière

4 escalopes de poulet, 800 g de mélange de champignons surgelés, 1 oignon, 20 cl de crème liquide, 2 c. à s. de moutarde, 1 c. à s. de persil, 1 noix de beurre.

- [ ] Roulés surprise

4 tranches de jambon blanc, 600 g de purée de chou-fleur surgelée, 2 échalotes, 50 g de gruyère râpé, 20 cl de coulis de tomates, 1 c. à s. de crème épaisse, 1 pincée de muscade, 20 g de beurre.

- [ ] Carbonara de courgettes

5 courgettes, 1 oignon, 150 g d'allumettes de lardons, 20 cl de crème épaisse légère, 50 g de parmesan, 1 pincée de cumin, 2 c. à s. d'huile d'olive.

- [ ] Quiche aux épinards sans pâte

300 g d'épinards en branches surgelés, 2 oignons, 200 g de fromage râpé, 400 g de fromage blanc, 4 œufs, 1 c. à c. de muscade, 2 c. à s. d'huile d'olive.

Et aussi

2017 SEPT.-OCT.

Lundi 25 — Pizza poivrons grillés/chorizo
10 mn · 25 mn

Mardi 26 — Salade de champignons au persil
15 mn

Mercredi 27 — Tartines champêtres
10 mn · 15 mn

Jeudi 28 — Carpaccio de bœuf au pesto et frites
15 mn · 30 mn

Vendredi 29 — Riz au thon et à la tomate
10 mn · 25 mn

Samedi 30 — Poulet basquaise
15 mn · 1 h 10

Dimanche 1 — Filets de merlan aux échalotes
10 mn · 20 mn

Recettes

Pour 4 personnes

Sur 1 pâte à pizza, étaler 1 pot de sauce tomates + 300 g de poivrons grillés décongelés et en lanières + 100 g de chorizo en rondelles + 8 olives noires. Répartir 100 g de gruyère râpé + 1 filet d'huile d'olive + 1 c. à s. d'herbes de Provence. Enfourner 25 mn à 180 °C.

Mélanger 700 g de champignons de Paris frais lavés et émincés à 50 g de parmesan en copeaux + 1 échalote émincée. Assaisonner avec 1 sauce (2 c. à s. de vinaigre de vin + 1 c. à s. de moutarde + 6 c. à s. d'huile d'olive). Parsemer d'1 c. à s. de persil. Servir froid avec 8 tranches de rôti de porc cuit.

Répartir sur 8 tranches de pain de seigle 8 tranches de jambon cru en lanières + 1 bûche de chèvre en rondelles. Arroser d'1 filet d'huile de noix. Enfourner 15 mn à 180 °C. Servir avec 1 mâche + 8 figues séchées en morceaux. Assaisonner avec 1 vinaigrette.

Dans 1 plat, arroser 400 g de carpaccio de bœuf avec 2 c. à s. d'huile d'olive + le jus d'1 citron. Étaler 1/2 pot de pesto + 2 c. à s. de câpres + 60 g de parmesan en copeaux. Servir avec 1 roquette + des frites maison (mettre sur du papier sulfurisé 8 pommes de terre épluchées et coupées arrosées de 2 c. à s. d'huile d'olive + 1 c. à s. de paprika, cuire 30 mn à 230 °C).

Poêler 2 oignons et 2 gousses d'ail émincés dans 2 c. à s. d'huile d'olive. Ajouter 800 g de tomates concassées + 10 g de sucre. Faire bouillir et laisser réduire 10 mn. Ajouter 200 g de thon en boîte + 250 g de riz cuit + 1 citron confit en morceaux + 1 c. à s. d'herbes de Provence. Cuire encore 2 mn.

Poêler 5 mn dans 1 cocotte 1 poulet en morceaux dans 1 noix de beurre. Réserver. Poêler 1 oignon émincé + 3 poivrons en dés dans 1 noix de beurre. Ajouter 1 grosse boîte de tomates pelées + 1 petite boîte de concentré de tomates + 25 cl d'eau + 1 sucre + 4 branches de thym + 4 feuilles de laurier + le poulet. Cuire 1 h à feu doux et servir avec 250 g de pâtes.

Poêler 4 échalotes émincées dans 20 g de beurre. Déposer dessus 4 filets de merlan + 12 cl de vin blanc + 20 cl de crème liquide. Faire frémir 2 mn. Retourner le poisson, cuire encore 5-10 mn à couvert. Ajouter 2 c. à s. de Maïzena délayées dans 2 c. à s. d'eau. Laisser bouillir et servir avec 1 sachet de légumes cuisinés décongelés.

Courses

Pour 4 personnes

- [ ] **Pizza poivrons grillés/chorizo**

1 pâte à pizza, 300 g de poivrons grillés surgelés, 100 g de chorizo, 100 g de gruyère râpé, 8 olives noires, 1 pot de sauce tomates, 1 c. à s. d'herbes de Provence, 1 filet d'huile d'olive.

- [ ] **Salade de champignons au persil**

700 g de champignons de Paris frais, 1 échalote, 8 tranches de rôti de porc cuit, 50 g de parmesan en copeaux, 1 c. à s. de persil, 1 c. à s. de moutarde, 2 c. à s. de vinaigre de vin, 6 c. à s. d'huile d'olive.

- [ ] **Tartines champêtres**

8 tranches de pain de seigle, 8 tranches de jambon cru, 1 bûche de chèvre, 8 figues séchées, 1 mâche, 1 vinaigrette, 1 filet d'huile de noix.

- [ ] **Carpaccio de bœuf au pesto et frites**

400 g de carpaccio de bœuf, 8 pommes de terre, 1 roquette, 1 citron, 2 c. à s. de câpres, 60 g de parmesan en copeaux, 1/2 pot de pesto, 1 c. à s. de paprika, 4 c. à s. d'huile d'olive.

- [ ] **Riz au thon et à la tomate**

250 g de riz, 200 g de thon en boîte, 800 g de tomates concassées, 1 citron confit, 2 oignons, 2 gousses d'ail, 10 g de sucre, 1 c. à s. d'herbes de Provence, 2 c. à s. d'huile d'olive.

- [ ] **Poulet basquaise**

1 poulet, 250 g de pâtes, 3 poivrons, 1 oignon, 1 grosse boîte de tomates pelées, 1 sucre, 1 petite boîte de concentré de tomates, 4 branches de thym, 4 feuilles de laurier, 2 noix de beurre.

- [ ] **Filets de merlan aux échalotes**

4 filets de merlan, 4 échalotes, 1 sachet de légumes cuisinés surgelés, 2 c. à s. de Maïzena, 20 cl de crème liquide, 12 cl de vin blanc, 20 g de beurre.

Et aussi

OCTOBRE

2017

Lundi **2**

Lasagnes lardons/champignons/ricotta

15 mn 55 mn

Mardi **3**

Velouté frais céleri et pommes vertes

15 mn 40 mn

Mercredi **4**

Purée de courge butternut

15 mn 30 mn

Jeudi **5**

Œufs cocotte aux épinards et au saumon fumé

10 mn 15 mn

Vendredi **6**

Gratin de brocolis au bleu

10 mn 40 mn

Samedi **7**

Filets de limande au beurre citronné

10 mn 15 mn 25 mn

Dimanche **8**

Tajine de poulet aux deux figues

15 mn 1 h 05

Recettes
Pour 4 personnes

Poêler 1 oignon émincé dans 1 noix de beurre. Ajouter 1 gousse d'ail émincée + 600 g de champignons surgelés. Laisser l'eau s'évaporer. Ajouter 125 g de lardons + 2 c. à s. de persil. Étager 1 béchamel mélangée à 200 g de ricotta + 12 feuilles de lasagnes + les champignons. Terminer par de la béchamel + 80 g de gruyère râpé. Enfourner 40 mn à 200 °C. Servir avec 1 salade.

Faire suer 1 échalote dans 2 c. à s. d'huile d'olive. Ajouter 1 céleri-rave en morceaux + 3 pommes granny en cubes. Après 5 mn, verser 1 l d'eau. Couvrir et cuire à feu doux env. 30 mn. Retirer du feu, ajouter 1 pincée de gingembre + le jus d'1/2 citron et mixer. Déguster très frais avec 4 c. à s. de ciboulette et 6 tranches de saumon fumé + 100 g de fromage frais.

Dans 1 faitout, poêler 1 oignon émincé dans 1 c. à s. d'huile. Ajouter 1 c. à c. de muscade + 1 c. à s. de curry, puis 700 g de chair de courge butternut en dés. Ajouter 20 cl d'eau + 1 bouillon cube. Cuire 25 mn environ, jusqu'à ce que les morceaux soient tendres. Ajouter 4 c. à s. de lait. Écraser à la fourchette ou passer au mixeur. Servir avec 8 tranches de jambon.

Répartir 20 g de beurre dans 8 ramequins, puis 200 g d'épinards en branches (décongelés au micro-ondes), 4 tranches de saumon fumé, 8 œufs extra-frais et 8 c. à c. de crème épaisse. Cuire env. 10 mn au bain-marie dans 1 four préchauffé à 180 °C. Servir avec 8 palets de légumes décongelés.

Cuire 500 g de brocolis 20 mn à la vapeur. Faire la béchamel avec 1/2 l de lait, 30 g de beurre, 40 g de farine, 1 c. à c. de muscade en poudre. Disposer les brocolis dans 1 plat à gratin et recouvrir de béchamel. Mélanger 80 g de chapelure + 100 g de bleu de Bresse + 5 cerneaux de noix réduits en poudre. Répartir sur les légumes. Enfourner 20 mn à 200 °C.

Tremper 15 mn 800 g de filets de limande dans 30 cl de lait. Les rouler dans 60 g de farine, puis dans 2 œufs battus + 2 c. à s. d'eau. Poêler 3-4 mn/côté dans 2 c. à s. d'huile d'olive. Chauffer à la casserole le jus d'1 citron + les zestes + 1 bouillon cube aux herbes + 50 g de beurre. Servir avec le poisson + 8 pommes de terre vapeur + 2 c. à s. de ciboulette.

Poêler 10 mn 1 poulet en morceaux dans 2 c. à s. d'huile d'olive. Ajouter 6 figues sèches et 2 oignons émincés + 2 gousses d'ail pilées + 2 carottes en rondelles + 1 c. à s. de gingembre et de curcuma + 25 cl d'eau. Mijoter 40 mn. Ajouter 1 pincée de cannelle + 3 c. à s. de miel. Cuire 5 mn. Ajouter 12 figues fraîches en morceaux. Cuire 10 mn. Servir avec 250 g de semoule.

Courses
Pour 4 personnes

- [ ] **Lasagnes lardons/champignons/ricotta**

12 feuilles de lasagnes, 125 g de lardons, 600 g de champignons surgelés, 200 g de ricotta, 80 g de gruyère râpé, 1 salade, 1 oignon, 1 gousse d'ail, 1 béchamel, 2 c. à s. de persil, 1 noix de beurre.

- [ ] **Velouté frais céleri et pommes vertes**

1 céleri-rave, 3 pommes granny, 1 échalote, 1/2 citron, 6 tranches de saumon fumé, 100 g de fromage frais, 4 c. à s. de ciboulette, 1 pincée de gingembre, 2 c. à s. d'huile d'olive.

- [ ] **Purée de courge butternut**

700 g de courge butternut, 1 oignon, 8 tranches de jambon, 1 bouillon cube, 1 c. à c. de muscade, 1 c. à s. de curry, 4 c. à s. de lait, 1 c. à s. d'huile.

- [ ] **Œufs cocotte aux épinards et au saumon fumé**

8 œufs extra-frais, 4 tranches de saumon fumé, 200 g d'épinards en branches surgelés, 8 palets de légumes surgelés, 8 c. à c. de crème épaisse, 20 g de beurre.

- [ ] **Gratin de brocolis au bleu**

500 g de brocolis, 100 g de bleu de Bresse, 5 cerneaux de noix, 1/2 l de lait, 30 g de beurre, 80 g de chapelure, 40 g de farine, 1 c. à c. de muscade en poudre.

- [ ] **Filets de limande au beurre citronné**

800 g de filets de limande, 50 g de beurre, 1 citron, 8 pommes de terre, 60 g de farine, 2 œufs, 30 cl de lait, 1 bouillon cube aux herbes, 2 c. à s. de ciboulette, 2 c. à s. d'huile d'olive.

- [ ] **Tajine de poulet aux deux figues**

1 poulet, 6 figues sèches, 12 figues fraîches, 2 carottes, 2 oignons, 2 gousses d'ail, 250 g de semoule, 1 c. à s. de gingembre et de curcuma, 1 pincée de cannelle, 3 c. à s. de miel, 2 c. à s. d'huile d'olive.

Et aussi

OCTOBRE

Lundi 9

Pâtes aux poivrons grillés

5 mn | 15 mn

Mardi 10

Camemberts rôtis au miel et salade aux pommes

15 mn | 20 mn

Mercredi 11

Galettes aux champignons

10 mn | 20 mn

Jeudi 12

Papillotes de poisson à la vanille

10 mn | 15 mn

Vendredi 13

Gratin de blettes au cantal

15 mn | 35 mn

Samedi 14

Rôti de porc au raisin et au cidre

20 mn | 1 h 30

Dimanche 15

Poulet aux citrons confits et aux olives

15 mn | 1 h

Recettes

Pour 4 personnes

Cuire al dente 350 g de pâtes. Mélanger avec 150 g de mozzarella en morceaux + 300 g de poivrons grillés (surgelés ou en bocal) réchauffés au micro-ondes + 1 c. à s. d'herbes de Provence + 1 filet d'huile d'olive.

Entailler 3-4 fois 4 petits camemberts. Insérer 60 g de cerneaux de noix. Les replacer dans leur boîte avec 1 papier sulfurisé. Napper de 4 c. à s. de miel liquide + 2 c. à s. de romarin. Enfourner 20 mn à 180 °C. Servir avec 1 mâche + 125 g de lardons grillés à sec + 3 pommes émincées (poêlées 5 mn dans 10 g de beurre, puis déglacées avec 4 c. à s. de cidre) + 4 tranches de pain.

Décongeler à la poêle 600 g de champignons cuisinés et répartir sur 4 galettes de blé noir avec 80 g de gruyère râpé. Poêler chaque galette dans 5 g de beurre et servir avec 1 salade + 40 g de cerneaux de noix + 1 vinaigrette (2 c. à s. de vinaigre de Xérès + 1 c. à s. de moutarde à l'ancienne + 5 c. à s. d'huile d'olive).

Badigeonner 4 filets de poisson avec les graines d'1 gousse de vanille + le zeste d'1 citron + 2 c. à s. d'huile d'olive. Envelopper chaque filet dans 1 feuille d'aluminium et enfourner 12-15 mn à 200 °C. Faire infuser 5 mn à feu doux la gousse de vanille dans 20 cl de crème semi-épaisse. Accompagner de 250 g de riz basmati + 5-6 brins de coriandre.

Cuire à la vapeur 1 kg de blettes (5-8 mn) et 400 g de pommes de terre (10-15 mn). Les égoutter et les couper en morceaux. Les disposer dans un plat beurré, ajouter 4 tranches de jambon blanc émincé, puis 1 béchamel à la muscade. Recouvrir de 150 g de cantal râpé. Enfourner 20 mn à 200 °C, jusqu'à ce que le dessus soit doré.

Enfourner à 180 °C 1 kg de rôti de porc + 50 g de beurre + 4 pommes en quartiers + 1/4 de bouteille de cidre + 1 c. à s. de fond de veau + 2 oignons émincés. Arroser souvent avec le reste de la bouteille de cidre. Après 1 h, ajouter 300 g de raisin blanc et cuire 30 mn. Servir avec 800 g de pommes de terre écrasées avec 1 c. à s. de ciboulette + 1 filet d'huile d'olive.

Farcir 1 poulet avec 2 citrons confits en cubes mélangés à 6 branches de thym, 20 olives vertes et 2 gousses d'ail hachés + 1 c. à s. d'estragon + 1 c. à c. d'herbes de Provence. Badigeonner le poulet de 2 c. à s. d'huile d'olive et enfourner 1 h à 210 °C. Servir avec 700 g de purée de légumes au choix.

Courses

Pour 4 personnes

- [ ] Pâtes aux poivrons grillés

350 g de pâtes, 300 g de poivrons grillés (surgelés ou en bocal), 150 g de mozzarella, 1 c. à s. d'herbes de Provence, 1 filet d'huile d'olive.

- [ ] Camemberts rôtis au miel et salade aux pommes

4 petits camemberts, 3 pommes, 1 mâche, 60 g de cerneaux de noix, 125 g de lardons, 4 tranches de pain, 10 g de beurre, 4 c. à s. de miel liquide, 4 c. à s. de cidre, 2 c. à s. de romarin.

- [ ] Galettes aux champignons

4 galettes de blé noir, 600 g champignons cuisinés surgelés, 1 salade, 80 g de gruyère râpé, 40 g de cerneaux de noix, 20 g de beurre, 2 c. à s. de vinaigre de Xérès, 1 c. à s. de moutarde à l'ancienne, 5 c. à s. d'huile d'olive.

- [ ] Papillotes de poisson à la vanille

4 filets de poisson, 1 gousse de vanille, 1 citron, 5-6 brins de coriandre, 20 cl de crème semi-épaisse, 250 g de riz basmati, 2 c. à s. d'huile d'olive.

- [ ] Gratin de blettes au cantal

1 kg de blettes, 400 g de pommes de terre, 150 g de cantal râpé, 4 tranches de jambon blanc, 1 béchamel à la muscade, 1 noix de beurre.

- [ ] Rôti de porc au raisin et au cidre

1 kg de rôti de porc, 300 g de raisin blanc, 4 pommes, 2 oignons, 800 g de pommes de terre, 1 bouteille de cidre, 50 g de beurre, 1 c. à s. de fond de veau, 1 c. à s. de ciboulette, 1 filet d'huile d'olive.

- [ ] Poulet aux citrons confits et aux olives

1 poulet, 2 citrons confits, 20 olives vertes, 2 gousses d'ail, 700 g de purée de légumes au choix, 6 branches de thym, 1 c. à s. d'estragon, 1 c. à c. d'herbes de Provence, 2 c. à s. d'huile d'olive.

Et aussi

OCTOBRE

Lundi
16
Gnocchis au potiron
15 mn 35 mn

Mardi
17
Velouté de légumes de saison
15 mn 25 mn

Mercredi
18
Tarte au potimarron et aux épices
15 mn 50 mn

Jeudi
19
Escalopes de veau pommes/camembert
15 mn 15 mn

Vendredi
20
Galettes de maïs et salade d'avocats
15 mn 10 mn

Samedi
21
Risotto de poulet et curry
15 mn 30 mn

Dimanche
22
Chili con carne express
10 mn 30 mn

Recettes
Pour 4 personnes

Poêler 1 oignon émincé + 1 gousse d'ail pilée dans 1 c. à s. d'huile d'olive. Ajouter 600 g de potiron en dés (cuits 20 mn à l'eau avec 1 bouillon cube) + 1 c. à s. de curry + 10 cl de vin blanc sec. Laisser mijoter 10 mn. Ajouter 10 cl de crème épaisse et un peu d'eau si besoin. Mixer et servir avec 500 g de gnocchis cuits + 125 g de lardons grillés à sec + 60 g de parmesan râpé.

Poêler dans 1 Cocotte-Minute 1 oignon émincé dans 1 c. à s. d'huile d'olive. Ajouter 2 carottes, 2 navets blancs, 3 pommes de terre et 1/2 céleri épluchés et coupés en dés. Cuire 3 mn. Ajouter 1 bouillon cube + 1 l d'eau + 1 gousse d'ail hachée. Cuire 15 mn. Mixer avec tout ou partie de l'eau + 1 c. à s. de crème épaisse. Servir avec 4 tranches de pain + 4 c. à s. de Boursin + 4 tranches de jambon de dinde.

Réduire en purée 600 g de potimarron épluché, coupé en dés et cuit 15 mn à la vapeur. Mélanger avec 3 jaunes d'œufs + 3 blancs en neige + 20 cl de crème épaisse + 1 c. à c. de curry, de cumin et de muscade. Étaler sur 1 pâte brisée. Recouvrir avec 100 g de lardons fumés et 1 oignon émincé poêlés 5 mn. Parsemer de 80 g de gruyère râpé. Enfourner 35 mn à 200 °C. Servir avec 1 salade verte.

Poêler 4 échalotes émincées dans 4 c. à s. d'huile d'olive. Saisir 30 sec./côté 4 escalopes de veau. Disposer la viande et les échalotes dans 1 plat, ajouter 2 pommes pelées et en quartiers + 1 petit camembert en morceaux + 2 c. à s. d'herbes de Provence + le jus de cuisson. Enfourner 10 mn à 210 °C. Servir avec 800 g de poêlée de champignons décongelée.

Mélanger 160 g de farine + 2 c. à s. de Maïzena + 3 œufs battus. Verser 20 cl de crème épaisse + 1 pincée de muscade. Mélanger et ajouter 200 g de maïs égoutté. Former des galettes avec la pâte et poêler 1-2 mn par face dans 1 noix de beurre. Servir avec 1 salade + 50 g de noix de cajou + 2 avocats assaisonnés avec le jus d'1 citron + 2 c. à s. d'huile d'olive.

Poêler 2 oignons émincés + 2 gousses d'ail pilées dans 1 c. à s. d'huile d'olive. Ajouter 2 c. à s. de curry + 1 c. à s. de fines herbes, puis 300 g de riz à risotto + 12 cl de vin blanc. Incorporer progressivement 2 cubes de bouillon de volaille (dilués dans 1 l d'eau bouillante) en remuant sans cesse. En fin de cuisson, incorporer 50 g de parmesan + 4 filets de poulet en dés poêlés 5 mn dans 1 c. à s. d'huile d'olive.

Poêler 2 oignons émincés + 1 poivron vert en cubes + 1 gousse d'ail pilée dans 2 c. à s. d'huile d'olive. Incorporer 600 g de bœuf haché. Quand la viande est cuite, ajouter 800 g de haricots rouges en boîte + 50 cl de coulis de tomates + 1/2 c. à c. de chili en poudre + 3 gouttes de Tabasco. Mélanger et laisser mijoter 20 mn à feu doux. Servir avec 200 g de riz.

Courses
Pour 4 personnes

☐ Gnocchis au potiron

500 g de gnocchis, 600 g de potiron, 1 oignon, 1 gousse d'ail, 125 g de lardons, 60 g de parmesan râpé, 10 cl de crème épaisse, 10 cl de vin blanc sec, 1 bouillon cube, 1 c. à s. de curry, 1 c. à s. d'huile d'olive.

☐ Velouté de légumes de saison

2 carottes, 2 navets blancs, 3 pommes de terre, 1/2 céleri, 1 oignon, 1 gousse d'ail, 4 tranches de pain, 4 c. à s. de Boursin, 4 tranches de jambon de dinde, 1 bouillon cube, 1 c. à s. de crème épaisse, 1 c. à s. d'huile d'olive.

☐ Tarte au potimarron et aux épices

1 pâte brisée, 600 g de potimarron, 1 oignon, 1 salade verte, 100 g de lardons fumés, 80 g de gruyère râpé, 3 œufs, 20 cl de crème épaisse, 1 c. à c. de curry, de cumin et de muscade.

☐ Escalopes de veau pommes/camembert

4 escalopes de veau, 1 petit camembert, 2 pommes, 4 échalotes, 800 g de poêlée de champignons surgelée, 2 c. à s. d'herbes de Provence, 4 c. à s. d'huile d'olive.

☐ Galettes de maïs et salade d'avocats

200 g de maïs, 2 avocats, 1 salade, 1 citron, 50 g de noix de cajou, 3 œufs, 20 cl de crème épaisse, 160 g de farine, 2 c. à s. de Maïzena, 1 noix de beurre, 1 pincée de muscade, 2 c. à s. d'huile d'olive.

☐ Risotto de poulet et curry

300 g de riz à risotto, 4 filets de poulet, 2 oignons, 2 gousses d'ail, 50 g de parmesan, 12 cl de vin blanc, 2 cubes de bouillon de volaille, 2 c. à s. de curry, 1 c. à s. de fines herbes, 2 c. à s. d'huile d'olive.

☐ Chili con carne express

600 g de bœuf haché, 800 g de haricots rouges en boîte, 1 poivron vert, 2 oignons, 1 gousse d'ail, 200 g de riz, 50 cl de coulis de tomates, 3 gouttes de Tabasco, 1/2 c. à c. de chili en poudre, 2 c. à s. d'huile.

Et aussi

OCTOBRE

2017

Lundi
23

Salade de pois chiches, pommes et céleri

20 mn

Mardi
24

Salade poulet fumé, poivrons et pamplemousses

15 mn

Mercredi
25

Quiche sans pâte poireaux/bacon

10 mn 40 mn

Jeudi
26

Foie de veau au vinaigre et tagliatelles fraîches

15 mn 15 mn

Vendredi
27

Poêlée forestière

5 mn 25 mn

Samedi
28

Lasagnes endives et roquefort

15 mn 1 h

Dimanche
29

Mousses de panais et steaks hachés

15 mn 55 mn

Recettes
Pour 4 personnes

Mélanger 1 boîte de pois chiches + 1 poivron rouge épépiné et en dés + 100 g de feta en dés + 50 g de raisins secs + 2 branches de céleri émincées + 1 pomme en dés + 3 oignons verts émincés. Assaisonner avec 2 c. à s. de vinaigre de cidre mélangées à 1 c. à c. de moutarde + 1 c. à c. de miel + 3 c. à s. d'huile d'olive + 1 pincée d'ail.

Mélanger 1 laitue iceberg + 200 g de dés de poulet fumés + la chair de 2 pamplemousses en dés + 1 sachet de poivrons grillés, décongelés et coupés en lanières + 120 g de gouda au cumin en dés + 1 sachet de croûtons. Assaisonner avec 1 vinaigrette.

Poêler à sec 8 tranches de bacon émincées. Réserver. Dans la même poêle, poêler 10 mn 3 poireaux émincés. Les répartir avec le bacon dans 1 plat et ajouter 3 œufs battus avec 20 cl de crème épaisse + 10 cl de lait + 1 c. à c. de muscade. Déposer dessus 1 rocamadour en morceaux. Enfourner 25 mn à 180 °C. Servir avec 1 salade.

Poêler 8 échalotes dans 2 c. à s. d'huile d'olive. Réserver. Poêler 4 tranches de foie de veau dans 2 noix de beurre. Saisir les foies 2 mn/face. Réduire le feu, déglacer avec 4-6 c. à s. de vinaigre de cidre ou balsamique + 1 c. à c. de fond de veau, puis remettre les échalotes. Servir avec 500 g de tagliatelles fraîches.

Poêler à sec 100 g de lardons. Réserver. Dans la même poêle, poêler 10 mn 400 g de cubes de pommes de terre pré-frits surgelés. Réserver. Poêler 10 mn 600 g de champignons surgelés dans 1 c. à s. d'huile d'olive. Ôter l'eau rendue, remettre les lardons et les pommes de terre, cuire encore 1 mn à feu doux, parsemer d'1 c. à s. de persil.

Poêler 2 oignons émincés dans 2 c. à s. d'huile d'olive. Ajouter 4 endives très finement émincées + 1 c. à s. d'herbes de Provence + 1 c. à s. de paprika. Cuire jusqu'à ce qu'elles soient fondantes. Étager 1 béchamel + 12 feuilles de lasagnes + les endives + 100 g de jambon cru en chiffonnade. Terminer par 180 g de roquefort. Enfourner 35 mn à 220 °C.

Cuire 20 mn à l'eau avec 1 bouillon cube 1 kg de panais en rondelles. Égoutter et mixer. Ajouter 4 œufs battus + 2 jaunes + 10 cl de crème liquide + 1 c. à c. de cumin et de muscade. En remplir des ramequins et enfourner env. 35 mn à 180 °C. Servir avec 4 steaks hachés poêlés dans 1 c. à s. d'huile.

Courses
Pour 4 personnes

- [ ] **Salade de pois chiches, pommes et céleri**

1 boîte de pois chiches, 1 pomme, 2 branches de céleri, 1 poivron rouge, 3 oignons verts, 50 g de raisins secs, 100 g de feta, 1 pincée d'ail, 2 c. à s. de vinaigre de cidre, 1 c. à c. de miel, 1 c. à c. de moutarde, 3 c. à s. d'huile d'olive.

- [ ] **Salade poulet fumé, poivrons et pamplemousses**

1 laitue iceberg, 200 g de dés de poulet fumés, 2 pamplemousses, 1 sachet de poivrons grillés surgelés, 120 g de gouda au cumin, 1 sachet de croûtons, 1 vinaigrette.

- [ ] **Quiche sans pâte poireaux/bacon**

3 poireaux, 8 tranches de bacon, 1 rocamadour, 1 salade, 3 œufs, 20 cl de crème épaisse, 10 cl de lait, 1 c. à c. de muscade.

- [ ] **Foie de veau au vinaigre et tagliatelles fraîches**

4 tranches de foie de veau, 500 g de tagliatelles fraîches, 8 échalotes, 1 c. à c. de fond de veau, 2 noix de beurre, 4-6 c. à s. de vinaigre de cidre ou balsamique, 2 c. à s. d'huile d'olive.

- [ ] **Poêlée forestière**

600 g de champignons surgelés, 400 g de cubes de pommes de terre pré-frits surgelés, 100 g de lardons, 1 c. à s. de persil, 1 c. à s. d'huile d'olive.

- [ ] **Lasagnes endives et roquefort**

12 feuilles de lasagnes, 180 g de roquefort, 4 endives, 2 oignons, 100 g de jambon cru, 1 béchamel, 1 c. à s. d'herbes de Provence, 1 c. à s. de paprika, 2 c. à s. d'huile d'olive.

- [ ] **Mousses de panais et steaks hachés**

1 kg de panais, 4 steaks hachés, 4 œufs + 2 jaunes, 10 cl de crème liquide, 1 bouillon cube, 1 c. à c. de cumin et de muscade, 1 c. à s. d'huile.

Et aussi

OCT.-NOV.

Lundi **30**

Pâtes rapides au pesto rosso

5 mn 15 mn

Mardi **31**

Saumon aux agrumes

10 mn 25 mn

Mercredi **1**
Toussaint

Salade tiède de poisson au fenouil

10 mn 10 mn

Jeudi **2**

Flans de potiron et salade noix/bacon

15 mn 1 h

Vendredi **3**

Moules à la normande

15 mn 15 mn

Samedi **4**

Boulettes au fromage

20 mn 20 mn

Dimanche **5**

Rôti de bœuf aux champignons

15 mn 30 mn

Recettes

Pour 4 personnes

Poêler 5 mn 1 escalope de dinde émincée très finement dans 1 c. à s. d'huile. Ajouter 400 g de torsades al dente + 2 c. à s. de crème épaisse + 20 cl de pesto rosso + 1 c. à s. d'estragon.

Répartir sur 4 feuilles de papier d'aluminium 4 darnes de saumon + 20 cl de jus 3 agrumes + 1 citron et 1 orange bio coupés en rondelles + 1 c. à s. d'aneth. Verser 1 filet d'huile d'olive. Refermer les papillotes et enfourner 25 mn à 200 °C. Servir avec 8 palets de légumes décongelés.

Poêler 10 mn 3 filets de poisson blanc dans 1 c. à s. d'huile d'olive. Ajouter 1 échalote émincée. Émietter le poisson et laisser tiédir. Mélanger avec 1/2 laitue + 1 concombre épépiné et en morceaux + 150 g de riz sauvage cuit + 150 g de raisin blanc coupé en 2 + 1/2 fenouil émincé. Assaisonner avec 2 c. à s. de coriandre + 4 c. à s. d'huile d'olive + 2 c. à s. de jus de citron.

Cuire à l'eau 30 mn 600 g de potiron en cubes surgelé et réduire en purée. Ajouter 25 cl de crème épaisse + 10 cl de lait + 3 œufs battus + 50 g de comté râpé + 1 c. à c. de muscade. Verser dans des moules individuels et enfourner 30 mn à 180 °C. Servir tiède avec 1 salade + 50 g de noix + 8 tranches de bacon poêlées à sec.

Dans 1 cocotte, poêler 3 échalotes + 2 oignons émincés dans 40 g de beurre. Ajouter 125 g de lardons, puis 1 bouquet de persil, 1 bouteille de cidre brut et 1 kg de moules. Laisser cuire 5 mn pour que les moules s'ouvrent et les réserver. Faire réduire 10 mn le jus de cuisson et ajouter 40 cl de crème épaisse. Mélanger la sauce avec les moules. Servir avec 300 g de riz basmati.

Faire bouillir 75 cl d'eau avec 2 bouillons cubes de légumes + 50 g de beurre 1/2 sel. Ajouter d'un coup 450 g de farine. Mélanger hors du feu avec une spatule. Remettre à feu doux 2-3 mn en mélangeant. Pétrir et façonner des boulettes. Y insérer 250 g de gouda en dés. Les passer dans 1 œuf battu, puis dans 6 c. à s. de chapelure. Frire dans 1 casserole avec 8 c. à s. d'huile d'olive. Servir avec 1 l de soupe.

Poêler 3 mn 6 échalotes et 1 gousse d'ail émincées dans 20 g de beurre + 15 g de sucre + 4 c. à c. d'herbes de Provence. Enfourner 10 mn à 250 °C 1 kg de rôti de bœuf enduit de 20 g de beurre + les échalotes. Déglacer avec 10 cl de lait + 1 c. à c. de fond de veau + 2 c. à s. d'eau. Cuire 10-15 mn. Servir avec 1 kg de poêlée de champignons décongelée. **Garder les restes pour le lendemain.**

Courses

Pour 4 personnes

☐ Pâtes rapides au pesto rosso

400 g de torsades, 1 escalope de dinde, 20 cl de pesto rosso, 2 c. à s. de crème épaisse, 1 c. à s. d'estragon, 1 c. à s. d'huile.

☐ Saumon aux agrumes

4 darnes de saumon, 1 citron bio, 1 orange bio, 8 palets de légumes surgelés, 20 cl de jus 3 agrumes, 1 c. à s. d'aneth, 4 filets d'huile d'olive.

☐ Salade tiède de poisson au fenouil

3 filets de poisson blanc, 1/2 fenouil, 150 g de raisin blanc, 1 concombre, 1 échalote, 1/2 laitue, 150 g de riz sauvage, 2 c. à s. de coriandre, 2 c. à s. de jus de citron, 5 c. à s. d'huile d'olive.

☐ Flans de potiron et salade noix/bacon

600 g de potiron en cubes surgelé, 50 g de comté râpé, 50 g de noix, 8 tranches de bacon, 1 salade, 3 œufs, 25 cl de crème épaisse, 10 cl de lait, 1 c. à c. de muscade.

☐ Moules à la normande

1 kg de moules, 125 g de lardons, 300 g de riz basmati, 3 échalotes, 2 oignons, 40 g de beurre, 1 bouteille de cidre brut, 40 cl de crème épaisse, 1 bouquet de persil.

☐ Boulettes au fromage

250 g de gouda, 1 l de soupe, 450 g de farine, 50 g de beurre 1/2 sel, 1 œuf, 2 bouillons cubes de légumes, 6 c. à s. de chapelure, 8 c. à s. d'huile d'olive.

☐ Rôti de bœuf aux champignons

1 kg de rôti de bœuf, 1 kg de poêlée de champignons surgelée, 6 échalotes, 1 gousse d'ail, 15 g de sucre, 40 g de beurre, 10 cl de lait, 4 c. à c. d'herbes de Provence, 1 c. à c. de fond de veau.

Et aussi

NOVEMBRE

Lundi **6** — Gratin de pâtes au bœuf — 5 mn / 20 mn

Mardi **7** — Salade de betteraves aux oranges — 15 mn

Mercredi **8** — Croque-madame à l'ancienne — 10 mn / 5 mn

Jeudi **9** — Papillotes de truite saumonée — 15 mn / 40 mn

Vendredi **10** — Gratin de courge aux noisettes — 15 mn / 35 mn

Samedi **11** Armistice de 1918 — Tournedos au Boursin — 10 mn / 20 mn

Dimanche **12** — Curry de porc à l'indienne — 20 mn / 1 h 15

Recettes
Pour 4 personnes

Mélanger les restes de rôti de bœuf de la veille avec 350 g de macaronis (cuits al dente avec 1 bouillon cube de bœuf). Parsemer d'1 c. à s. de persil et de 50 g de comté râpé. Gratiner 5-10 mn au four.

Mélanger 2 betteraves cuites et coupées en rondelles avec 1 oignon rouge en fines rondelles + 2 oranges coupées en quartiers. Parsemer d'1 bouquet de menthe ciselée + 1 c. à c. de cannelle. Assaisonner avec le jus de 2 oranges + 4 c. à s. d'huile d'olive. Servir frais avec 8 tranches de jambon de volaille.

Garnir 8 tranches de pain de mie aux céréales de 4 c. à s. de moutarde à l'ancienne + 4 tranches de jambon au torchon + 80 g de gruyère râpé + 4 abricots secs en morceaux. Cuire 4 œufs au plat avec 20 g de beurre 1/2 sel. Réserver. Dans la même poêle, dorer les croque 1-2 mn/côté, déposer 1 œuf au plat sur chacun et servir avec 1 mâche.

Déposer sur 1 feuille de papier aluminium 1 filet d'huile d'olive + 1 tomate en tranches + 1 filet de truite saumonée + 1/2 échalote en morceaux + 1 c. à s. de crème liquide + 1 c. à c. de basilic. Refermer la papillote et répéter 3 fois. Enfourner 40 mn à 160 °C. Servir avec 700 g de purée de carottes.

Cuire à la vapeur ou à l'eau 1,2 kg de courge butternut coupée en cubes et épluchée. Mélanger avec 200 g de lardons fumés + 1 oignon émincé poêlés 3-4 mn et verser dans 1 plat à gratin beurré. Ajouter 5 cl de crème liquide. Parsemer d'1 c. à c. de muscade + 3 c. à s. de noisettes concassées et finir par 80 g de parmesan râpé. Enfourner 20 mn à 210 °C. Servir avec 1 salade.

Dans 1 casserole, faire fondre 4 c. à c. de fond de veau avec 1 petite tasse d'eau. Mélanger avec 1 Boursin jusqu'à ce qu'il soit fondu. Ajouter 20 cl de crème fleurette (entière ou allégée) et réserver. Poêler 4 tournedos de bœuf dans 1 noix de beurre. Servir avec la sauce et 600 g de haricots verts cuits 15 mn à la vapeur.

Poêler 1 kg de porc en dés dans 40 g de beurre. Réserver. Poêler 2 mn 2 oignons émincés + 1 c. à s. de gingembre frais + 2 c. à s. de curry + 1 piment haché. Ajouter 1 c. à c. de jus de citron + 1 boîte de tomates pelées + 1 pomme en dés. Remettre le porc. Ajouter 20 cl d'eau + 1 bouillon cube + 10 cl de lait de coco + 1 c. à s. de farine. Mijoter 1 h, ajouter 10 cl de crème épaisse. Servir avec 250 g de riz.

Courses
Pour 4 personnes

☐ **Gratin de pâtes au bœuf**

Restes de rôti de bœuf de la veille, 350 g de macaronis, 50 g de comté râpé, 1 bouillon cube de bœuf, 1 c. à s. de persil.

☐ **Salade de betteraves aux oranges**

2 betteraves cuites, 4 oranges, 1 oignon rouge, 8 tranches de jambon de volaille, 1 bouquet de menthe, 1 c. à c. de cannelle, 4 c. à s. d'huile d'olive.

☐ **Croque-madame à l'ancienne**

8 tranches de pain de mie aux céréales, 4 tranches de jambon au torchon, 80 g de gruyère râpé, 4 abricots secs, 1 mâche, 4 œufs, 4 c. à s. de moutarde à l'ancienne, 20 g de beurre 1/2 sel.

☐ **Papillotes de truite saumonée**

4 filets de truite saumonée, 700 g de purée de carottes, 4 tomates, 2 échalotes, 4 c. à c. de basilic, 4 c. à s. de crème liquide, 4 filets d'huile d'olive.

☐ **Gratin de courge aux noisettes**

1,2 kg de courge butternut, 3 c. à s. de noisettes concassées, 1 oignon, 1 salade, 200 g de lardons fumés, 5 cl de crème liquide, 80 g de parmesan râpé, 1 c. à c. de muscade, 1 noix de beurre.

☐ **Tournedos au Boursin**

4 tournedos de bœuf, 1 Boursin, 600 g de haricots verts, 20 cl de crème fleurette (entière ou allégée), 4 c. à c. de fond de veau, 1 noix de beurre

☐ **Curry de porc à l'indienne**

1 kg de porc, 250 g de riz, 1 boîte de tomates pelées, 2 oignons, 1 pomme, 10 cl de lait de coco et de crème épaisse, 1 bouillon cube, 1 c. à s. de gingembre frais et de farine, 2 c. à s. de curry, 1 piment, 1 c. à c. de jus de citron, 40 g de beurre.

Et aussi

NOVEMBRE

2017

Lundi **13**

Velouté d'endives

15 mn 35 mn

Mardi **14**

Tagliatelles saumon fumé/épinards

15 mn 15 mn

Mercredi **15**

Flans à la brousse et aux épinards

15 mn 40 mn

Jeudi **16**

Tartare de saumon aux agrumes

15 mn 15 mn

Vendredi **17**

Gratin de potimarron tout simple

15 mn 45 mn

Samedi **18**

Aiguillettes de canard au poivre vert

15 mn 20 mn

Dimanche **19**

Cabillaud aux champignons des bois

10 mn 15 mn

134

Recettes
Pour 4 personnes

Ôter la partie dure d'1 kg d'endives et les émincer. Les poêler dans 40 g de beurre. Ajouter 500 g de pommes de terre épluchées et en cubes. Mouiller avec 1 l d'eau et ajouter 2 bouillons cubes. Cuire 20-30 mn, mixer et ajouter 2 c. à s. de Boursin. Mixer à nouveau. Servir avec 8 tranches de jambon + 1 sachet de croûtons.

Mélanger dans 1 casserole 400 g de tagliatelles al dente + 3 tranches de saumon fumé en lanières + 200 g d'épinards décongelés au micro-ondes + 1 c. à c. de muscade + 2 c. à s. de ricotta. Réchauffer 1 mn. Servir avec 40 g de gruyère râpé.

Poêler 1 oignon émincé dans 10 g de beurre. Ajouter 300 g d'épinards en branches et cuire 10 mn. Égoutter et laisser refroidir. Mixer avec 3 œufs + 2 c. à s. de crème épaisse + 200 g de brousse. Ajouter 100 g de gruyère râpé + 1 c. à c. de muscade. Verser dans des ramequins beurrés et enfourner 25-30 mn à 200 °C. Servir tiède ou frais avec 4 tranches de jambon roulées.

Couper en petits morceaux 400 g de saumon frais préalablement mis 15 mn au congélateur. Mélanger avec 150 g de saumon fumé en petits morceaux. Ajouter 1 pamplemousse rose, 2 oranges et 2 citrons pelés à vif et coupés en dés + leur jus éventuel + 2 c. à s. d'huile d'olive + 2 échalotes émincées + 1 c. à s. d'aneth. Servir très frais avec 4 gros blinis + 1 salade.

Mixer 1 kg de potimarron (épluché et coupé en dés, puis cuit 15-20 mn à l'eau). Ajouter 2 œufs battus + 10 cl de crème épaisse + 1 c. à c. de muscade + 30 g de comté râpé. Répartir dans des ramequins et parsemer de 30 g de comté râpé + 2 c. à s. de parmesan râpé. Enfourner 25 mn à 220 °C.

Poêler 2 échalotes émincées dans 20 g de beurre. Verser 10 cl de vin blanc et faire bouillir. Verser 1 c. à s. de poivre vert + 20 cl de crème épaisse. Réduire le feu, réserver. Poêler (5 mn) 600 g d'aiguillettes de canard dans 20 g de beurre. Ajouter à la sauce et réchauffer 1 mn. Servir avec 300 g de pommes de terre + 300 g de haricots verts rissolés dans la graisse des aiguillettes.

Décongeler 600 g de mélange de champignons au micro-ondes et les égoutter. Les poêler 5 mn dans 2 c. à s. d'huile d'olive + 20 g de beurre + le jus de 2 citrons + 1 c. à s. de persil + 1 c. à s. de ciboulette + 1 gousse d'ail hachée. Ajouter 4 filets de cabillaud et cuire 5 mn de chaque côté. Parsemer d'1 c. à s. de persil.

Courses
Pour 4 personnes

- [ ] **Velouté d'endives**

1 kg d'endives, 500 g de pommes de terre, 8 tranches de jambon, 1 sachet de croûtons, 2 bouillons cubes, 2 c. à s. de Boursin, 40 g de beurre.

- [ ] **Tagliatelles saumon fumé/épinards**

400 g de tagliatelles, 3 tranches de saumon fumé, 200 g d'épinards surgelés, 40 g de gruyère râpé, 2 c. à s. de ricotta, 1 c. à c. de muscade.

- [ ] **Flans à la brousse et aux épinards**

3 œufs, 200 g de brousse, 100 g de gruyère râpé, 300 g d'épinards en branches, 1 oignon, 4 tranches de jambon, 2 c. à s. de crème épaisse, 10 g de beurre, 1 c. à c. de muscade.

- [ ] **Tartare de saumon aux agrumes**

400 g de saumon frais, 150 g de saumon fumé, 2 oranges, 2 citrons, 1 pamplemousse rose, 1 salade, 2 échalotes, 4 gros blinis, 1 c. à s. d'aneth, 2 c. à s. d'huile d'olive.

- [ ] **Gratin de potimarron tout simple**

1 kg de potimarron, 60 g de comté râpé, 2 c. à s. de parmesan râpé, 2 œufs, 10 cl de crème épaisse, 1 c. à c. de muscade.

- [ ] **Aiguillettes de canard au poivre vert**

600 g d'aiguillettes de canard, 300 g de pommes de terre, 300 g de haricots verts, 2 échalotes, 20 cl de crème épaisse, 10 cl de vin blanc, 1 c. à s. de poivre vert, 40 g de beurre.

- [ ] **Cabillaud aux champignons des bois**

4 filets de cabillaud, 600 g de mélange de champignons surgelés, 2 citrons, 1 gousse d'ail, 20 g de beurre, 2 c. à s. de persil, 1 c. à s. de ciboulette, 2 c. à s. d'huile d'olive.

Et aussi

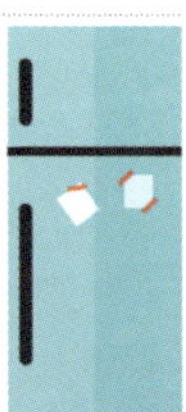

2017

NOVEMBRE

Lundi 20 — Spaghettis pesto et rocamadour
5 mn / 15 mn

Mardi 21 — Salade style périgourdine
15 mn

Mercredi 22 — Tartines champignons et reblochon
15 mn / 15 mn

Jeudi 23 — Poisson pané maison et mousse de céleri
15 mn / 10 mn

Vendredi 24 — Purée de maïs et saucisses grillées
10 mn / 20 mn

Samedi 25 — Poulet aux épices
10 mn / 20 mn

Dimanche 26 — Pommes de terre au Boursin
5 mn / 45 mn

Recettes

Pour 4 personnes

Mélanger 350 g de spaghettis al dente avec 8 c. à s. de pesto + 1 rocamadour en morceaux + 200 g de petits pois décongelés. Réchauffer 2 mn avant de servir.

Mélanger 1 sachet de jeunes pousses + 250 g de tomates cerises coupées en 2 + 4 c. à s. de raisins secs blonds (auparavant trempés 15 mn dans de l'eau) + 6 tranches de jambon cru en morceaux + 4 c. à s. de pignons. Assaisonner avec 2 c. à s. de vinaigre balsamique + 4 c. à s. d'huile de noix. Servir avec 4 tranches de foie gras + 4 tranches de pain de mie complet toastées.

Poêler 500 g de champignons émincés dans 40 g de beurre. Ajouter 2 gousses d'ail hachées + 4 c. à s. de persil + 10 cl de crème. Laisser réduire, puis répartir sur 4 grandes tranches de pain de campagne. Recouvrir de 200 g de reblochon tranché et gratiner 5 mn sous le gril. Servir avec 1 l de soupe.

Tremper 4 × 200 g de filets de merlan dans 2 c. à s. de farine, puis dans 2 œufs battus et dans 150 g de chapelure (mélangée à 2 c. à s. de persil + 1 c. à s. d'aneth + le zeste d'1 citron). Les poêler dans 50 g de beurre et cuire jusqu'à ce que la panure dore. Servir avec le jus du citron + 600 g de purée de céleri mélangée à 4 c. à s. de crème épaisse.

Cuire 20 mn à l'eau salée 4 grosses pommes de terre épluchées et en dés. Les écraser avec 40 g de beurre + 300 g de maïs en boîte + 10 cl de lait. Servir chaud avec 8 saucisses grillées à sec.

Poêler 4 escalopes de poulet en lanières dans 30 g de beurre. Lorsque le poulet colore, ajouter 2 c. à s. d'huile + 1 oignon émincé + 2 c. à s. d'ail haché + 2 c. à c. de 4 épices, puis 2 c. à s. de sauce soja. Verser 4 c. à s. d'eau + 1 c. à c. de miel liquide. Faire réduire la sauce. Ajouter 4 c. à s. de sauce soja + 3 c. à c. de miel liquide. Servir avec 700 g de brocolis cuits 10 mn à la vapeur.

Couper en 2 dans la longueur 8 grosses pommes de terre. Les répartir face bombée sur 1 plaque allant au four et verser 1 filet d'huile d'olive. Enfourner 40 mn à 240 °C. Déposer sur chaque morceau de pomme de terre 1 c. à c. de Boursin au choix et cuire encore 5 mn. Servir avec 4 tranches de saumon fumé et 1 laitue iceberg.

Courses

Pour 4 personnes

- [ ] **Spaghettis pesto et rocamadour**

350 g de spaghettis, 1 rocamadour, 8 c. à s. de pesto, 200 g de petits pois surgelés.

- [ ] **Salade style périgourdine**

1 sachet de jeunes pousses, 250 g de tomates cerises, 4 c. à s. de raisins secs blonds, 6 tranches de jambon cru, 4 tranches de foie gras, 4 tranches de pain de mie complet, 4 c. à s. de pignons, 2 c. à s. de vinaigre balsamique, 4 c. à s. d'huile de noix.

- [ ] **Tartines champignons et reblochon**

4 grandes tranches de pain de campagne, 200 g de reblochon, 500 g de champignons, 2 gousses d'ail, 1 l de soupe, 10 cl de crème, 4 c. à s. de persil, 40 g de beurre.

- [ ] **Poisson pané maison et mousse de céleri**

4 × 200 g de filets de merlan, 150 g de chapelure, 600 g de purée de céleri, 1 citron, 50 g de beurre, 2 œufs, 4 c. à s. de crème épaisse, 2 c. à s. de farine, 2 c. à s. de persil, 1 c. à s. d'aneth.

- [ ] **Purée de maïs et saucisses grillées**

300 g de maïs en boîte, 4 grosses pommes de terre, 8 saucisses, 10 cl de lait, 40 g de beurre.

- [ ] **Poulet aux épices**

4 escalopes de poulet, 700 g de brocolis, 1 oignon, 30 g de beurre, 2 c. à s. d'ail haché, 2 c. à c. de 4 épices, 6 c. à s. de sauce soja, 4 c. à c. de miel liquide, 2 c. à s. d'huile.

- [ ] **Pommes de terre au Boursin**

8 grosses pommes de terre, 16 c. à c. de Boursin au choix, 4 tranches de saumon fumé, 1 laitue iceberg, 1 filet d'huile d'olive.

Et aussi

NOV.-DÉC. 2017

Lundi **27**

Pizza au bleu, à la tomme et aux noix

10 mn — 20 mn

Mardi **28**

Soupe de marrons et de carottes

15 mn — 40 mn

Mercredi **29**

Quiche au crabe

15 mn — 40 mn

Jeudi **30**

Merlan en papillotes

15 mn — 30 mn

Vendredi **1**

Poêlée de courge butternut

15 mn — 25 mn

Samedi **2**

Couscous facile

15 mn — 35 mn

Dimanche **3**

Dos de cabillaud aux fruits de la passion

20 mn — 20 mn

138

Recettes
Pour 4 personnes

Napper 1 pâte à pizza de 20 cl de crème épaisse à 15 % + 100 g de bleu émietté + 80 g de tomme en tranches + 200 g de champignons en boîte. Parsemer de 16 cerneaux de noix concassés. Enfourner 15-20 mn à 230 °C. Servir avec 1 salade de mâche.

Dans 1 faitout, faire revenir 1 oignon émincé dans 10 g de beurre. Ajouter 250 g de carottes râpées + 350 g de marrons cuits au naturel + 1 c. à c. de muscade. Verser 1 l de bouillon de volaille. Cuire à feu doux à couvert 35 mn. Mixer avec 3 Kiri.

Garnir 1 pâte feuilletée (cuite à blanc 10 mn à 210 °C) de 300 g de chair de crabe émiettée. Battre 3 jaunes d'œufs avec 15 cl de crème épaisse + 10 cl de lait + 2 c. à s. de persil + 1 c. à s. de ciboulette + 1 pincée de paprika. Incorporer 3 blancs d'œufs en neige. Verser sur le crabe. Parsemer de 50 g de gruyère râpé et enfourner 30 mn à 200 °C. Servir avec 1 salade.

Répartir dans 4 feuilles de papier aluminium 4 filets de merlan + 4 carottes râpées (poêlées 5 mn dans 10 g de beurre + 1 c. à s. de coriandre) + 250 g de champignons de Paris (poêlés 5 mn dans 10 g de beurre + 1 pincée d'ail) + 4 échalotes émincées. Arroser chaque papillote d'1 c. à c. de jus de citron et refermer. Enfourner 25 mn à 200 °C. Servir avec 250 g de riz.

Poêler 1 gousse d'ail hachée dans 15 g de beurre. Ajouter 1 courge butternut pelée, épépinée et coupée en dés + 1 branche de thym + 1 feuille de laurier. Cuire à feu doux 10-15 mn. Ajouter 150 g de champignons et cuire encore quelques mn. Servir avec 8 tranches de jambon de dinde.

Poêler dans 1 Cocotte-Minute 6 pilons de poulet dans 2 c. à s. d'huile d'olive. Ajouter 1 l d'eau + 2 bouillons cubes de bœuf + 2 boîtes de concentré de tomates + 2 tomates et 4 carottes en dés + 3 c. à s. d'épices à couscous + 1 c. à c. de harissa. Fermer, cuire 20 mn. Ajouter 2 courgettes en dés + 300 g de pois chiches, cuire 10 mn. Servir avec 250 g de semoule et 8 merguez poêlées à sec.

Cuire 7 mn à la vapeur 4 dos de cabillaud. Poêler 5 mn 2 échalotes émincées dans 10 g de beurre. Verser 15 cl de crème liquide + le jus de 4 fruits de la passion. Réduire le feu et mijoter 5 mn. Servir avec le poisson parsemé de graines de fruits de la passion + 600 g de haricots verts surgelés cuits 5 mn à l'eau avec 1 bouillon cube, puis poêlés 5 mn dans 1 c. à s. d'huile d'olive.

Courses
Pour 4 personnes

- [ ] **Pizza au bleu, à la tomme et aux noix**

1 pâte à pizza, 100 g de bleu, 80 g de tomme, 16 cerneaux de noix, 200 g de champignons en boîte, 1 salade de mâche, 20 cl de crème épaisse à 15 %.

- [ ] **Soupe de marrons et de carottes**

350 g de marrons cuits au naturel, 250 g de carottes, 1 oignon, 3 Kiri, 1 l de bouillon de volaille, 1 c. à c. de muscade, 10 g de beurre.

- [ ] **Quiche au crabe**

1 pâte feuilletée, 300 g de chair de crabe, 1 salade, 50 g de gruyère râpé, 3 œufs, 15 cl de crème épaisse, 10 cl de lait, 2 c. à s. de persil, 1 c. à s. de ciboulette, 1 pincée de paprika.

- [ ] **Merlan en papillotes**

4 filets de merlan, 250 g de riz, 250 g de champignons de Paris, 4 carottes, 4 échalotes, 1 pincée d'ail, 1 c. à s. de coriandre, 4 c. à c. de jus de citron, 20 g de beurre.

- [ ] **Poêlée de courge butternut**

1 courge butternut, 150 g de champignons, 1 gousse d'ail, 8 tranches de jambon de dinde, 1 branche de thym, 1 feuille de laurier, 15 g de beurre.

- [ ] **Couscous facile**

6 pilons de poulet, 8 merguez, 250 g de semoule, 4 carottes, 2 tomates, 2 courgettes, 300 g de pois chiches, 2 boîtes de concentré de tomates, 2 bouillons cubes de bœuf, 3 c. à s. d'épices à couscous, 1 c. à c. de harissa, 2 c. à s. d'huile d'olive.

- [ ] **Dos de cabillaud aux fruits de la passion**

4 dos de cabillaud, 4 fruits de la passion, 600 g de haricots verts surgelés, 2 échalotes, 15 cl de crème liquide, 10 g de beurre, 1 bouillon cube, 1 c. à s. d'huile d'olive.

Et aussi

DÉCEMBRE

Lundi 4 — Sauté de nouilles et poulet à l'ananas
Préparation : 10 mn — Cuisson : 25 mn

Mardi 5 — Salade de pommes de terre
Préparation : 10 mn — Cuisson : 5 mn

Mercredi 6 — Tarte à la moutarde
Préparation : 15 mn — Cuisson : 30 mn

Jeudi 7 — Purée de topinambours et jambon serrano
Préparation : 15 mn — Cuisson : 20 mn

Vendredi 8 — Gratin de poireaux à la tomate
Préparation : 15 mn — Cuisson : 50 mn

Samedi 9 — Rôti de porc au miel
Préparation : 15 mn — Cuisson : 1 h 30

Dimanche 10 — Tajine de veau aux oignons
Préparation : 15 mn — Cuisson : 1 h 05

140

Recettes

Pour 4 personnes

Poêler 10 mn 4 escalopes de poulet en morceaux dans 1 c. à s. d'huile d'olive + 1/2 poivron en dés + 1 c. à c. de gingembre. Verser 1 boîte d'ananas en conserve avec son jus + 2 c. à s. de concentré de tomates + 3 c. à s. de chutney de mangue. Laisser mijoter 10 mn et ajouter 250 g de nouilles asiatiques précuites. Continuer à cuire 5 mn.

Mélanger 400 g de pommes de terre grillées avec 1 sachet de légumes grillés décongelés + 100 g de fromage de brebis type Etorki en dés + 8 tranches de jambon de Bayonne en morceaux. Assaisonner avec 6 c. à s. d'huile d'olive + 4 c. à s. de vinaigre balsamique.

Couper 3 tomates en tranches et les égoutter. Sur 1 pâte feuilletée, mettre 5 c. à s. de moutarde + 2 tranches de jambon blanc + les tomates. Mélanger 3 œufs + 20 cl de crème épaisse + 200 g de comté râpé + 1 c. à c. de paprika. Verser sur la tarte. Cuire env. 30 mn à 210 °C. Servir avec 1 salade de mâche.

Cuire 20 mn à la vapeur 500 g de topinambours et 300 g de pommes de terre épluchés et en dés. Les réduire en purée et ajouter 6 c. à s. de lait + 1 jaune d'œuf + 1 c. à c. de muscade. Servir avec 8 tranches de jambon serrano.

Cuire 20 mn à la vapeur 4 blancs de poireaux émincés + 2 pommes de terre épluchées et en rondelles. Poêler 1 oignon émincé dans 2 c. à s. d'huile. Ajouter 1 gousse d'ail hachée + 1 c. à s. de thym + 600 g de tomates concassées et mijoter 10 mn. Étager ce mélange dans 1 plat avec les légumes. Parsemer de 80 g de gruyère râpé et enfourner 30 mn à 210 °C.

Badigeonner 1 rôti de porc d'1,4 kg de 4 c. à s. de miel + 2 c. à s. de moutarde. Le poser dans 1 plat sur 4 oignons émincés. Ajouter 1 gousse d'ail pilée + 40 cl de bouillon de volaille. Enfourner 1 h 30 à 180 °C. Servir le rôti en tranches avec 400 g de riz basmati.

Poêler 5-10 mn dans 1 cocotte 1 kg de veau à braiser en morceaux dans 3 c. à s. d'huile d'olive. Ajouter 6 oignons émincés + 1 c. à c. de 4 épices + 1 dose de safran + 3 c. à s. de miel + 40 g de raisins secs blonds. Cuire 10 mn. Ajouter de l'eau à mi-hauteur, couvrir et mijoter 45 mn à feu doux. Ôter le couvercle 10 mn avant la fin pour faire réduire la sauce. Servir avec 700 g de haricots verts cuits 15 mn à la vapeur.

Courses

Pour 4 personnes

☐ **Sauté de nouilles et poulet à l'ananas**

250 g de nouilles asiatiques précuites, 4 escalopes de poulet, 1 boîte d'ananas en conserve, 1/2 poivron, 3 c. à s. de chutney de mangue, 2 c. à s. de concentré de tomates, 1 c. à c. de gingembre, 1 c. à s. d'huile d'olive.

☐ **Salade de pommes de terre**

400 g de pommes de terre grillées, 1 sachet de légumes grillés surgelés, 100 g de fromage de brebis type Etorki, 8 tranches de jambon de Bayonne, 4 c. à s. de vinaigre balsamique, 6 c. à s. d'huile d'olive.

☐ **Tarte à la moutarde**

1 pâte feuilletée, 5 c. à s. de moutarde, 2 tranches de jambon blanc, 200 g de comté râpé, 3 tomates, 1 salade de mâche, 3 œufs, 20 cl de crème épaisse, 1 c. à c. de paprika.

☐ **Purée de topinambours et jambon serrano**

500 g de topinambours, 300 g de pommes de terre, 8 tranches de jambon serrano, 1 jaune d'œuf, 6 c. à s. de lait, 1 c. à c. de muscade.

☐ **Gratin de poireaux à la tomate**

4 blancs de poireaux, 600 g de tomates concassées, 2 pommes de terre, 1 oignon, 1 gousse d'ail, 80 g de gruyère râpé, 1 c. à s. de thym, 2 c. à s. d'huile.

☐ **Rôti de porc au miel**

1 rôti de porc d'1,4 kg, 400 g de riz basmati, 4 oignons, 1 gousse d'ail, 40 cl de bouillon de volaille, 4 c. à s. de miel, 2 c. à s. de moutarde.

☐ **Tajine de veau aux oignons**

1 kg de veau à braiser, 6 oignons, 700 g de haricots verts, 40 g de raisins secs blonds, 1 c. à c. de 4 épices, 1 dose de safran, 3 c. à s. de miel, 3 c. à s. d'huile d'olive.

Et aussi

DÉCEMBRE

Lundi **11**

Fettuccine citrons/courgette/noix

10 mn — 15 mn

Mardi **12**

Soupe de rutabaga

15 mn — 40 mn

Mercredi **13**

Flans de céleri et salade d'automne

5 mn — 40 mn

Jeudi **14**

Crevettes sautées à l'ananas

15 mn — 15 mn

Vendredi **15**

Quinoa poêlé aux champignons

10 mn — 25 mn

Samedi **16**

Poulet aux échalotes

20 mn — 50 mn

Dimanche **17**

Bœuf/carottes

15 mn — 2 h 55

Recettes
Pour 4 personnes

Faire fondre à feu doux 50 g de beurre salé. Augmenter le feu et ajouter 40 cl de crème liquide + les zestes de 3 citrons bio. Faire bouillir 2-3 mn jusqu'à ce que la crème épaississe. Mélanger avec 400 g de fettuccine al dente + 1 courgette (râpée et poêlée 2-3 mn avec 1 c. à s. d'huile d'olive) + 16 cerneaux de noix concassés + 60 g de parmesan râpé.

Dans 1 cocotte, poêler 1 oignon émincé dans 2 c. à s. d'huile d'olive. Ajouter 600 g de rutabaga, 200 g de pommes de terre, 100 g de céleri et 1 poireau coupés en morceaux. Cuire 2-3 mn et ajouter 1,5 l d'eau + 2 bouillons cubes. Cuire 35 mn après ébullition. Mixer les légumes avec l'eau + 50 g de fromage frais + 1 c. à s. de ciboulette. Servir avec 8 tranches de jambon fumé.

Décongeler 600 g de purée de céleri. Ajouter 25 cl de crème épaisse + 10 cl de lait + 3 œufs battus + 50 g de parmesan râpé + 1 c. à c. de cumin. Verser le mélange dans des moules individuels et enfourner 30 mn à 180 °C. Servir tiède avec 1 salade + 50 g de noisettes + 2 tranches de jambon blanc en lanières + 1 pomme en cubes + 100 g de marrons sous vide coupés.

Poêler 5-10 mn dans 8 c. à s. d'huile 8 gousses d'ail émincées + 24 crevettes roses décortiquées + 200 g d'ananas en dés + 8 tomates cerises et 8 mini-épis de maïs coupés en 2 + 2 oignons émincés + 2 petits piments + 2 c. à s. de fumet de poisson + 2 c. à s. de ketchup + 1 c. à c. de vinaigre + 10 g de sucre. Ajouter 1 bouquet de ciboulette ciselée et cuire 1 mn. Servir avec 600 g de brocolis cuits 10 mn à la vapeur.

Poêler 5 mn 250 g de quinoa (cuit 15 mn à l'eau avec 1 bouillon cube) + 600 g de champignons surgelés (décongelés 5-10 mn au micro-ondes) dans 2 c. à s. d'huile d'olive. Ajouter 20 cl de coulis de tomates + 100 g d'allumettes de jambon + 1 c. à s. de persil. Cuire 5 mn à feu doux. Servir avec 100 g de comté en tranches.

Dans 1 cocotte, faire revenir 5 mn 16 échalotes épluchées dans 4 c. à s. d'huile d'olive. Ajouter 1 petit poulet. Le faire dorer 5 mn. Ajouter 10 cl d'eau + 4 c. à s. de vinaigre balsamique + 4 c. à s. de vin rouge + 1 bouillon cube de volaille + 2 branches de thym + 2 feuilles de laurier. Couvrir, mijoter à feu doux 40 mn. Lier la sauce avec 1 c. à s. de Maïzena. Servir avec 700 g de mélange de légumes décongelés.

Dans 1 cocotte, faire revenir 1 kg de joue de bœuf dans 20 g de beurre. Ajouter 2 oignons émincés + 1 c. à c. d'ail. Déglacer avec 40 cl de vin blanc. Gratter les sucs de cuisson et ajouter 3 c. à c. de concentré de tomates + 2 cubes de bouillon de bœuf + 4 c. à s. d'eau. Cuire 2 h. Ajouter 1,5 kg de carottes en rondelles. Cuire encore 45 mn.

Courses
Pour 4 personnes

☐ Fettuccine citrons/courgette/noix

400 g de fettuccine, 3 citrons bio, 1 courgette, 16 cerneaux de noix, 60 g de parmesan râpé, 50 g de beurre salé, 40 cl de crème liquide, 1 c. à s. d'huile d'olive.

☐ Soupe de rutabaga

600 g de rutabaga, 200 g de pommes de terre, 100 g de céleri, 1 poireau, 1 oignon, 50 g de fromage frais, 8 tranches de jambon fumé, 2 bouillons cubes, 1 c. à s. de ciboulette, 2 c. à s. d'huile d'olive.

☐ Flans de céleri et salade d'automne

600 g de purée de céleri surgelée, 1 pomme, 1 salade, 100 g de marrons sous vide, 50 g de noisettes, 50 g de parmesan râpé, 2 tranches de jambon blanc, 3 œufs, 25 cl de crème épaisse, 10 cl de lait, 1 c. à c. de cumin.

☐ Crevettes sautées à l'ananas

24 crevettes roses décortiquées, 200 g d'ananas, 600 g de brocolis, 8 tomates cerises, 8 mini-épis de maïs, 8 gousses d'ail, 2 oignons, 10 g de sucre, 2 petits piments, 1 bouquet de ciboulette, 2 c. à s. de fumet de poisson, 2 c. à s. de ketchup, 1 c. à c. de vinaigre, 8 c. à s. d'huile.

☐ Quinoa poêlé aux champignons

250 g de quinoa, 600 g de champignons surgelés, 100 g de comté, 20 cl de coulis de tomates, 100 g d'allumettes de jambon, 1 c. à s. de persil, 1 bouillon cube, 2 c. à s. d'huile d'olive.

☐ Poulet aux échalotes

1 petit poulet, 16 échalotes, 700 g de mélange de légumes surgelés, 1 bouillon cube de volaille, 2 branches de thym, 2 feuilles de laurier, 1 c. à s. de Maïzena, 4 c. à s. de vinaigre balsamique, 4 c. à s. de vin rouge, 4 c. à s. d'huile d'olive.

☐ Bœuf/carottes

1 kg de joue de bœuf, 1,5 kg de carottes, 2 oignons, 40 cl de vin blanc, 3 c. à c. de concentré de tomates, 1 c. à c. d'ail, 2 cubes de bouillon de bœuf, 20 g de beurre.

Et aussi

DÉCEMBRE

Lundi **18**

Risotto aux deux citrons et au saumon

10 mn 30 mn

Mardi **19**

Soupe aux panais et au chorizo

15 mn 30 mn

Mercredi **20**

Nuggets au comté

15 mn 30 mn 20 mn

Jeudi **21**

Paupiettes de veau façon grand-mère

10 mn 35 mn

Vendredi **22**

Soupe poulet/patates douces

15 mn 30 mn

Samedi **23**

Gratin d'hiver au thym et au parmesan

20 mn 45 mn

Dimanche **24**

Magrets de canard aux pommes et pruneaux

20 mn 1 h 20 mn

144

Recettes
Pour 4 personnes

Poêler 1 oignon émincé dans 1 c. à s. d'huile d'olive. Ajouter 300 g de riz à risotto. Mouiller avec le jus d'1 citron jaune et d'1 citron vert. Incorporer progressivement 1 l de bouillon de légumes en remuant sans cesse. Retirer du feu après 20-25 mn. Ajouter 50 g de beurre + 50 g de parmesan + le zeste des citrons + 200 g de saumon fumé en morceaux.

Poêler env. 10 mn dans 1 noix de beurre 600 g de panais, 200 g de carottes et 200 g de pommes de terre épluchés et en dés. Recouvrir d'eau et mijoter à couvert 20 mn. Mixer avec tout ou partie de l'eau. Ajouter 2 c. à s. de crème épaisse + 1 c. à c. de cumin. Servir avec 1 petit chorizo en tranches + 4 tranches de pain de campagne tartinées de 4 c. à s. de St Môret.

Mixer 400 g de blancs de poulet (marinés 30 mn dans 30 cl de lait) + 1 oignon + 1 jaune d'œuf + 1 c. à s. d'huile + 1 tranche de pain de mie + 1 c. à c. de paprika. Ajouter 100 g de comté râpé. Former des nuggets, les tremper dans 2 œufs battus, puis dans 50 g de farine et 100 g de chapelure. Poêler 3-4 mn/côté dans 4 c. à s. d'huile. Servir avec 800 g de purée de légumes au choix.

Poêler 2 gousses d'ail pilées dans 2 c. à s. d'huile d'olive. Y faire dorer 5 mn 8 paupiettes de veau. Verser 4 c. à s. de fond de veau + 25 cl de vin blanc + 25 cl d'eau + 1 c. à s. de moutarde + 2 c. à s. de vinaigre balsamique. Cuire 5 mn à feu moyen. Baisser le feu, couvrir et cuire 20 mn. À la fin, ajouter 1 boîte de champignons de Paris. Servir avec 300 g de quinoa.

Dans 1 sauteuse, poêler 1 oignon émincé + 2 gousses d'ail pilées dans 2 c. à s. d'huile d'olive + 1 c. à c. de curry et de gingembre. Ajouter 2 blancs de poulet émincés + 500 g de patates douces épluchées en dés. Dorer 3 mn. Ajouter 40 cl de lait de coco + 1 l de bouillon de volaille. Couvrir et cuire 20-25 mn. Mixer et servir avec 2 c. à s. de coriandre.

Cuire à l'eau 15 mn 600 g de topinambours et 200 g de pommes de terre, épluchés et en morceaux. Les répartir dans 1 plat avec 15 cl de crème épaisse mélangée à 15 cl de lait + 3 c. à s. de parmesan + 2 c. à s. de chapelure + 1 c. à s. de thym. Parsemer ensuite d'1 c. à s. de parmesan, de chapelure et de thym + 1 filet d'huile d'olive. Enfourner 30 mn à 220 °C.

Faire mariner 1 h 2 magrets de 300 g sans peau enduits de 4 c. à s. de miel liquide dans 4 c. à s. de vinaigre balsamique + 2 échalotes et 12 pruneaux émincés. Poêler 20 mn 8 pommes épluchées et en tranches dans 30 g de beurre + 1 c. à s. de jus de citron. Enfourner les magrets + le jus sous le gril 5 mn/face. Les servir tranchés avec la sauce + les pommes + 600 g d'écrasé de pommes de terre.

Courses
Pour 4 personnes

☐ **Risotto aux deux citrons et au saumon**

300 g de riz à risotto, 200 g de saumon fumé, 1 citron jaune, 1 citron vert, 1 oignon, 50 g de beurre, 50 g de parmesan, 1 l de bouillon de légumes, 1 c. à s. d'huile d'olive.

☐ **Soupe aux panais et au chorizo**

600 g de panais, 200 g de carottes, 200 g de pommes de terre, 1 petit chorizo, 4 tranches de pain de campagne, 4 c. à s. de St Môret, 2 c. à s. de crème épaisse, 1 c. à c. de cumin, 1 noix de beurre.

☐ **Nuggets au comté**

400 g de blancs de poulet, 100 g de comté, 100 g de chapelure, 50 g de farine, 1 tranche de pain de mie, 800 g de purée de légumes au choix, 1 oignon, 2 œufs + 1 jaune, 30 cl de lait, 1 c. à c. de paprika, 5 c. à s. d'huile.

☐ **Paupiettes de veau façon grand-mère**

8 paupiettes de veau, 1 boîte de champignons de Paris, 300 g de quinoa, 2 gousses d'ail, 25 cl de vin blanc, 4 c. à s. de fond de veau, 1 c. à s. de moutarde, 2 c. à s. de vinaigre balsamique, 2 c. à s. d'huile d'olive.

☐ **Soupe poulet/patates douces**

2 blancs de poulet, 500 g de patates douces, 2 gousses d'ail, 1 oignon, 40 cl de lait de coco, 1 l de bouillon de volaille, 1 c. à c. de curry et de gingembre, 2 c. à s. de coriandre, 2 c. à s. d'huile d'olive.

☐ **Gratin d'hiver au thym et au parmesan**

600 g de topinambours, 200 g de pommes de terre, 4 c. à s. de parmesan, 3 c. à s. de chapelure, 15 cl de crème épaisse, 15 cl de lait, 2 c. à s. de thym, 1 filet d'huile d'olive.

☐ **Magrets de canard aux pommes et pruneaux**

2 magrets de canard de 300 g sans peau, 12 pruneaux, 8 pommes, 2 échalotes, 600 g d'écrasé de pommes de terre, 4 c. à s. de vinaigre balsamique et de miel liquide, 1 c. à s. de jus de citron, 30 g de beurre.

Et aussi

DÉCEMBRE 2017

Lundi 25 — Noël

Linguine à la courge et aux champignons

15 mn — 25 mn

Mardi 26

Velouté tout orange

15 mn — 15 mn

Mercredi 27

Tarte au St Môret et aux lardons

5 mn — 15 mn

Jeudi 28

Escalopes de dinde et sauce citron/estragon

10 mn — 20 mn

Vendredi 29

Galettes gratinées au jambon et à la sauce tomates

10 mn — 10 mn

Samedi 30

Lapin aux pruneaux

20 mn — 1 h 10

Dimanche 31

Queues de lottes aux agrumes

20 mn — 15 mn

146

Recettes
Pour 4 personnes

Poêler 1 gousse d'ail hachée dans 1 c. à s. d'huile d'olive. Ajouter 1 courge butternut pelée, épépinée et en dés + 1 branche de thym. Cuire à feu doux 10-15 mn. Ajouter 200 g de champignons et cuire encore quelques mn. Mélanger avec 400 g de linguine al dente. Ajouter 1 c. à s. de crème épaisse + 1 c. à s. de persil.

Cuire 15 mn à la Cocotte-Minute 1 kg de courge muscade, 4 carottes et 1 oignon épluchés et en morceaux + 2 c. à c. de cumin + 1 bouillon cube de légumes + 1 l d'eau. Mixer avec tout ou partie de l'eau de cuisson. Ajouter 20 cl de lait de coco. Parsemer de 40 g de mimolette en copeaux. Servir avec 4 tranches de rôti de porc.

Recouvrir 1 pâte brisée (cuite 10 mn à blanc à 210 °C) de 150 g de St Môret et de 150 g d'allumettes de lardons (poêlées 5 mn à sec). Enfourner 5 mn à 210 °C et servir avec 1 salade verte.

Poêler rapidement 4 escalopes de dinde dans 30 g de beurre. Mélanger 20 cl de crème épaisse + 1 c. à c. de moutarde + le jus d'1/2 citron + 2 c. à s. d'estragon. Verser sur les escalopes. Laisser mijoter 15 mn à feu doux. Servir sans attendre avec 700 g de brocolis cuits 10 mn à la vapeur.

Mélanger 1 petit pot de concentré de tomates + 30 cl de crème liquide + 1 c. à c. de sucre en poudre + 1 c. à s. de basilic. En napper 4 galettes de blé noir et répartir 4 tranches de jambon. Enrouler les galettes, les placer dans 1 plat, saupoudrer de 150 g de gruyère râpé et enfourner 10 mn sous le gril. Servir avec 1 mâche.

Dans 1 cocotte, faire dorer 1 lapin en morceaux dans 40 g de beurre. Réserver. Poêler 5 mn 250 g de champignons et 2 oignons émincés + 200 g de lardons. Ajouter 3 c. à s. de moutarde forte + 2 c. à s. de farine + 40 cl de cidre. Remettre le lapin + 250 g de pruneaux + 1 peu d'eau, baisser le feu et cuire 1 h. Servir avec 250 g de coquillettes cuites avec 1 bouillon cube.

Faire dorer 10 mn 800 g de queues de lottes sans peau et en morceaux dans 2 c. à s. d'huile d'olive. Réserver. Déglacer avec 15 cl de vin blanc. Ajouter les zestes et les jus d'1 orange bio et d'1 citron bio. Faire bouillir. Remettre la lotte et mijoter 5 mn à feu moyen. Parsemer de 2 c. à s. de persil. Servir avec 700 g de fondue de poireaux décongelée.

Courses
Pour 4 personnes

☐ Linguine à la courge et aux champignons

400 g de linguine, 1 courge butternut, 200 g de champignons, 1 gousse d'ail, 1 branche de thym, 1 c. à s. de persil, 1 c. à s. de crème épaisse, 1 c. à s. d'huile d'olive.

☐ Velouté tout orange

1 kg de courge muscade, 4 carottes, 1 oignon, 40 g de mimolette, 4 tranches de rôti de porc, 20 cl de lait de coco, 2 c. à c. de cumin, 1 bouillon cube de légumes.

☐ Tarte au St Môret et aux lardons

1 pâte brisée, 150 g de St Môret, 150 g d'allumettes de lardons, 1 salade verte.

☐ Escalopes de dinde et sauce citron/estragon

4 escalopes de dinde, 700 g de brocolis, 1/2 citron, 20 cl de crème épaisse, 1 c. à c. de moutarde, 2 c. à s. d'estragon, 30 g de beurre.

☐ Galettes gratinées au jambon et à la sauce tomates

4 galettes de blé noir, 4 tranches de jambon, 1 petit pot de concentré de tomates, 150 g de gruyère râpé, 1 mâche, 30 cl de crème liquide, 1 c. à c. de sucre en poudre, 1 c. à s. de basilic.

☐ Lapin aux pruneaux

1 lapin, 200 g de lardons, 250 g de pruneaux, 250 g de champignons, 2 oignons, 250 g de coquillettes, 2 c. à s. de farine, 1 bouillon cube, 40 cl de cidre, 3 c. à s. de moutarde forte, 40 g de beurre.

☐ Queues de lottes aux agrumes

800 g de queues de lottes, 1 orange bio, 1 citron bio, 700 g de fondue de poireaux surgelée, 15 cl de vin blanc, 2 c. à s. de persil, 2 c. à s. d'huile d'olive.

BONUS

RECETTES DE BASE

Pâte à crêpes

Ingrédients (pour 15 crêpes) :

- 250 g de farine de blé
- 3 œufs
- 1/2 l de lait
- 2 sachets de sucre vanillé
- 2 cuillères à soupe de rhum
- 1 pincée de sel

Préparation :

Battre au fouet le lait avec les œufs.
Incorporer la farine en la versant en pluie.
Ajouter le sucre vanillé et une pincée de sel.
Ajouter un peu de rhum si vous le souhaitez.
Battre le mélange au batteur 3 minutes.
La pâte en sera d'autant plus légère et sans grumeaux.
Laisser reposer 1 heure à température ambiante avant de faire vos crêpes.

Pâte à choux

Ingrédients (pour 30 choux) :

- 150 g de farine
- 80 g de beurre
- 4 œufs
- 25 cl d'eau
- 1 pincée de sel

Préparation :

Dans une casserole, mélanger l'eau, le beurre en petits morceaux et le sel, puis porter à ébullition.
Arrêter la cuisson et ajouter la farine.
Battre énergiquement à l'aide d'une spatule jusqu'à l'obtention d'une boule.
Porter à feu doux quelques secondes, puis mettre la boule dans un saladier.
Ajouter les œufs un à un en les incorporant bien.
Mettre cette pâte dans une poche à douille et en déposer de petites boules sur du papier sulfurisé.
Dans un four bien préchauffé à 200 °C, cuire 10 minutes à 180 °C.

Pâte sucrée

Ingrédients (1 pâte) :

- 250 g de farine
- 125 g de beurre
- 2 œufs
- 100 g de sucre
- 1 pincée de sel

Préparation :

Sur un plan de travail, verser la farine. Faire un cratère au centre et ajouter les œufs, le beurre ramolli, le sucre et une pincée de sel.
Pétrir la pâte avec les mains jusqu'à ce qu'elle soit souple et lisse (parfois, il est nécessaire d'ajouter de la farine).
Former une boule avec la pâte et la laisser reposer 1 heure minimum.

RECETTES DE BASE

Pâte salée

Ingrédients (1 pâte) :

- 200 g de farine
- 1 œuf
- 3 cuillères à soupe d'eau
- 3 cuillères à soupe d'huile de tournesol
- 1 pincée de sel

Préparation :

Dans un saladier, battre au fouet l'huile, l'eau, l'œuf et le sel.
Ajouter toute la farine et mélanger avec une cuillère en bois.
Lorsque le mélange est homogène, le rassembler en une boule.
Laisser reposer une demi-heure à une heure au réfrigérateur.

Pâte à pizza

Ingrédients (1 pâte) :

- 200 g de farine
- 10 g de levure de boulanger
- 10 cl d'eau tiède
- 1 cuillère à café de sel

Préparation :

Mélanger la farine et le sel dans un saladier.
Délayer la levure dans l'eau, puis la verser dans la farine et mélanger avec une cuillère.
Former une boule et faire monter la pâte en la laissant reposer pendant 6 minutes dans un four ouvert chauffé à 50 °C.

Mayonnaise

Ingrédients (4 personnes) :

La recette basique inratable !
Pour un beau bol de mayonnaise :

- 1 jaune d'œuf
- 25 cl d'huile (de tournesol, de colza ou de maïs)
- 1 cuillère à café de moutarde
- 1 filet de vinaigre ou de jus de citron
- 1 pincée de sel et de poivre

Préparation :

Mélanger le jaune d'œuf, la moutarde, le sel et le poivre.
Incorporer l'huile peu à peu, en un mince filet, en fouettant (au fouet à main ou au batteur vitesse moyenne) pour démarrer l'émulsion.
Ajouter le reste d'huile progressivement, toujours en filet, sans cesser de fouetter.
Enfin, incorporer le vinaigre et ajuster l'assaisonnement.

RECETTES DE BASE

Béchamel

Ingrédients (4 personnes) :

- 40 g de farine
- 30 g de beurre
- 1/2 litre de lait
- Muscade (râpée ou en poudre)
- 1 pincée de sel et de poivre

Préparation :

Mettre le beurre dans la casserole sur feu doux.
Dès que le beurre est fondu, y verser la farine, et remuer avec une spatule en bois pour obtenir un mélange homogène, puis laisser cuire 5 minutes (sans coloration).
Verser graduellement le lait froid en fouettant vivement pour éviter la formation de grumeaux.
Ajouter la muscade, le sel et le poivre.
Cuire encore 5 minutes ou jusqu'à ce que la sauce béchamel nappe votre cuillère.

Sauce au fromage blanc

Ingrédients (4 personnes) :

- 200 g de fromage blanc
- 1 échalote
- 1 cuillère à soupe de jus de citron
- 4 cuillères à soupe de ciboulette ciselée
- 1 pincée de sel et de poivre

Préparation :

Battre au fouet le fromage blanc. Incorporer le jus de citron et bien mélanger.
Ajouter la ciboulette, l'échalote finement émincée, le sel et le poivre et mélanger à nouveau.
Servir frais en accompagnement de salades de crudités ou de saumon fumé.

Caramel

Ingrédients (4 personnes) :

- 250 g de sucre
- 15 cl d'eau
- Quelques gouttes de jus de citron

Préparation :

Dans une casserole, mélanger le sucre et l'eau froide.
Ajouter quelques gouttes de jus de citron, puis porter à ébullition.
Lorsque le sucre commence à colorer, remuer doucement.
Lorsque le mélange est doré, voire brun, arrêter la cuisson et plonger le fond de la casserole dans de l'eau glacée juste avant d'utiliser le caramel.

Crème anglaise

Ingrédients (4 personnes) :

- 4 jaunes d'œufs
- 60 g de sucre
- 50 cl de lait
- 1 gousse de vanille

Préparation :

Mettre le lait dans une casserole et y ajouter les graines de vanille et la gousse.
Faire chauffer jusqu'à ébullition.
Battre au fouet les jaunes d'œufs et le sucre jusqu'à ce que le mélange blanchisse.
Retirer la gousse de vanille du lait.
L'ajouter aux œufs et mélanger vivement.
Mettre la préparation dans une casserole et faire chauffer sur feu moyen sans cesser de remuer.
Attention à ne pas faire bouillir la crème.
Retirer du feu lorsque le mélange nappe la cuillère.
Servir froid.

Crème pâtissière

Ingrédients (4 personnes) :

- 50 g de sucre semoule
- 10 g de farine
- 10 g de Maïzena
- 3 ou 4 jaunes d'œufs
- 25 cl de lait frais entier
- 1/2 gousse de vanille

Préparation :

Mélanger les graines de vanille aux jaunes d'œufs.
Ajouter le sucre et fouetter jusqu'à ce que le mélange blanchisse, puis, petit à petit, la farine et la Maïzena, sans trop travailler la préparation.
Ajouter le lait et la gousse de vanille, mélanger, puis porter à ébullition dans une casserole et laisser épaissir pendant 1 minute environ.
Laisser refroidir dans un saladier avec un film alimentaire au contact.

Crème chantilly

Ingrédients (1 l) :

- 1 l de crème fleurette non allégée
- 200 g de sucre glace
- 1 gousse de vanille

Préparation :

Verser la crème fleurette froide dans un saladier très froid.
À l'aide d'un batteur électrique, fouetter à grande vitesse pour y incorporer de l'air.
Ajouter le sucre glace et les graines de la gousse de vanille et fouetter à nouveau jusqu'à ce que la crème épaississe.
La réserver au frais.

RECETTES D'ENTRÉES

Salade de melon

Ingrédients (4 personnes) :

- 225 g de billes de melon (surgelées ou non)
- 1/2 sachet de mélange de salades
- 150 g de feta aux herbes
- 2 tranches de jambon cru
- 1 citron
- 2 cuillères à soupe d'huile d'olive
- Thym
- Sel, poivre

Préparation :

Dans un saladier, verser les billes de melon (décongelées si besoin), la feta coupée en dés, l'huile d'olive, le jus du citron, un peu de thym, du sel et du poivre. Mélanger.
Laisser mariner au frais pendant 2 heures.
Au moment de servir, ajouter le mélange de salades et le jambon cru coupé en morceaux.

Salade piémontaise

Ingrédients (4 personnes) :

- 600 g de pommes de terre
- 1 botte de radis
- 12 cornichons
- 4 œufs
- Mayonnaise
- Huile d'olive
- Persil

Préparation :

Laver les pommes de terre et les cuire dans de l'eau salée, jusqu'à ce qu'elles soient tendres.
Cuire les œufs entiers, puis les couper en gros morceaux.
Couper en morceaux les radis, les cornichons et les pommes de terre.
Mettre le tout dans un saladier, ajouter de la mayonnaise et mélanger délicatement. Ajouter un peu de persil.

Salade avocats-crevettes

Ingrédients (4 personnes) :

- 4 avocats
- 150 g de crevettes cuites
- 1/2 botte de ciboulette
- 50 g de mayonnaise
- Sel, poivre

Préparation :

Décortiquer les crevettes et ciseler la ciboulette.
Éplucher les avocats, en couper 2 en fines lamelles et les 2 autres en dés.
Disposer les tranches au fond de 4 ramequins et mélanger les dés avec les crevettes, la ciboulette et la mayonnaise, puis assaisonner.
Mettre dans les ramequins et servir frais.

Timbale provençale

Ingrédients (4 personnes) :

- 1 petit bocal de ratatouille
- 120 g de chèvre frais
- 10 cl de crème liquide
- 2 cuillères à soupe d'huile d'olive
- 1 cuillère à café de moutarde
- 4 à 6 biscuits apéritif (Tuc ou gressins)
- Sel, poivre

Préparation :

Travailler le fromage à la fourchette dans un saladier.
Ajouter progressivement la crème tiède et mélanger.
Ajouter la moutarde et l'huile d'olive.
Saler et poivrer à votre convenance.
Déposer 1 à 2 cuillères à soupe de ratatouille au fond d'un verre, puis la crème de chèvre et enfin les biscuits grossièrement émiettés.

Rillettes aux deux saumons

Ingrédients (4 personnes) :

- 200 g de saumon frais
- 200 g de saumon fumé
- 150 g de St Môret
- 1 pain tranché
- 1 citron
- 2 cuillères à soupe de ciboulette
- 2 cuillères à soupe d'huile d'olive
- Poivre

Préparation :

Cuire le saumon frais 5 minutes au micro-ondes.
Le laisser refroidir.
Couper le saumon fumé en morceaux.
Mixer les deux saumons, le St Môret, le jus d'un citron, l'huile d'olive et la ciboulette.
Ajouter ensuite un peu de poivre.
Servir sur des tranches de pain toastées.

Rillettes de thon au basilic

Ingrédients (4 personnes) :

- 300 g de thon
- 2 petits-suisses
- 1/2 citron
- 2 cuillères à soupe de crème fraîche
- 1 cuillère à café de moutarde
- 1 cuillère à soupe de basilic haché
- Paprika
- Sel, poivre

Préparation :

Égoutter et émietter le thon et le mettre dans un saladier.
Ajouter successivement, et en mélangeant à chaque fois : les petits-suisses, la crème fraîche, la moutarde, le jus du citron, le basilic, puis assaisonner.
Laisser reposer au réfrigérateur 1/2 heure.
Saupoudrer de paprika juste avant de servir.

RECETTES D'ENTRÉES

Velouté de lentilles

Ingrédients (4 personnes) :

- 850 g de lentilles en conserve
- 20 cl de crème liquide entière
- 1 cube de bouillon de volaille
- 1 bouquet de ciboulette
- Sel, poivre

Préparation :

Égoutter et rincer les lentilles.
Porter à ébullition 40 cl d'eau et un cube de bouillon de volaille.
Y verser les lentilles et faire chauffer à feu doux.
Ajouter la crème, du sel et du poivre et mélanger.
Hors du feu, mixer le velouté.
Servir chaud, parsemé de ciboulette ciselée.
Accompagner éventuellement de tranches de lard grillées.

Velouté de courgettes au Boursin

Ingrédients (4 personnes) :

- 4 courgettes
- 1 Boursin ail & fines herbes
- 15 cl de crème fraîche (facultatif)
- 2 cubes de bouillon de poule ou de bœuf
- Persil
- Sel, poivre

Préparation :

Laver et éplucher les courgettes, puis les couper grossièrement.
Les mettre dans une casserole et les recouvrir d'eau.
Ajouter les cubes de bouillon, puis laisser cuire 5 à 7 minutes.
Ajouter un peu de persil et mixer avec tout ou partie de l'eau.
Ajouter le Boursin et mélanger.
Assaisonner avec une pincée de sel et de poivre.
Servir chaud, avec ou sans la crème fraîche.

Cake salé

Ingrédients (4 personnes) :

- 150 g de farine
- 70 g de fromage râpé
- 3 œufs
- 15 cl de lait
- 3 cuillères à soupe d'huile d'olive
- 1 sachet de levure
- Au choix : tomates séchées, thon, dés de jambon, olives, feta, etc.
- Sel, poivre

Préparation :

Dans un saladier, battre les œufs et y ajouter la farine et la levure.
Faire chauffer le lait et l'ajouter à la préparation.
Verser l'huile et bien mélanger.
Saler, poivrer et incorporer le fromage.
Agrémenter alors avec les ingrédients de votre choix (tomates séchées, thon, dés de jambon, olives, feta, etc.), verser la préparation dans un moule à cake beurré et cuire environ 45 minutes à 180 °C.

RECETTES D'ENTRÉES

Feuilletés au chèvre et au miel

Ingrédients (4 personnes) :

- 1 pâte feuilletée
- 4 rondelles de chèvre frais
- 1 jaune d'œuf
- Miel liquide
- Thym

Préparation :

Couper la pâte feuilletée en quatre et déposer sur chaque morceau une rondelle de fromage.
Arroser de miel, puis saupoudrer de thym.
Rabattre les bords de la pâte en formant une petite enveloppe. Badigeonner les feuilletés de jaune d'œuf.
Cuire 20 minutes dans un four préchauffé à 200 °C.
Servir chaud avec une salade.

Mugs cakes à La vache qui rit

Ingrédients (4 personnes) :

- 4 œufs
- 4 cuillères à soupe d'huile d'olive
- 16 cuillères à soupe de lait
- 8 grosses cuillères à soupe de farine
- 2 cuillères à café de levure chimique
- 4 portions de Vache qui rit
- 2 tranches de jambon
- Sel, poivre

Préparation :

Battre les œufs avec l'huile et le lait.
Ajouter la farine, la levure, du sel et du poivre en remuant sans cesse.
Verser la moitié de la pâte dans 4 mugs, puis La vache qui rit coupée en petits dés et le jambon émincé.
Compléter avec le reste de pâte.
Cuire chaque mug au micro-ondes 1 minute 30.

Verrines saumon-avocat

Ingrédients (4 personnes) :

- 100 g de saumon fumé
- 1 avocat mûr
- 75 g de Boursin ail & fines herbes
- 10 cl de crème fraîche
- 1/4 de citron

Préparation :

Hacher finement le saumon.
Réduire l'avocat en purée et l'assaisonner avec le jus du citron.
Mélanger le Boursin et la crème.
Étager l'avocat, le mélange au Boursin et le saumon dans 4 verrines et les placer quelques heures au frais avant de servir.

RECETTES DE DESSERTS

Bananes antillaises

Ingrédients (4 personnes) :

- 4 bananes
- 30 g de sucre roux
- 2 sachets de sucre vanillé
- 1 noix de beurre
- Quelques gouttes de jus de citron
- 100 ml de jus d'orange
- 1 bouchon de rhum

Préparation :

Déposer les sucres dans une poêle, ajouter le beurre et le jus de citron.
Faire chauffer jusqu'à ce que le sucre fonde et colore légèrement.
Ajouter les bananes coupées en 2.
Laisser cuire 1 à 2 minutes, puis les retourner.
Ajouter le jus d'orange et le rhum.
Laisser encore 1 minute sur le feu.
Servir chaud avec une boule de glace à la vanille.

Financiers aux amandes et coulis d'abricots

Ingrédients (4 personnes) :

- 125 g d'amandes en poudre
- 125 g de sucre glace
- 20 g de farine
- 3 œufs
- 70 g de beurre fondu
- Coulis d'abricots

Préparation :

Préchauffer le four à 180 °C.
Dans un saladier, mélanger la poudre d'amandes avec le sucre glace, puis ajouter les œufs un à un sans cesser de mélanger.
Verser le beurre fondu et la farine tamisée, et mélanger à nouveau.
Répartir la pâte dans des moules à financiers.
Cuire 10 à 12 minutes en surveillant la cuisson.
Démouler les financiers, les laisser refroidir 1 heure à température ambiante et les servir avec un coulis d'abricots.

Gâteau au chocolat et aux framboises

Ingrédients (4 personnes) :

- 200 g de chocolat blanc
- 100 g de framboises
- 100 g de farine
- 100 g de sucre
- 80 g de beurre
- 3 œufs

Préparation :

Dans une casserole, faire fondre le chocolat et le beurre.
Battre au fouet le sucre, les jaunes d'œufs et la farine.
Ajouter le mélange chocolat/beurre.
Monter les blancs d'œufs en neige et les ajouter délicatement à la préparation précédente.
Y ajouter également délicatement les framboises.
Enfourner pour 30 minutes dans un four préchauffé à 200 °C.

RECETTES DE DESSERTS

Gâteau à la noix de coco

Ingrédients (4 à 6 personnes) :

- 125 g de noix de coco râpée
- 3 œufs
- 1 boîte de lait concentré sucré
- La même quantité de lait
- 15 morceaux de sucre

Préparation :

Mélanger le lait concentré, le lait, la noix de coco et les jaunes d'œufs.
Monter les blancs d'œufs en neige et les incorporer à la préparation précédente.
Dans une casserole, faire fondre les morceaux de sucre avec 3 cuillères à soupe d'eau pour obtenir un caramel.
Verser ce caramel dans le fond d'un moule à manqué.
Y verser également la préparation à la noix de coco.
Enfourner pour 40 minutes au bain-marie dans un four préchauffé à 200 °C.
Servir froid.

Moelleux au chocolat et salade d'oranges

Ingrédients (4 personnes) :

- 200 g de chocolat
- 170 g de sucre
- 150 g de beurre
- 4 œufs
- 2 oranges
- 1/2 cuillère à café de cannelle

Préparation :

Prélever les suprêmes d'oranges et les mélanger à 20 g de sucre et à la cannelle.
Réserver au frais.
Dans une casserole, faire fondre le chocolat et le beurre.
Battre au fouet les œufs et le sucre jusqu'à ce que le mélange blanchisse. Y ajouter le mélange chocolat/beurre.
Verser dans un moule à manqué beurré et enfourner pour 20 minutes dans un four préchauffé à 180 °C.
Servir ce moelleux tiède ou froid avec la salade d'oranges.

Coupes croquantes aux fruits rouges

Ingrédients (4 personnes) :

- 2 meringues
- 100 g de fruits rouges
- 1 pot de glace à la vanille
- 250 g de coulis de fruits rouges

Préparation :

Dans une coupelle, mettre 2 boules de glace.
Les parsemer d'1/2 meringue écrasée.
Ajouter par-dessus 25 g de fruits rouges et napper de coulis de fruits rouges.
Faire de même pour les 3 autres coupelles.

Charlotte aux fruits d'été

Ingrédients (4 personnes) :

- 150 g de framboises
- 2 pêches
- 200 g de biscuits à la cuillère
- 400 g de fromage blanc
- 200 g de mascarpone
- 100 g de sucre glace
- 30 cl de jus d'orange

Préparation :

Éplucher et couper les pêches en morceaux.
Mélanger le fromage blanc, le sucre et le mascarpone.
Tremper rapidement les biscuits dans le jus d'orange et les disposer contre le bord d'un moule à charlotte, le côté sucré vers l'extérieur.
Dans le moule, étager une couche de mascarpone, une couche de framboises et de pêches et une couche de biscuits trempés. Terminer par une couche de biscuits.
Refermer le moule à l'aide de son couvercle ou d'une assiette et le mettre 3 heures au réfrigérateur.

Mousse de fromage blanc

Ingrédients (4 personnes) :

- 500 g de fromage blanc
- 2 blancs d'œufs
- 2 cuillères à soupe de sucre en poudre
- Du coulis de fruits rouges

Préparation :

Sucrer le fromage blanc.
Battre les blancs d'œufs en neige ferme.
À l'aide d'une fourchette, les incorporer délicatement au fromage blanc, en mélangeant de haut en bas.
Verser dans des coupes et placer au réfrigérateur jusqu'au moment de servir.
Napper alors de coulis de fruits rouges.

Tarte aux pommes

Ingrédients (4 à 6 personnes) :

- 1 pâte sucrée
- 6 pommes
- 30 g de beurre
- 1 sachet de sucre vanillé

Préparation :

Réaliser une pâte sucrée (voir p. 150).
Éplucher, épépiner et couper en morceaux 4 pommes.
Les mettre à compoter dans une casserole avec un peu d'eau.
Éplucher, épépiner et couper en lamelles les 2 pommes restantes.
Foncer votre plat à tarte avec votre pâte, la piquer et y verser la compote avant d'y disposer les lamelles de pommes.
Enfourner pour 30 minutes à 180 °C.
À mi-cuisson, parsemer la tarte de beurre et de sucre vanillé.

RECETTES DE DESSERTS

Clafoutis aux cerises

Ingrédients (4 à 6 personnes) :

- 750 g de cerises
- 150 g de sucre
- 100 g de farine
- 50 g de beurre
- 4 œufs
- 40 cl de lait
- 1 sachet de sucre vanillé
- 1 pincée de sel

Préparation :

Faire fondre le beurre à feu doux. Tamiser la farine et le sel dans un saladier. Faire un puits au centre et y casser les œufs.
Ajouter le beurre fondu, 125 g de sucre et fouetter en délayant peu à peu avec le lait.
Disposer les cerises dans le fond d'un moule beurré et verser la préparation dessus.
Cuire 30 minutes à 180 °C, saupoudrer le clafoutis avec le reste du sucre et enfourner à nouveau pour 15 minutes.
Hors du four, saupoudrer le clafoutis de sucre vanillé.

Gâteau de crêpes au chocolat

Ingrédients (6 personnes) :

- 10 crêpes (voir la recette p. 150)
- 200 g de chocolat noir à pâtisser
- 20 cl de crème liquide

Préparation :

Faire chauffer la crème et y ajouter le chocolat en morceaux pour obtenir un mélange bien homogène.
Diviser la préparation en 2.
En fouetter une au batteur électrique pour la rendre mousseuse.
Dans un moule à manqué, étager les crêpes recouvertes de crème non battue.
Recouvrir la dernière d'une généreuse couche de crème battue. Laisser reposer 2 h au réfrigérateur.

Sorbet

Ingrédients (4 personnes) :

- 500 g de fruits au choix
- 200 g de sucre glace
- 25 cl de crème fleurette froide
- 1/2 jus de citron

Préparation :

Laver les fruits, les dénoyauter et les peler.
Les mixer avec le sucre et le citron.
Fouetter la crème en chantilly et y incorporer les fruits.
Verser la préparation dans un bac à glace et mettre au congélateur une nuit.

RECETTES DE DESSERTS

Mousse au chocolat

Ingrédients (4 à 6 personnes) :

- 200 g de chocolat noir
- 2 œufs
- 25 cl de crème liquide entière froide
- 2 cuillères à soupe de sucre

Préparation :

Faire fondre le chocolat au bain-marie avec 5 cl de crème liquide, puis y ajouter les jaunes d'œufs, mélanger et laisser refroidir.
Monter les blancs en neige, incorporer le sucre tout en continuant à battre, puis mélanger délicatement cette préparation au chocolat.
Fouetter le reste de la crème au batteur électrique, puis l'incorporer délicatement à la préparation précédente.
Verser la mousse dans des verrines et placer au réfrigérateur toute une nuit.

Gaufres

Ingrédients (4 personnes) :

- 500 g de farine
- 100 g de beurre fondu
- 25 g de sucre
- 3 œufs
- 1/2 l de lait
- 1/2 l d'eau
- 1 pincée de sel

Préparation :

Mélanger la farine, le sel, le sucre, le beurre, les jaunes d'œufs et l'eau. Battre la pâte pendant 10 minutes.
Fouetter les blancs en neige.
Ajouter le lait à la pâte, puis, délicatement, les blancs en neige. Faire chauffer votre appareil à gaufres.
Huiler les plaques, y verser un peu de pâte et cuire jusqu'à ce que les gaufres soient dorées.
Recommencer jusqu'à épuisement de la pâte.

Panna cotta

Ingrédients (6 personnes) :

- 50 cl de crème fraîche liquide
- 50 g de sucre
- 1 coulis de fruits
- 2 feuilles de gélatine
- 1 gousse de vanille

Préparation :

Tremper la gélatine dans de l'eau froide pour qu'elle ramollisse.
Dans une casserole, mélanger la crème, le sucre, les graines et la gousse de vanille, puis faire frémir.
Dès les premiers frémissements, ajouter hors du feu la gélatine essorée et mélanger jusqu'à ce qu'elle fonde.
Verser dans des ramequins et laisser refroidir plusieurs heures au réfrigérateur.
Verser le coulis dessus juste avant de servir.

RECETTES DE DESSERTS

Crème aux œufs

Ingrédients (4 à 6 personnes) :

- 3 œufs
- 75 g de sucre en poudre
- 15 morceaux de sucre pour le caramel
- 2 sachets de sucre vanillé
- 50 cl de lait
- 4 cuillères à soupe d'eau

Préparation :

Faire un caramel avec les morceaux de sucre et l'eau et le verser dans le moule à manqué.
Mélanger le lait, le sucre et le sucre vanillé et faire bouillir.
Fouetter les œufs, y ajouter le lait et verser le mélange dans le moule à manqué.
Cuire au four au bain-marie pendant 40 minutes à 150 °C.
Servir froid.

Cake sucré

Ingrédients (4 à 6 personnes) :

- 170 g de sucre en poudre
- 160 g de farine
- 150 g de beurre
- 3 œufs
- 1 sachet de levure

Préparation :

Faire fondre le beurre à feu doux. Le mélanger aux œufs et au sucre.
Incorporer la farine et la levure et bien mélanger.
Verser la préparation dans un moule à cake beurré et cuire environ 30 minutes à 180 °C.
Pour varier les plaisirs, ajouter à votre préparation des fruits, du chocolat, des épices, des noix, etc.

Tiramisu

Ingrédients (4 à 6 personnes) :

- 250 g de mascarpone
- 100 g de sucre
- 3 œufs
- 20 cl de café froid
- Des biscuits à la cuillère
- Du cacao en poudre

Préparation :

Fouetter les jaunes d'œufs et le sucre jusqu'à ce que le mélange blanchisse et devienne mousseux, puis ajouter le mascarpone et bien mélanger.
Monter les blancs en neige et les incorporer délicatement à la préparation précédente.
Tremper un à un les biscuits dans le café (attention à ce qu'ils ne ramollissent pas trop) et en tapisser le fond de votre plat à tiramisu. Verser dessus une partie de la préparation au mascarpone, compléter d'une nouvelle couche de biscuits, puis recouvrir du reste de préparation.
Filmer le plat et le placer au réfrigérateur toute une nuit.
Au moment de servir, saupoudrer de cacao en poudre.

RECETTES DE DESSERTS

Muffins aux myrtilles

Ingrédients (4 personnes) :

- 60 myrtilles
- 100 g de farine
- 50 g de cassonade
- 100 g de beurre
- 2 œufs
- 1/4 de sachet de levure

Préparation :

Dans un saladier, fouetter les œufs et la cassonade, puis ajouter la farine et la levure.
Y ajouter le beurre fondu, puis les myrtilles.
Disposer la pâte dans des moules à muffins en silicone.
Cuire environ 15 minutes.

Riz au lait aux pommes

Ingrédients (4 personnes) :

- 100 g de riz rond
- 4 pommes
- 200 g de compote de pommes
- 75 g de cassonade
- 25 g de beurre 1/2 sel
- 50 cl de lait entier
- 1 pincée de cannelle en poudre
- 1 pincée de sel

Préparation :

Éplucher les pommes et les couper en petits dés.
Dans une poêle, mélanger le beurre, 25 g de cassonade, la cannelle et les pommes. Laisser caraméliser, puis réserver.
Dans une casserole, faire bouillir le lait et le sel, puis ajouter le riz.
Laisser cuire à feu doux en remuant régulièrement pendant 15 minutes.
Ajouter le reste de cassonade et laisser cuire 15 minutes en mélangeant sans cesse.
Retirer du feu et incorporer la compote et les pommes.

Brownies

Ingrédients (4 personnes) :

- 250 g de chocolat noir
- 150 g de sucre en poudre
- 60 g de farine tamisée
- 1 sachet de sucre vanillé
- 150 g de beurre
- 3 œufs
- 1 pincée de sel

Préparation :

Casser le chocolat en morceaux et le faire fondre au bain-marie.
Y ajouter le beurre fondu.
Battre les œufs avec le sel et les ajouter au chocolat, ainsi que le reste des ingrédients.
Verser la préparation dans un moule à manqué beurré.
Cuire 15 minutes.
Laisser refroidir 1/2 heure et mettre au réfrigérateur 2 heures.

LE FONDS DE MAISON

Voici ce que nous vous conseillons d'avoir toujours dans vos placards ou votre congélateur pour improviser des recettes rapides en toutes circonstances :

- De l'huile (olive et colza)
- Du vinaigre
- Des cubes de bouillon (volaille, bœuf, court-bouillon de poisson, fond de veau...)
- De la Maïzena (fécule de maïs)
- Des conserves de poisson : sardines et thon
- Des conserves de légumes (haricots verts, petits pois, lentilles, épinards, carottes, tomates, maïs, olives...)
- Des conserves de fruits au sirop (poires, ananas, pêches...)
- Des fruits congelés
- Du riz et des pâtes
- De la levure chimique
- Du chocolat pâtissier en tablette
- De la farine
- Du sucre
- Du lait UHT longue conservation
- Des épices et herbes séchées ou surgelées : herbes de Provence, persil, basilic, curry, noix de muscade, paprika, cumin, oignon, ail...
- De la moutarde
- Du sel
- Du poivre
- De la sauce bolognaise

QUELQUES MOTS UTILES

Ciseler : couper finement à l'aide d'un ciseau ou d'un couteau.

Compoter : cuire doucement et longuement jusqu'à obtention d'une compote.

Couper en dés : couper en cubes.

Déglacer : faire chauffer une poêle à feu vif, puis y verser un liquide.

Émincer : découper très finement.

Émulsionner : mélanger deux éléments qui, en principe, ne se mélangent pas.

Épépiner : enlever les pépins.

Étager : disposer les aliments en couches.

Faire nacrer : faire prendre une apparence translucide.

Faire rissoler : faire colorer un aliment dans de la matière grasse très chaude.

Mariner : laisser reposer un aliment dans un mélange liquide, la marinade.

Mouiller : ajouter un liquide.

Napper : recouvrir d'une substance liquide.

Pocher : cuire dans une eau frémissante, mais non bouillante.

Poêler : faire revenir à la poêle.

Réduire : laisser bouillir une préparation afin qu'elle devienne moins liquide.

Réserver : mettre de côté une préparation pour l'utiliser plus tard.

Saisir : démarrer la cuisson d'un aliment à feu vif.

MESURES UTILES

Litre	Décilitre	Centilitre	Millilitre	Tasse
1	10	100	1 000	4
3/4	7,5	75	750	3
1/2	5	50	500	2
1/4	2,5	25	250	1
1/8	1,25	12,5	125	1/2

Thermostat	Degrés Celsius	Degrés Fahrenheit
1	30	100
2	60	150
3	90	200
4	120	250
5	150	300
6	180	350
7	210	400
8	240	450
9	270	500

Contenance	Mesures anglo-saxonnes	Millilitres	Grammes
1 cuillère à café	1 cuillère à thé	5	5 (sel, sucre, café) 4 (farine, semoule) 3 (cacao, fécule)
1 cuillère à soupe	1 cuillère à table	15	15 (sucre, beurre) 12 (farine, crème fraîche)
1 verre à liqueur	1/8 de tasse ou 1 oz	30	/
1 tasse à café	3/8 de tasse ou 3 oz	100	/
1 verre à moutarde	5/8 de tasse ou 5 oz	150	100
1 grand verre	1 tasse ou 8 oz	250	150 (farine, semoule) 200 (riz) – 220 (sucre)
1 bol	/	350	300 (riz) 220 (farine)

MESURES UTILES

Ingrédients

1 tasse de farine	100 g
1 tasse de fécule	100 g
1/2 tasse de sucre en poudre	100 g
1/2 tasse de sucre glace	100 g
1 cuillère à soupe de beurre	15 g
1/2 tasse de beurre	100 g
3/4 de tasse de noix, noisettes, amandes concassées	100 g
1 tasse de fromage râpé	100 g
3/4 de tasse de miel	250 g
1 tasse de crème fraîche	175 g
1/2 tasse de fruits secs	75 g
2 tasses de fruits frais	100 g
1 tasse de céréales	175 g

Liquides

1/4 de tasse	50 ml
1/2 tasse	120 ml
3/4 de tasse	175 ml
1 tasse	240 ml
1 tasse 1/4	300 ml
2 tasses 1/2	575 ml

Contenants

1 grand bol	350 g
1 tasse à thé	120 à 150 g
1 tasse à café	100 g
1 verre à eau	200 à 225 g
1 verre à vin	90 à 100 g
1 cuillère à soupe	15 g
1 cuillère à café	5 g

PROPORTION PAR PERSONNE ADULTE

Plats	Grammes	Livres (Canada)
Viande	150 à 200 (sans os) 125 à 150 (hachée)	1/3 lb à 2/5 lb (sans os) 1/4 lb à 1/3 lb (hachée)
Poisson	250 (entier) 200 (filet)	1/2 lb (entier) 2/5 lb (filet)
Salade (légumes, riz, pâtes…)	300 (plat principal) 200 (entrée)	3/5 lb (plat principal) 2/5 lb (entrée)
Garniture de légumes	175 à 200	1/3 lb à 2/5 lb
Pâtes (poids cuites)	125 (plat principal) 100 (garniture)	1/4 lb (plat principal) 1/5 lb (garniture)
Riz (poids cuit)	120 (plat principal) 75 (garniture)	1/4 lb (plat principal) 1/5 lb (garniture)
Fruits (salade, compote…)	125 à 150	1/4 lb

TEMPS DE CUISSON

Légumes	Eau	Vapeur
Asperges	15-20 min	12-18 min
Brocolis	10-15 min	5 min
Carottes	15-20 min	8-12 min
Choux blancs	20 min	15 min
Choux-fleurs	15-20 min	5-10 min
Courgettes	10-15 min	9 min
Épinards	12-15 min	6-8 min
Haricots verts	10-15 min	10-15 min
Navets	15-20 min	6 min
Petits pois	20 min	15 min
Poireaux	15-25 min	15 min
Pommes de terre	Env. 20 min	20 min
Potirons	15-20 min	6-8 min

Viande	Durée	Température four
Canard	50 min	220 °C / 430 °F
Carré d'agneau	15-20 min	230 °C / 450 °F
Filet mignon de porc	20-30 min	250 °C / 480 °F
Gigot d'agneau	15 min par 500 g	220 °C / 430 °F
Lapin	30 min	200 °C / 390 °F
Poulet	30 min par 500 g	180 °C / 350 °F
Rôti de bœuf	10 min par 500 g (saignant) 15 min par 500 g (à point) 20 min par 500 g (bien cuit)	200 °C / 390 °F
Rôti de porc	30 min par 500 g	110 °C / 230 °F
Rôti de veau	20-25 min par 500 g	200 °C / 390 °F

Poisson	Four	Eau
Bar	25 min sur gril	25 min
Cabillaud	15-20 min à 200 °C / 390 °F	10 min
Colin	10-15 min à 180 °C / 350 °F	15 min
Crabe	/	15-20 min
Dorade	30 min à 180 °C / 350 °F	10-15 min
Homard	15 min à 200 °C / 390 °F	12 min pour 450 g
Lieu	20 min à 180 °C / 350 °F	15 min
Moules	/	5-10 min
Saumon	25 min à 180 °C / 350 °F	10 min
Thon	15 min à 200 °C / 390 °F	25 min

QUANTITÉ MOYENNE PAR KILO (2,2 LBS)

Légumes	Nombre contenu dans un kg (soit 2,2 lbs)
Asperges	20-25
Carottes	8-10
Concombres	3
Courgettes	8-10
Oignons	10
Poireaux	6-7
Poivrons	8
Pommes de terre	10-12
Tomates	8-10

Fruits	Nombre contenu dans un kg (soit 2,2 lbs)
Abricots	22-23
Bananes	6-7
Citrons	8-9
Clémentines	14
Kiwis	10
Oranges	5
Pamplemousses	2-3
Pêches	6-7
Poires	8
Pommes	6-7
Reines-claudes	33

DURÉE DE CONSERVATION DES ALIMENTS

Aliments	Au réfrigérateur
Beurre doux	3 semaines
Beurre salé	3 semaines
Bœuf	3-5 jours
Confiture	Quelques mois
Crabe cuit	1-2 jours
Crème fraîche	3-5 jours
Crevettes	1-2 jours
Fromage demi-ferme (mozzarella, feta, etc.)	2 semaines
Fromage dur (emmental, cheddar, etc.)	3 semaines
Fromage en cours d'affinage (camembert, brie, etc.)	1 mois
Fromage frais (cottage cheese, mascarpone, etc.) ou au lait cru	1 semaine
Jambon	3-5 jours
Jus de fruits et de légumes	1-2 semaines
Ketchup et marinade	1 an
Lait UHT	3-5 jours
Mayonnaise	2 mois
Mets en casserole	2-3 jours
Moules dans leur écaille	2-3 jours
Moules sans écaille	1-2 jours
Œuf dans sa coquille	1 mois
Œuf dur	1 semaine
Pâtes alimentaires cuites	3-5 jours
Pâtisserie	3-4 jours
Poisson gras	1-2 jours
Poisson maigre	2-3 jours
Porc	3-5 jours
Potage, soupe	3 jours
Quiche	2-3 jours
Riz cuit	5-6 jours
Sandwich	1-2 jours
Saucisse fraîche	1-2 jours
Veau	3-5 jours
Viande décongelée	1 jour
Viande hachée	1-2 jours
Viande cuite	3-4 jours
Viande fumée, charcuterie	5-6 jours
Volaille cuite (avec sauce)	1-2 jours
Volaille cuite (sans sauce)	3-4 jours

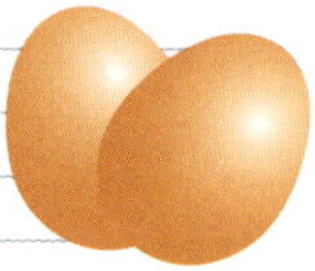

CONGÉLATION

Congeler vos aliments

Pour avoir toujours sous la main de quoi nourrir votre famille, pensez à congeler vos courses et vos préparations.

Durée de conservation des aliments congelés

Fromage	2 mois
Légumes	8-10 mois
Fruits	10-12 mois
Bœuf	10-12 mois
Poisson gras	1 mois
Poisson maigre	3 mois
Porc	4-6 mois
Veau	8-10 mois
Volaille	6-8 mois
Gibier	6-8 mois
Pain, pâtisserie	1-3 mois
Plats cuisinés	3 mois

Quels aliments peuvent être facilement congelés ?

Conseil : n'assaisonnez pas un plat cuisiné lors de la préparation, mais lors du réchauffage, après décongélation.

Salé

Ratatouille, légumes farcis, soupe, sauce bolognaise, tourte/tarte/quiche/pizza, cake, gratin, hachis, moussaka, lasagnes, daube, brandade de morue, bœuf bourguignon, blanquette de veau, croque-monsieur, sauté de veau, tajine, galettes.

Sucré

Coulis, tarte/tourte, cake, fruits au sirop, gâteau, biscuits, crêpes, muffins, macarons.

Quelle variété de pommes de terre ?

- Pommes de terre à chair ferme : bonne tenue à la cuisson.
  Idéales pour les gratins, les soufflés, les salades, les ragoûts, les pommes de terre rissolées.
  L'amandine, l'annabelle, la belle de Fontenay, la charlotte, la chérie, la roseval, la franceline, la pompadour et la ratte.
- Pommes de terre à chair fondante : bonne tenue à la cuisson, mais chair fondante ; elles s'imprègnent parfaitement du goût des ingrédients avec lesquels on les marie.
  Idéales pour les mijotés, les ragoûts, les gratins et les pommes de terre en robe des champs.
  L'agata, la monalisa, la nicola et la samba.
- Pommes de terre à chair farineuse : elles se délitent à la cuisson, mais absorbent moins l'huile.
  Idéales pour les potages, les purées, les chips et les frites.
  La bintje, la caesar, la manon, la marabel, la vittelotte et l'agria.
- Astuce : conservez vos pommes de terre au frais et à l'ombre pour éviter qu'elles ne verdissent et ne germent !

Quelle vinaigrette pour quelle salade ?

- Vinaigrette de base : 1 cuillère de vinaigre d'alcool ou de vin + 1/2 cuillère de moutarde + 2 cuillères d'huile + sel + poivre.
- Mâche : 1 cuillère de miel + 1/2 cuillère de moutarde + 1 cuillère de vinaigre d'alcool + 2 cuillères d'huile de noix.
- Épinards : 1/2 échalote ciselée + 1/4 de gousse d'ail écrasée + 1 cuillère à soupe de petit-suisse + 1 cuillère de vinaigre d'alcool + 2 cuillères d'huile de noix. Mixer le tout.
- Rougettes : 1 cuillère de jus de citron + 2 cuillères d'huile d'olive.
- Cresson : 1/2 cuillère de moutarde à l'ancienne + 1 cuillère de vinaigre de vin + 2 cuillères d'huile de noix.
- Roquette : émulsionner 1 cuillère de vinaigre balsamique avec 2 cuillères de bouillon de volaille. Faire réduire à feu doux. Une fois froide, y mettre à infuser 3 feuilles de basilic ciselées.
- Romaine : faire une mayonnaise avec 1 cuillère à café de moutarde + 1 jaune d'œuf + 4 cuillères à soupe d'huile d'arachide. Hacher un œuf dur froid. Concasser 1 cuillère à café de câpres + 2 cornichons. Mélanger en ajoutant un peu de bouillon de volaille.

Associations sympa

- Agneau : Ail, aneth, curry, menthe, origan, romarin
- Bœuf : Ail, basilic, curry, cumin, gingembre, laurier, marjolaine, origan, piment de la Jamaïque, thym
- Aubergines : Ail, basilic, marjolaine, origan, sauge, thym
- Carottes : Cumin, estragon, gingembre, graines de carvi, muscade
- Chèvre : miel
- Courges : Ail, aneth, basilic, coriandre, estragon, gingembre, origan, romarin
- Épinards : Ail, basilic, estragon, muscade
- Poisson : Aneth, coriandre, estragon, laurier, muscade, sauge, thym
- Pommes de terre : Ail, aneth, curry, ciboulette, coriandre, estragon, graines de carvi, laurier, menthe, origan, thym
- Riz : Ail, curry, ciboulette, cumin, estragon, sauge
- Tomates : Ail, aneth, basilic, coriandre, estragon, origan, romarin, sauge, thym
- Veau : Ail, aneth, coriandre, laurier, origan, romarin, sauge, thym
- Volaille : Ail, basilic, graines de carvi, coriandre, estragon, gingembre, laurier, origan, romarin, sauge, thym

CALENDRIER DES FRUITS & LÉGUMES

	abricot	cerise	fraise	framboise	melon	nectarine	pêche	poire	pomme	prune	raisin	ail	artichaut	asperge	aubergine
JANVIER								●	●						
FÉVRIER									●						
MARS									●						
AVRIL									●			●		●	
MAI			●									●		●	●
JUIN		●	●	●	●	●	●					●	●	●	●
JUILLET	●	●	●	●	●	●	●			●		●	●		●
AOÛT	●	●	●	●	●	●	●	●		●		●	●		●
SEPTEMBRE				●		●	●	●		●	●		●		●
OCTOBRE								●	●	●	●				
NOVEMBRE								●	●						
DÉCEMBRE								●	●						

CALENDRIER DES FRUITS & LÉGUMES

carotte	chou	chou-fleur	concombre	courge	courgette	haricot vert	mâche	navet	oignon	petit pois	poireau	poivron	pomme de terre	potiron	radis	salade	tomate
●	●			●			●		●				●			●	
●	●						●		●				●			●	
●	●								●							●	
●	●								●						●	●	
●	●	●	●						●				●		●	●	●
●	●	●	●		●	●		●	●	●		●	●		●	●	●
●	●	●	●		●	●		●	●	●	●	●	●	●	●	●	●
●	●	●	●	●	●	●		●	●		●	●	●	●		●	●
●	●	●	●	●	●	●		●	●		●	●	●	●		●	●
●	●	●		●					●		●	●	●	●		●	
●	●			●			●		●				●			●	
●	●			●			●		●				●			●	

INDEX

INDEX

INDEX

INDEX

NOTES

NOTES

NOTES

PUBLIEZ VOS RECETTES PERSONNELLES

dans le

On fait quoi pour le dîner? 2018

et recevez un exemplaire de la prochaine édition gratuitement !

Vous appréciez le Mémoniak *On fait quoi pour le dîner ?* et vous aimeriez partager certaines de vos recettes personnelles : complétez le cadre ci-dessous, et renvoyez-le à notre équipe éditoriale.
Si votre recette est sélectionnée, elle sera alors publiée dans l'édition 2018 de *On fait quoi pour le dîner ?* (parution en juillet 2017) et vous recevrez un exemplaire gratuitement, directement à votre domicile* !

Attention : pour être publiée, votre recette de plat principal doit être :

Simple et rapide à réaliser

(pas plus de 15 mn de préparation)

Économique • Équilibrée • Appréciée des enfants

RECETTE PROPOSÉE

Titre : ....

Ingrédients (pour 4 personnes) : ....

....

....

Recette : ....

....

....

Temps de préparation : .... Temps de cuisson : ....

RECETTE PROPOSÉE PAR

Nom et prénom ....

Adresse complète ....

Tél. .... Email ....

Si vous souhaitez nous envoyer plusieurs recettes, ajoutez une feuille supplémentaire à votre envoi.
Détachez cette page après l'avoir complétée, et renvoyez-la à :
Éditions 365 – On fait quoi pour le dîner ? – 11, rue Antoine-Bourdelle – 75015 Paris.
Vous pouvez aussi nous envoyer vos recettes à
contact@editions365.fr

*Un seul exemplaire par famille. En France métropolitaine uniquement.

VOTRE AVIS NOUS INTÉRESSE

*N'hésitez pas à nous faire part
de vos remarques, commentaires, suggestions et critiques
sur le* **On fait quoi pour le dîner?**.
Vous nous aiderez ainsi à améliorer la prochaine édition.

Ce que vous avez particulièrement apprécié : ....

....

....

Ce qui pourrait être amélioré : ....

....

....

Ce qui devrait être ajouté : ....

....

....

Ce qui vous semble inadapté ou inutile : ....

....

....

Et aussi : ....

....

....

VOS COORDONNÉES (facultatif)

Nom et prénom ....

Adresse complète ....

....

Code postal .... Ville ....

Email .... @ ....

Détachez cette page après l'avoir complétée, et renvoyez-la à :
Éditions 365 – On fait quoi pour le dîner ? – 11, rue Antoine-Bourdelle – 75015 Paris
Vous pouvez aussi nous adresser vos commentaires à
contact@editions365.fr